Hedwig Maria Stuber

Ich helf dir BACKEN

Hedwig Maria Stuber

Ich helf dir BACKEN

Das umfassende Universalbackbuch
Süßes und Pikantes

blv

Inhalt

Vorwort

Dieses Buch ist auf vielfachen Leserwunsch entstanden. Die große Fan-Gemeinde des Standardwerkes von Hedwig Maria Stuber ICH HELF DIR KOCHEN wünschte sich noch mehr Backrezepte. Diese Idee haben wir gern aufgegriffen und uns an die Arbeit gemacht. Herausgekommen ist ein umfassendes Backbuch mit mehr als 350 Rezepten. Neben traditionellen Gebäcken aller Art finden Sie eine Fülle von Anregungen für die zeitgemäße Bäckerei, die Ihre Kreativität beflügeln werden. Dem heutigen Trend entsprechend sind Rezepte mit geringem Zeitaufwand und weniger Kalorien stark vertreten.

Wie auch in ICH HELF DIR KOCHEN haben wir Wert gelegt auf klare Formulierungen und leicht nachvollziehbare Beschreibungen. Die Rezepte – einfache genauso wie raffinierte – sind anders als im Kochbuch nicht nach Teigarten gegliedert, sondern nach Gebäckgruppen wie Kuchen, Torten, Stückgebäck, pikante Kuchen, Brot sowie einem besonders liebevoll gepflegten Kapitel für Plätzchen und Kekse (Weihnachts- und Teegebäck). Die Kenntnisse über die Grundteigarten werden in einem eigenen Kapitel ausführlich vermittelt. Natürlich finden sich einige Klassiker der Konditorei, ohne die ein Backbuch nicht vollständig wäre, sowohl in diesem Buch als auch im Backteil des Kochbuches.

ICH HELF DIR BACKEN wäre nicht zustande gekommen ohne die gern gewährte Unterstützung aus unserem großen Freundes- und Verwandtenkreis. Wir haben nicht nur Anregungen und Tipps bekommen, sondern auch die vollständigen Rezepte der jeweiligen Favoriten. Alle Anregungen wurden ausprobiert, teilweise mehrmals, bis uns das Ergebnis zufrieden stellte, und nur die überzeugendsten Gebäcke haben es in dieses Buch geschafft. Somit enthält ICH HELF DIR BACKEN lauter Lieblingsrezepte! Wir danken an dieser Stelle sehr herzlich für die Unterstützung, die uns gegeben wurde.

Backen hat in Deutschland eine gewachsene Tradition. Im Haushalt war es lange die Domäne der Frauen. Es freut uns die Feststellung, dass Backen heute zum Versuchsfeld zahlreicher Männer geworden und auch bei jungen Leuten »in« ist. Davon zeugen nicht nur das begeisterte Interesse und die Ungeduld, die unsere Arbeit begleitet haben, sondern auch Legionen moderner Backformen, Geräte und Hilfsmittel sowie zahlreicher Convenience-Produkte, mit denen die Industrie aufwartet und die zum Ausprobieren anreizen.

Wir freuen uns, Ihnen ein Buch zu präsentieren, das allen Ansprüchen entgegenkommt, mit sowohl einfachen und konventionellen, festlichen und schnellen Bäckereien. Kurzum, dies ist ein Buch nicht für den Bücherschrank, sondern für den häufigen, vergnüglichen Gebrauch. Denn eines ist klar: Backen macht Freude!

Hedwig Maria Stuber
Angela Ingianni (Koautorin)

Zu den Rezepten

- Zitronen- und Orangenschale werden grundsätzlich von unbehandelten Früchten verwendet.
- Bei Eiern ist, wenn nicht anders angegeben, von der Gewichtsklasse M (Mittel) auszugehen.
- Die angegebenen Backzeiten und Temperaturen sind Richtwerte. Beachten Sie die Gebrauchsanweisung für Ihren Herd und bringen Sie Ihre persönlichen Erfahrungen ein. Die entsprechende Temperatur für einen Gasherd entnehmen Sie bitte ebenfalls der Gebrauchsanweisung für Ihren Herd. Bei Umluftherden wird die Temperatur in der Regel um jeweils 20 °C niedriger eingeschaltet, die Zeiten bleiben gleich.

Abkürzungen

EL = Esslöffel

TL = Teelöffel

g = Gramm

ml = Milliliter

cl = Zentiliter

l = Liter
(1 l = 100 cl = 1000 ml)

Flüssigkeitsmaße

1 l	= 1000 ml
1/2 l	= 500 ml
1/4 l	= 250 ml
1/8 l	= 125 ml

Löffelmaße

Da in den Haushalten sehr unterschiedliche Löffelformen in Gebrauch sind, sollten die angegebenen Maße nur als Mittelwerte verstanden werden.

Lebensmittel	1 Esslöffel gestrichen	1 Esslöffel gehäuft	1 Teelöffel gestrichen
Backpulver	10 g	–	3 g
Butter	10 g	–	–
Crème fraîche	15 g	–	5 g
Grieß	12 g	20 g	–
Haferflocken	8 g	12 g	–
Honig	20 g	–	6 g
Joghurt	15 g	–	6 g
Kakao	8 g	15 g	3 g
Mehl	10 g	20 g	–
Nüsse, Mandeln, gemahlen	8 g	15 g	3 g
Puderzucker	10 g	20 g	–
Salz	15 g	–	5 g
Semmelbrösel, Paniermehl	10 g	15 g	–
Speisestärke	10 g	20 g	5 g
Zucker	15 g	20 g	5 g

1 EL = 15 ml
7 EL = 100 ml
1 Schnapsglas = 20 ml = 2 cl

Grundlagen des

Backens

Selbstgebackenes soll gut schmecken, aber gleichzeitig auch gut aussehen. Dies zu erreichen ist ganz leicht, wenn neben dem genauen Nachvollziehen der Rezepte einige wesentliche Voraussetzungen erfüllt werden. An allererster Stelle rangieren beste und vor allem frische Zutaten. Wie schnell können zum Beispiel alte Nüsse mit ihrem ranzigen Geschmack eine aufwendig hergestellte Torte verderben. Nur wer über das Basiswissen für die Zubereitung von Teigen und Massen verfügt, wird gute Backergebnisse erzielen. Deshalb wurden die Grundrezepte vorangestellt und ausführlich beschrieben. Nutzen Sie auch das Angebot der Industrie an vorgefertigten Produkten wie Kuvertüre, Marzipanrohmasse und sogar Blätterteig. Sie tragen zu einer großen Arbeitserleichterung bei. Doch spielt auch hier die Qualität eine Rolle. Ausgerüstet mit den Formen in der richtigen Größe und den zahlreichen technischen Hilfsmitteln, kann nichts mehr misslingen.

Die wichtigsten Backzutaten

Anis

Graugrüne bis mittelbraune Samen mit süß-aromatischem Geschmack. Sie sind im Ganzen und gemahlen im Handel und werden in der Weihnachtsbäckerei für Kuchen und Brote verwendet.

Arrak

Hellgelber bis gelbbrauner Branntwein aus Reis oder Zuckerrohrmelasse, der wie Rum oder als Ersatz für Rum zum Aromatisieren von Rührteigkuchen und Glasuren verwendet wird.

Backoblaten

Flache Unterlagen aus einem dünnflüssigen Mehl-Speisestärke-Teig ohne Triebmittel. Sie kommen rund und eckig in verschiedenen Größen für die Herstellung von Lebkuchen und Makronen in den Handel, aber auch als tortengroße Scheibe (als Hälften verpackt), die unter sehr saftigen Belägen ihre Dienste tut.

Backpulver

Mit seinen kohlensäurehaltigen und -austreibenden Substanzen bewirkt Backpulver unter Einfluss von Feuchtigkeit und Hitze die Teiglockerung und das Aufgehen des Teiges – durch das Entstehen von Kohlendioxid bewirken Tausende kleiner Gasbläschen ein lockeres Teiggerüst. Man rechnet 1 Päckchen auf 500 g Mehl. Da es feuchtigkeits-, säure- und hitzeempfindlich reagiert, darf es nicht unmittelbar mit Flüssigkeit in Verbindung kommen, damit die Triebkraft nicht vorzeitig ausgelöst wird. Wird dem Teig Flüssigkeit zugefügt, muss diese also kalt sein. Es wird niemals allein einem Teig zugefügt, sondern zusammen mit dem Mehl vermischt, gesiebt und hinzugegeben.

Eier

Eier sind eine unverzichtbare Zutat beim Backen. Eigelb liefert Geschmack und Farbe. Zu Schnee aufgeschlagenes

Eischnee: Das Eiweiß fest aufschlagen, dabei den Zucker einrieseln lassen.

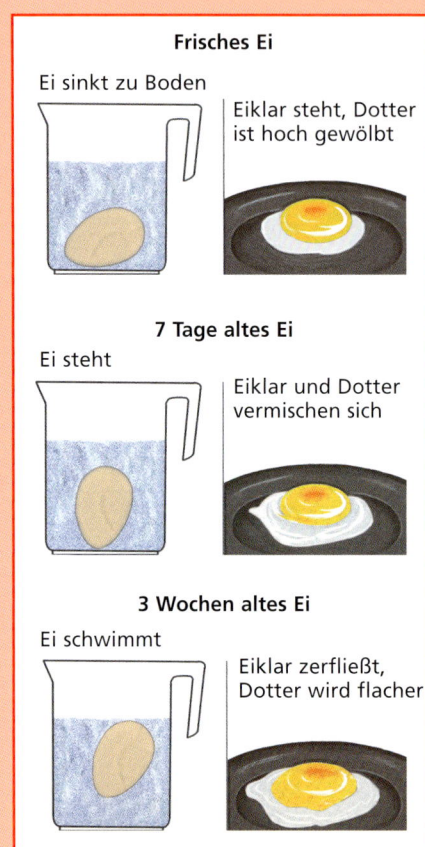

Frisches Ei

Ei sinkt zu Boden

Eiklar steht, Dotter ist hoch gewölbt

7 Tage altes Ei

Ei steht

Eiklar und Dotter vermischen sich

3 Wochen altes Ei

Ei schwimmt

Eiklar zerfließt, Dotter wird flacher

Frischeprobe: Links Schwimmprobe, rechts Aufschlagprobe.

Eiweiß vergrößert das Volumen von Gebäcken und trägt zur Lockerung bei, indem sich die eingeschlagene Luft, die durch das Festwerden der Eiweißhülle nicht entweichen kann, beim Backen ausdehnt. Wenn nicht anders angegeben, werden in den Rezepten Eier der Gewichtsklasse M verwendet.

Gelatine auflösen: Die Blattgelatine kalt einweichen, quellen lassen, ausdrücken, in heißer Flüssigkeit auflösen und in die *kalte* Speise rühren. Oder: Die ausgedrückte Gelatine in der *heißen* Speise auflösen.

Gelatine

Gelatine ist ein geschmacksneutrales Geliermittel tierischen Ursprungs, das zum Festigen von Cremes und Gelees eingesetzt wird. Bei richtigem Umgang (kalt einweichen und 10 Minuten quellen lassen, warm auflösen) entsteht eine klare Gallerte. Gelatine wird in Blattform und gemahlen, farblos und rot angeboten. Die aus Algen gewonnene pflanzliche Alternative ist *Agar-Agar,* das nach Herstelleranweisung zu verwenden ist. **Wichtiger Hinweis:** Gelatinezubereitungen gelingen nicht mit frischer Ananas, Kiwis, Feigen und Papayas. Diese Früchte enthalten ein Enzym, das Gelatine auflöst. Die Früchte deshalb vorher blanchieren oder Dosenware verwenden; die Hitze zerstört das Enzym.

Gewürznelken

Die getrockneten nagelförmigen kleinen Gewürznelken duften intensiv, bringen einen würzig-aromatischen Geschmack mit und werden sparsam dosiert. Die »Nägelchen« werden im Ganzen und gemahlen angeboten. Sie werden gern für Lebkuchen und anderes Weihnachtsgebäck verwendet.

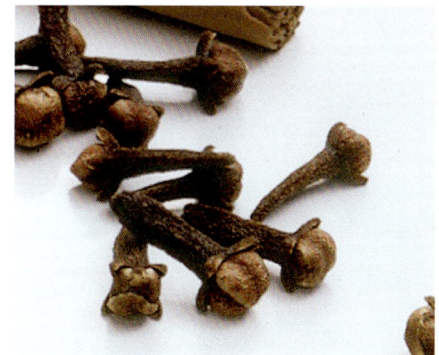

Gewürznelken

Haselnüsse

Die typisch europäischen Haselnüsse werden in ihrer Steinschale, ausgelöst als ganze Kerne und gemahlen angeboten. Vor allem die gemahlenen Nüsse

Enthäuten: Die Nüsse im Ofen rösten.

Die Häute in einem Tuch abreiben.

werden schnell ranzig, und die enthäutet gekauften Kerne haben bereits viel von ihrem Aroma verloren. Um sie selbst zu enthäuten, können Sie sie bei 180 °C im Ofen rösten und die Haut anschließend in einem Tuch abreiben.

Hefe

Hefe ist ein Lockerungs- und Triebmittel. Kleinstlebewesen (Hefepilze) bewirken bei günstigen Bedingungen eine Gärung und damit eine Lockerung sowie Volumenvergrößerung des Teiges. Backhefe oder Presshefe ist in 42 g schweren Würfeln in der Kühltheke der Lebensmittelabteilung zu finden und kann mehrere Wochen im Kühlschrank aufbewahrt werden (Haltbarkeitsdatum beachten!). Trockenhefe ist etwa 1 Jahr haltbar; sie wird nach Packungsanweisung verarbeitet. Der richtige Umgang mit Hefe ist auf Seite 26/27 ausführlich beschrieben.

Hirschhornsalz

Dieses Backtriebmittel bewirkt über die Freisetzung von Kohlendioxid und Ammoniak die Lockerung von Teigen. Es wird immer in etwas Flüssigkeit gelöst und dann erst dem Teig zugefügt. Hirschhornsalz wird ausschließlich zur Lockerung von Flachgebäcken (etwa Lebkuchen) eingesetzt. Luftdicht verschlossen aufbewahren!

Kakaopulver

Beim Herauspressen der Kakaobutter aus der Kakaomasse verbleibt der harte, fettarme Kakaopresskuchen, aus dem durch Vermahlen das Kakaopulver gewonnen wird. Je nach dem im Presskuchen zurückgebliebenen Fettanteil unterscheiden sich die Fettgehalte von Kakao – stark entölt = etwa 10 % Fett; schwach entölt = etwa 20 %. Kakaopulver, das Teigen, Massen und Cremes Farbe und Geschmack verleiht, wird vor der Verwendung gesiebt, da sich sonst leicht Klümpchen bilden.

Kandierte Ananasscheiben und Belegkirschen

Kandierte Früchte

Kandiert werden am häufigsten Ananas, Kirschen, Orangen, Zitronen, aber auch Nüsse und Blüten. Das Herstellungsprinzip dieser mit Zucker haltbar gemachten Früchte ist es, ihr Zellwasser durch Zuckersirup zu ersetzen. In Sirup eingelegt heißen sie *Dickzuckerfrüchte;* ist der Sirup abgelaufen, spricht man von *Belegfrüchten;* mit dem Sirup glasiert sind es die *glasierten,* durch und durch kandiert die *kandierten Früchte.*

Kardamom

Die Samen bringen einen etwas süßlichen, an Eukalyptus erinnernden Geschmack mit. Kardamom wird als ganze Kapseln und gemahlen angeboten. Für Lebkuchen, Printen und anderes würziges Weihnachtsgebäck wird er gemahlen verwendet.

Kardamomkapseln, die in 3 Fächern bis zu 20 aromatische Samen enthalten.

Kokosflocken

Das Fruchtfleisch der frischen Kokosnuss wird geraspelt und getrocknet; der verbleibende Feuchtigkeitsgehalt beträgt etwa 3 %. Die Haltbarkeit ist begrenzt.

Koriander

Die süßlich herben, kugeligen Gewürzsamen bringen eine leichte Schärfe mit und erinnern im Geschmack an Orangenschale. Sie werden vor allem für Printen, Lebkuchen und Spekulatius sowie für Brot verwendet.

Korinthen

Siehe Rosinen.

Krokant

Krokant dient zum Bestreuen von mit Creme überzogenen Torten und Gebäcken sowie als Zutat für Cremes und Füllungen. Er ist als Fertigprodukt im Handel. Wer ihn selbst zubereiten möchte: 100 g gehackte Haselnüsse oder Mandeln in 2 EL Zucker und 20 g Butter in einem kleinen Topf karamellisieren, auf einem Teller abkühlen lassen und anschließend zerstoßen.

Die karamellisierten Nüsse/Mandeln auf eine Marmorplatte schütten, mit einem Tortenring umstellen und mit einem Gewicht zersplittern.

Kuvertüre

Diese feine, zart schmelzende Schokolade ist in Geschmack und Konsistenz sowie in ihrer Verarbeitung ein ideales Backprodukt. Vollmilch-Kuvertüre enthält mindestens 35 % Kakao, Zartbitter-Kuvertüre mindestens 55 %. Sie kann gerieben, geraspelt oder geschmolzen Teigen, Massen, Cremes und Füllungen zugegeben werden. Als Überzug bringt sie einen feinen Glanz mit. Die Qualität spielt eine große Rolle. Schokoladenfettglasur ist deshalb kein gleichwertiger Ersatz. (Siehe auch Seite 41.)

Läuterzucker

Zum Tränken von Kuchen und Gebäcken sowie für Glasuren wird gern Läuterzucker verwendet, der nichts anderes als ein reiner Zuckersirup ist (Zucker und Wasser werden gekocht, bis der Zucker vollständig gelöst ist; man rechnet etwa 500 g Zucker auf ½ Liter Wasser, 5 Minuten kochen). Der Sirup kann mit Spirituosen oder Fruchtsaftkonzentraten aromatisiert werden.

Enthäuten: Die Mandeln mit kochendem Wasser überbrühen.

Kurz ziehen lassen, dann zwischen den Fingern aus den Häuten drücken.

Mandeln

Mandeln, die botnisch nicht zu den Nüssen zählen, werden als Kerne mit und ohne Haut, gemahlen, gestiftet und als Blättchen angeboten. Um Mandeln selbst zu enthäuten, werden sie mit kochendem Wasser überbrüht, kalt abgeschreckt und anschließend mit den Fingern aus ihren Häuten gedrückt.
Die *Bittermandel* wird wegen ihres hohen toxischen Blausäuregehalts nicht mehr gehandelt und stattdessen als Aroma angeboten.

Marzipanrohmasse

Dieses industrielle Halbfertigprodukt ist wunderbar geeignet, um es zu einer Makronenmasse oder Modelliermarzipan für Konfekt und Dekorationen weiterzuverarbeiten. Die Rohmasse muss nur mit Puderzucker angewirkt werden. »Echtes« Marzipan selbst herzustellen

ist aber auch keine Kunst: Enthäutete Mandeln sehr fein mahlen (mehrmals durch die Mandelmühle treiben), mit derselben Gewichtsmenge gesiebtem Puderzucker vermischen und mit Rosenwasser (1 EL plus 1 EL Wasser auf 500 g) parfümieren. Über Nacht einwirken lassen und am nächsten Tag zu einem glatten Marzipan verarbeiten.

Kuvertüre und ausgerollte Marzipandecke als im Handel erhältliche Fertigprodukte.

Anwirken: Die raumtemperierte Marzipanrohmasse in den Puderzucker bröseln.

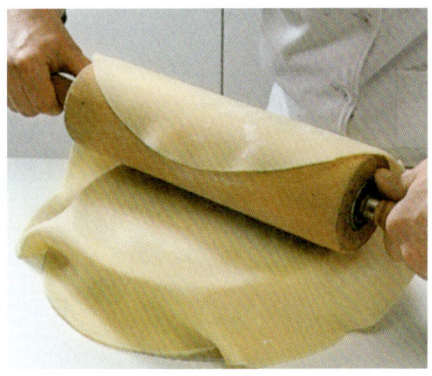

Marzipandecke: Das ausgerollte Marzipan mit dem Rollholz über die Torte breiten.

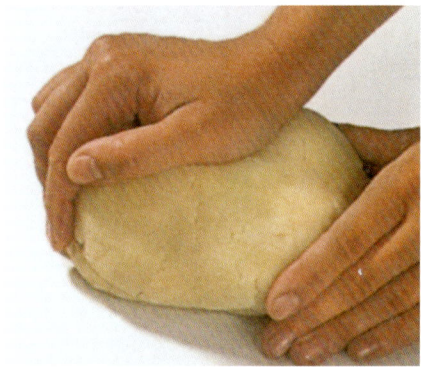

Rasch zu einem glatten, formbaren Marzipan kneten.

Mit einer Palette die Ränder faltenfrei anmodellieren und abschneiden.

Mehl

Aus allen Getreidearten wird Mehl gemahlen. Den Feinheitsgrad kann man an der so genannten Mehltypenbezeichnung ablesen. So ist Weizenmehl der Type 405 das feinste weiße Mehl, Roggenmehl der Type 1800 (Backschrot) das gröbste dunkle Mehl. Der im Weizenmehl enthaltene Kleber quillt in Flüssigkeit auf und ist für die Gerüstbildung verantwortlich. Bei etwa 70 °C gerinnt er und bewirkt mit der im Mehl enthaltenen Stärke die Krumenbildung. Für die Kuchen- und Plätzchenbäckerei wird Weizenmehl der Type 405 verwendet.

Mohn

Die winzigen blauschwarzen Samenkörner der Mohnpflanze sind eine beliebte Zutat für Teige und Füllungen sowie zum Bestreuen von pikanten Backwaren. Ihr feines Aroma steckt in dem enthaltenen Öl und wird erst durch Mahlen des Mohns (Mohnmühle) freigesetzt. Die Industrie bietet inzwischen eine backfertige Mohnfüllung an.

Muskatnüsse

Muskat

Die Früchte des tropischen Muskatnussbaumes liefern zwei Gewürze: den Samenkern (Muskatnuss) und den ihn umschließenden geschlitzten orangefarbenen Samenmantel, der als Muskatblüte oder Mazis bezeichnet wird. Beide werden getrocknet und sind im Ganzen und gemahlen im Handel. Beide bringen eine süßfeurige Schärfe mit, bei der Muskatblüte ist sie jedoch feiner und von intensiverer Süße. Sie werden gemahlen verwendet.

Natron

Das weiße Pulver mit leicht alkalischem Geschmack wird als Trieb- und Lockerungsmittel für schwere Teige eingesetzt. Es ist Bestandteil des Backpulvers.

Nugat

Hierbei handelt es sich um eine schnittfeste Masse aus gerösteten, mit Zucker sehr fein vermahlenen Haselnüssen (oder Mandeln) und geschmolzener Kuvertüre. Je nachdem, ob Vollmilch- oder Zartbitter-Kuvertüre verwendet wird, ist der Nugat hell oder dunkel. Zur Weiterverarbeitung, etwa für Cremes oder Füllungen, wird er bei sanfter Hitze geschmolzen.

Orangeat, Zitronat

Sie sind die kandierten Fruchtschalen der Bitterorange (Orangeat) und der Zedratzitrone (Zitronat). Beide werden als große Schalenstücke und klein gewürfelt angeboten, Letztere auch gemischt. Sie werden in bestimmten Teigen verarbeitet und als Garnitur für Kuchen, Plätzchen und in der Weihnachtsbäckerei verwendet.

Pinienkerne

Die essbaren Samen einer Kiefernart sind weich im Biss und im Geschmack mandelartig mit leichter Harznote. Da die ölhaltigen Kerne schnell ranzig werden, müssen sie trocken, luftig und vor allem kühl gelagert werden. Sie sind eine beliebte Dekoration für verschiedene Backwaren.

Pinienkerne

Pistazien

Pistazien liegen in einer Schale, die sich bei Reife von selbst öffnet. Wegen ihres mandelartigen Geschmacks heißen sie auch Pistazienmandeln. Geröstet und gesalzen sind sie eine ganzjährige Knabberei. Für Kuchen und feines Gebäck sowie für Dekorationen werden die leuchtend grünen Kerne gehackt oder in Scheiben geschnitten.

Pottasche

Die schweren Honigkuchenteige brauchen Pottasche als spezielles Triebmittel. Da sie einen Laugengeschmack hinterlässt, wird sie nur bei Flachgebäcken, etwa bei Honiglebkuchen, eingesetzt, wo der unliebsame Beigeschmack entweichen kann. Nur bei Teigen, die Säure enthalten, kann Pottasche ihre Wirkung voll entfalten.

Zitronat (links)
und Orangeat

Rosinen, Sultaninen, Korinthen

Alle drei sind sehr reif geerntete, getrocknete Weinbeeren. Rosinen sind dunkelbraun und werden mit und ohne Kern angeboten; Sultaninen sind hellbraun und immer kernlos. Beide stammen von großen Weinbeeren, Korinthen dagegen von kleinen, kernlosen dunkelblauen Beeren. Während Korinthen immer ungeschwefelt verkauft werden, ist dies bei Rosinen und Sultaninen, die zusätzlich oft mit Öl behandelt sind (um ein Zusammenkleben zu verhindern), nicht die Regel.

Rum

Diese Spirituose ist beim Backen vielfältig einsetzbar, da sie mit fast allen Geschmacksvarianten harmoniert. Der echte Zuckerrohrbranntwein aromatisiert Teige und Massen, vor allem aber gibt er Füllungen und Glasuren seinen typischen Geschmack.

Schokolade

Im Allgemeinen kann man zum Backen die preiswerte Blockschokolade verwenden. Verlangt ein Rezept jedoch Kuvertüre, sollte diese auch verwendet werden, denn sie erzielt geschmacklich ein besseres Ergebnis. Um das Reiben von Schokolade zu erleichtern, legen Sie sie vorher ins Gefrierfach. (Siehe Kuvertüre, Seite 40.)

Speisestärke

Speisestärke ist ein staubfeines Mehl, das überwiegend aus Weizen, Reis, Mais und Kartoffeln gewonnen wird. Während der im Weizenmehl enthaltene Kleber für eine großporige Krumenbildung sorgt, kann diese Wirkung für feine Teige und Massen wie Biskuit oder Sandmasse reduziert oder aufgehoben werden. Dies erfolgt durch das Ersetzen eines Teils der Mehlmenge durch Speisestärke (beide zusammen sieben!).

Sternanis

Die in einer achtzackigen, sternförmigen Kapsel sitzenden Samen sind nicht mit dem Anis verwandt. Ihre Verwendung

Sternanis

ist zwar ähnlich, doch ist ihr Geschmack, der an Fenchel und Anis erinnert, voller, feuriger und vor allem dominanter. Sternanis ist im Ganzen, geschrotet und gemahlen im Handel. Kräftig gewürztes Weihnachtsgebäck wie Spekulatius und Lebkuchen verträgt Sternanis sehr gut.

Vanille

Eine kletternde Orchideenart liefert dieses edle Gewürz. Die bis zu 25 cm langen grünen Fruchtkapseln (allgemein Schoten genannt) werden unreif geerntet und entwickeln nach dem Fermentieren, Trocknen und »Schwitzen« ihre dunkelbraune Farbe und das typische süßliche Aroma. Die in Glasröhrchen oder Stanniol angebotenen Schoten werden im Ganzen oder aufgeschlitzt verwendet, oder es wird das dunkle Mark mit den zahlreichen kleinen Samenkörnern ausgeschabt. Von anerkannt hoher Qualität ist die Bourbon-Vanille.

Vanillezucker selbst herstellen: Die Vanilleschote quer halbieren, längs aufschlitzen, in feinsten Zucker stecken. Im verschlossenen Glas 2–3 Tage ziehen lassen, die Schote entfernen.

Walnüsse

Die Steinfrüchte bestehen aus zwei Schalenhälften, in denen sich die ölhaltigen Kerne befinden. Sie sind mit einem dünnen, bitteren Häutchen umgeben, das sie vor Sauerstoffzufuhr und damit

Hacken: Auf einer festen Unterlage mit einer an beiden Enden gehaltenen langen Messerklinge quer hacken. Oder die Nüsse in eine Plastiktüte füllen und mit dem Teigroller darüberrollen.

vor dem Ranzigwerden schützt. Das Hauptangebot auf unseren Märkten stammt aus Kalifornien und Frankreich. Walnusskerne werden gern glasiert und karamellisiert, die rohen Hälften als Garnitur verwendet oder die gehackten Kerne Teigen, Massen, Füllungen und Cremes zugegeben.

Zimt

Als Gewürz dient die innere Rinde von dünnen Zweigen des Zimtbaumes. Die dünne Rinde des feinen *Ceylonzimts* (Kaneel) wird von der gröberen Zimtkassie (Kassia) unterschieden. Das süßliche Aroma des Ceylonzimts ist fein und edel, Zimtkassie wird dagegen als einfachere, preiswertere Sorte angeboten. Beide sind auch gemahlen im Handel und dann schwer zu unterscheiden. Weihnachtsbäckerei, Cremes und Füllungen sowie Gewürzbrote sind typische Anwendungsbereiche für Zimt.

Zitronen-, Orangenschale

Die fein abgeriebene Schale von Zitrusfrüchten liefert ein unverzichtbares und unverwechselbares Aroma. Unbehandelte Früchte, die zudem gründlich mit warmem Wasser gewaschen werden, sind dafür Voraussetzung. Der Handel bietet als Ersatz gute Fertigprodukte an.

Back-formen

① Springblech
② Tortenbodenform mit herausnehmbarem Boden
③ Verstellbarer Tortenring
④ Kuchengitter
⑤ Dauerbackfolie
⑥ Backpapier
⑦ Gugelhupfform
⑧ Teigroller
⑨ Plätzchenausstecher
⑩ Glatte Kranzform
⑪ Springform
⑫ Kastenformen
⑬ Silikon-Kastenform
⑭ Silikon-Muffinform

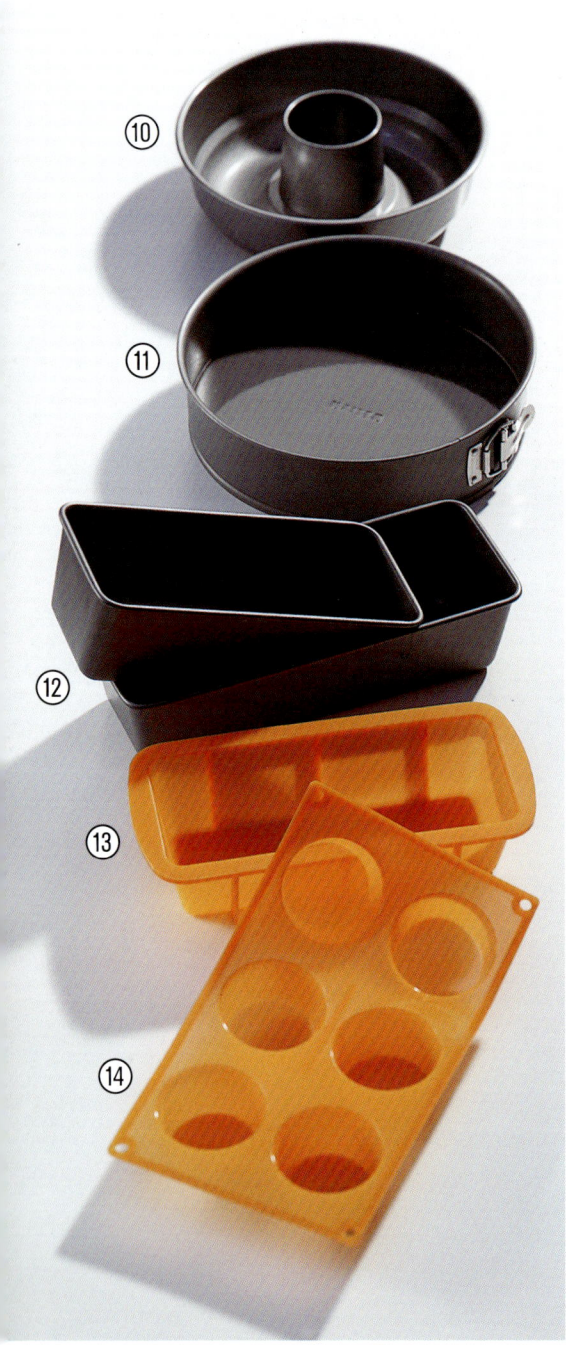

Hilfs-mittel

① Teigschüsseln
② Spritzbeutel mit verschiedenen Tüllen
③ Einwegspritzbeutel mit Tüllen
④ Kuchenheber
⑤ Gewelltes Teigrädchen
⑥ Teighörnchen ⑦ Garnierkamm
⑧ Streichpaletten, gekröpft
⑨ Streichpalette, gerade

⑩ Kuchenmesser mit Zahnung
⑪ Teigschaber (Gummispatel)
⑫ Backpinsel ⑬ Silikonpinsel
⑭ Schneebesen ⑮ Zestenreißer
⑯ Rührschüsseln
⑰ Küchenwaage
⑱ Handrührgerät und Stabmixer
⑲ Siebe

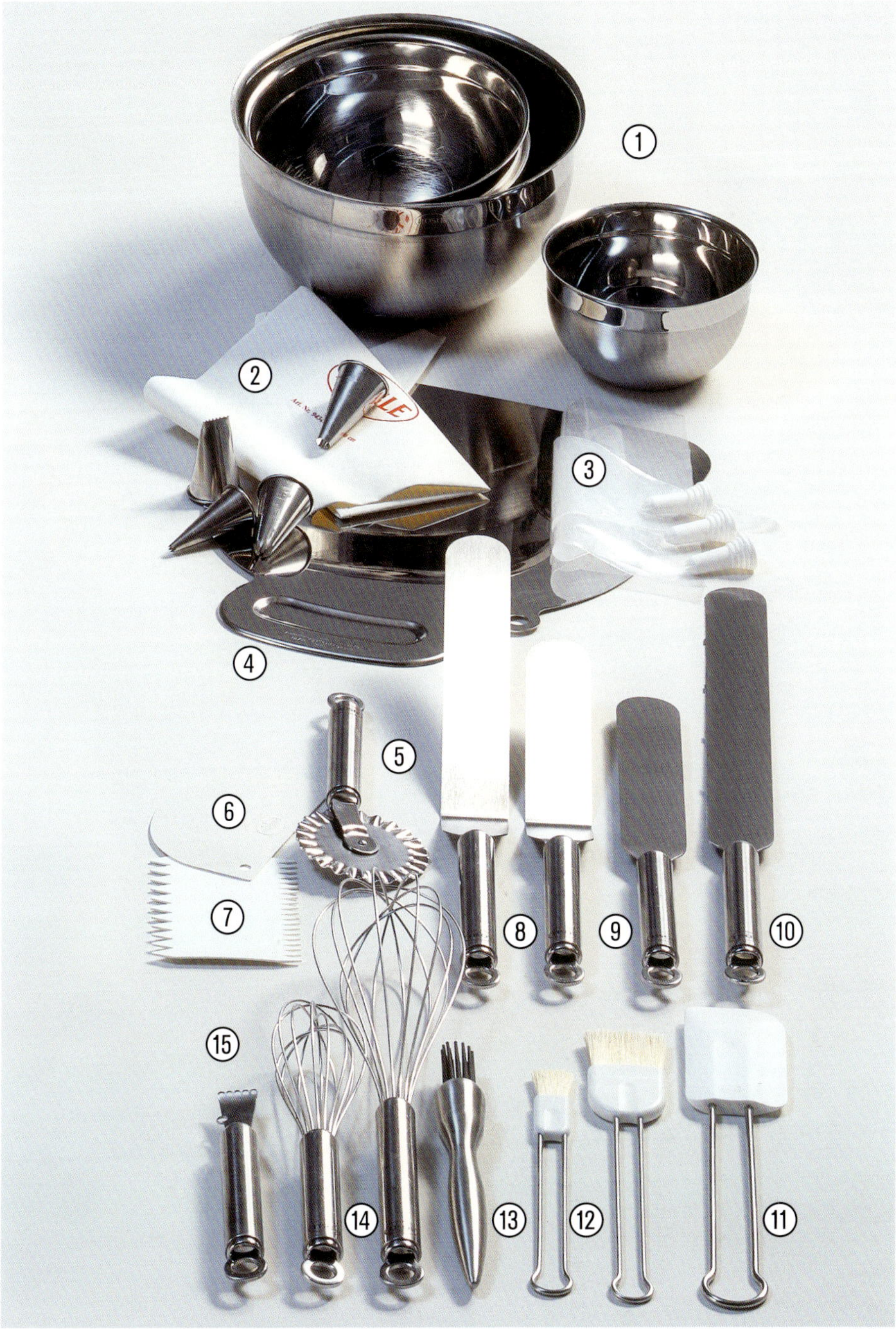

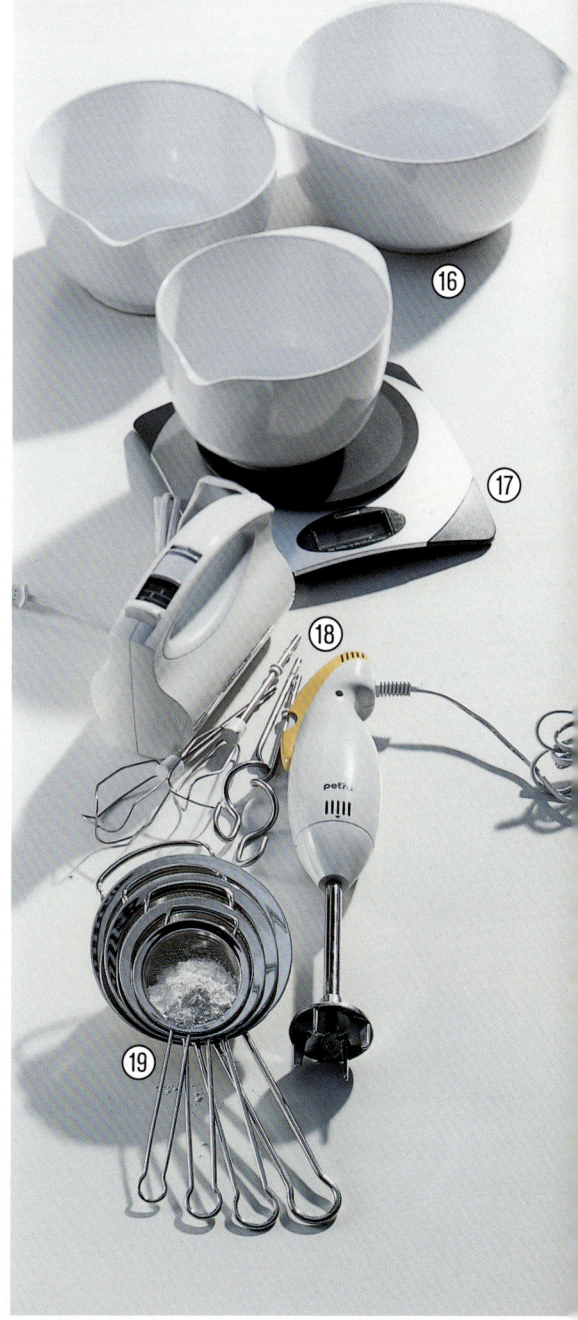

Backformen vorbereiten

Kastenform mit Backpapier auslegen: Die Form auf das Backpapier legen und von allen Flächen die Umrisse aufzeichnen.

Entlang den Umrisslinien ausschneiden, dabei an den Längsseiten zu den Ecken hin einen breiten Streifen überstehen lassen.

Entlang den Bleistiftlinien am Boden falzen, die überstehenden Streifen der Längsseiten hinter die kurzen Seiten falten.

Springform mit Backpapier auslegen: Den Umriss auf Backpapier zeichnen, etwas größer ausschneiden, in den Ring einspannen.

Tortenring einschlagen: Den Ring auf das großzügig ausgeschnittene Backpapier stellen und die Kanten gegen den Ring falzen.

Auf ein mit Backpapier ausgelegtes Backblech stellen. Den Ring vor dem Einfüllen der Massen nicht fetten.

Kastenform mehlen: Die Form einfetten und gleichmäßig mit Mehl ausstreuen. Überschüssiges Mehl wieder ausleeren.

Backform ausbröseln: Die Form fetten und gleichmäßig mit Semmelbröseln ausstreuen. Überschüssige Brösel wieder ausleeren.

So sieht eine perfekt mit Semmelbröseln ausgestreute Napfkuchenform aus. Wichtig: Den Zapfen in der Mitte nicht vergessen!

Teige und Massen

Mürbeteig – der beste für knusprige Kuchenböden und für zarte Plätzchen

Mürbeteig enthält reichlich Fett, das macht ihn auch so angenehm knusprig. Verwendet wird er vor allem für flaches Gebäck und Obstkuchen sowie für Kekse und Weihnachtsplätzchen. Auch pikante Bäckereien, Gemüsekuchen und Quiches werden gern aus ungesüßtem, salzigem Mürbeteig zubereitet.
Die drei Grundzutaten Mehl, Fett (Butter oder Margarine) und Zucker bestimmen in ihrem Verhältnis zueinander die Qualität und die Beschaffenheit des Teiges. Für die Mengenberechnung kann man, ungeachtet zahlreicher Variationsmöglichkeiten, bei den Grundzutaten bestimmte Schemata anwenden.
Einfacher Mürbeteig: **Die Hälfte der Mehlmenge Butter, die Hälfte der Buttermenge Zucker, also ein Verhältnis 4:2:1.**
Mengenbeispiel: **300 g Mehl, 150 g Butter, 75 g Zucker.**
Feiner Mürbeteig: **So genannter Eins-Zwei-Drei-Teig mit einem Mengenverhältnis von 1:2:3.**
Mengenbeispiel: **100 g Zucker, 200 g Butter, 300 g Mehl.**

Hackteig oder Knetteig

Klassisch wird Mürbeteig mit der kalten Butter auf dem Backbrett oder der Arbeitsfläche zubereitet. Damit der fettreiche Teig bei der Bearbeitung nicht zu warm wird, vermischt und hackt man die Zutaten zuerst mit dem Messer und knetet sie anschließend mit der Hand nur kurz zu einem glatten Teig. Man nennt ihn deshalb auch Hack- oder Knetteig. Bei zu langem Bearbeiten mit der Hand könnte das Fett in flüssiger Form austreten, der Teig verliert seine Bindung und wird »brandig«, das Gebäck wird nicht mürbe, sondern hart.

Mürbeteig, mit dem Rührgerät zubereitet

Grundsätzlich können Sie Mürbeteig auch mit den Knethaken des Rührgerätes zubereiten. Vor allem für Teige mit besonders hohem Fettanteil empfiehlt sich diese Methode, um auszuschließen, dass der Teig durch die Bearbeitung mit der Hand erwärmt, also »brandig« oder brüchig wird. Dafür die weiche Butter mit dem Zucker, Ei und Salz geschmeidig rühren. Alle übrigen Zutaten untermischen.

Wichtig
• Jeder Mürbeteig muss, zu einer Kugel geformt und in Folie verpackt, zuerst kalt gestellt ruhen, damit sich der Kleber im Mehl aufschließen kann und sich der Teig gut ausformen lässt. Hack- oder Knetteig sollte mindestens 30 Minuten, gerührter Mürbeteig 1 Stunde ruhen.
• Die Formen oder Bleche sollen kalt sein. Sie müssen im Allgemeinen nicht gefettet werden; allenfalls reibt man sie mit Butterpapier ab. Bei zu stark gefettetem Formboden/Blech fließt der Teig an den Rändern aus.
• Mürbeteiggebäck backt man goldgelb; zu hell gebackenes schmeckt teigig, zu dunkles bitter. Backtemperatur 180–200 °C, für Gebäcke mit feuchtem Belag die höhere Einstellung wählen.
• Mürbeteiggebäck eignet sich gut zum Einfrieren. Auch den Teig können Sie einfrieren.

Beim »All-in-Verfahren« geben Sie alle Zutaten zusammen in die Rührschüssel und verarbeiten sie mit den Knethaken des Rührgerätes zu einem geschmeidigen Teig.

Mürbeteig

Die Rezeptmenge ist ausreichend für einen Kuchenboden mit Rand von 26 cm Ø. Für einen größeren Boden von 28 cm Ø bereiten Sie den Teig aus 300 g Mehl, für einen kleineren von 24 cm Ø aus 200 g Mehl und entsprechend angepassten Zutaten zu.

▸ **250 g Mehl**
▸ **160 (125) g kalte Butter, in Stückchen**
▸ **80 (65) g Zucker**
▸ **1 Prise Salz, 1 Ei**
▸ **1 EL Rum oder saure Sahne**

1 Für den einfachen Mürbeteig gelten die in Klammern angegebenen Mengen.

2 Das Mehl auf die Arbeitsfläche häufen und in die Mitte eine Mulde drücken. Die restlichen Zutaten in die Mulde geben und mit einer Gabel vermischen, dabei etwas Mehl vom Rand einarbeiten.

3 Mit einem großen Messer oder einer Palette das Mehl vom Rand zur Mitte schieben, alles grob vermischen und zu feinen Krümeln hacken.

4 Die Krümel mit beiden (kalten!) Händen rasch zu einem glatten Teig zusammenkneten. Knetet man zu lange, wird die Butter warm und der Teig brüchig, »brandig«.

5 Den Teig zur Kugel formen, in Folie wickeln und kalt stellen.

1 Die Zutaten mit dem Messer hacken.

2 Rasch zu einem glatten Teig kneten.

3 Den gekühlten Teig zügig ausrollen.

6 Je nach Rezept den Teig auf der bemehlten Arbeitsfläche ausrollen.

Mürbeteig-Unterboden

Ein Mürbeteig-Unterboden gibt jeder zarten Torte Halt und leichten Biskuittorten eine zusätzliche Geschmacksnote. Zur Arbeitserleichterung können Sie gleich eine größere Menge Teig zubereiten und portioniert für weitere Böden einfrieren. Die Rezeptmenge reicht für 3 Unterböden.

▸ **165 g weiche Butter**
▸ **100 g Zucker**
▸ **1 Ei**
▸ **1 Prise Salz**
▸ **200 g Mehl**

❙ Springform von 26 cm Ø
❙ **Backen:** 10–15 Minuten bei 180 °C

1 Die Butter geschmeidig rühren, nach und nach den Zucker, das Ei und das Salz und zuletzt das Mehl unterrühren. Den Teig in 3 Teile teilen.

2 Für einen Boden eine Portion Teig auf den Boden der Backform streichen und kalt stellen. Oder: Den Teig zur Kugel formen, in Folie wickeln, kalt stellen und nach einer Ruhephase von etwa 1 Stunde ausrollen und in die Backform legen. Mit den anderen 2 Böden ebenso verfahren.

3 Den Unterboden hellgelb bis goldgelb backen.

Kuchenboden blind backen

Besonders für Kuchen mit feuchtem Belag wie Obst-, Quark-, Gemüsekuchen bewährt sich die Methode des Blindbackens. Ein so vorgebackener Boden ist stabiler, er bleibt glatt, der Tortenrand fällt nicht zusammen. Die dabei verwendeten Hülsenfrüchte können Sie in einem Glas aufbewahren und immer wieder verwenden.

1 Eine Springform oder Kuchenbodenform mit Mürbeteig auslegen und den Rand hochziehen. Den Teigboden mit der Gabel mehrmals einstechen, bis über den Rand mit Backpapier, Pergamentpapier oder Alufolie auslegen und mit getrockneten Hülsenfrüchten füllen. Bei 210 °C etwa 15 Minuten vorbacken oder, je nach Verwendung, in 25 Minuten fertig backen.

2 Nach dem Backen die Hülsenfrüchte mit dem Papier entfernen.

Blind backen: Die Form mit dem Teig auslegen, überstehenden Teig abschneiden, den Boden mit der Gabel einstechen.

Den Teigboden mit Back- oder Pergamentpapier auslegen, die Hülsenfrüchte einfüllen und backen, wie im Rezept angegeben.

Die Hülsenfrüchte mit dem Papier wieder herausnehmen. Sie können beim nächsten Blindbacken wieder verwendet werden.

Oder: Alufolie zu einem Streifen zusammenknüllen und gegen den Teigrand drücken, damit er beim Backen nicht zusammenfällt.

Rührteig – der klassische für feine Kuchen aus der Form

Der klassische Rührteig aus der Zeit unserer Urgroßmütter war eine üppige Rezeptur. Der edle Teig bestand zu gleichen Teilen aus Butter, Zucker, Eiern und Mehl und musste 1 Stunde gerührt werden. Als Maß für den so genannten »Pfundkuchen« wurde – wie schon der Name sagt – häufig das Pfund (= 500 g) gewählt. Wir kennen den feinen Teig heute als Sandmasse für edle Kastenkuchen oder Obstkuchen.

Der moderne Rührteig enthält nur noch halb so viel Fett und weniger Eier. Dank der Erfindung des Backpulvers ergibt auch dieser weniger üppige Teig ein gutes Ergebnis und ein schmackhaftes Gebäck. Das früher so mühsame lange Rühren erledigen heute das elektrische Handrührgerät und/oder die Küchenmaschine.

Von der Technik her sind auch der *Eischwerteig* und die *Sandmasse* Rührteige. Beim Eischwerteig werden die Grundzutaten nach dem Eigewicht berechnet. Besteht ein solcher Rührteig zu gleichen Teilen aus Butter, Zucker, Eiern und Mehl, spricht man vom *Gleichschwerteig* – dem edelsten aller Rührteige, der, vorausgesetzt er ist luftig aufgeschlagen, ohne Backpulver und ohne weitere Flüssigkeitszugabe auskommt. Eine Spur Backpulver unterstützt jedoch den Backprozess, vor allem bei Zusammensetzungen mit reichlich Speisestärke und Geschmackszutaten wie Nüssen, Trockenfrüchten usw. Bei der Sandmasse wird jedoch das Mehl ganz oder teilweise durch Speisestärke ersetzt. Für die einfache Sandmasse wird die Buttermenge reduziert. Der Eischwerteig ohne Fett besteht nur aus Ei, Zucker und Mehl.

Wichtig
• Die Backform fetten und mehlen oder mit Semmelbröseln ausstreuen.
• Alle Zutaten müssen die gleiche Temperatur haben.
• Teige ohne schwere Zutaten können als »Schüsselkuchen« oder im »All-in-Verfahren« zubereitet werden: Alle Zutaten in die Rührschüssel füllen und mit dem Handrührgerät auf niedrigster, dann auf höchster Stufe in 2 Minuten zu einem glatten Teig rühren.
• Backtemperatur 180 °C.
• Trockenes und unglasiertes Gebäck können Sie gut einfrieren.

Weicher Rührteig

Für Formkuchen aller Art, vor allem Kasten- und Napfkuchen. Für einen feinporigeren Kuchen kann die Mehlmenge bis zu einem Drittel durch Speisestärke ersetzt werden.

▸ **250 g weiche Butter**
▸ **250 g Zucker**
▸ **4 Eier**
▸ **1 Prise Salz**
▸ **1 Päckchen Vanillezucker oder abgeriebene Zitronenschale**
▸ **500 g Mehl (oder 375 g Mehl und 125 g Speisestärke)**
▸ **1 Päckchen Backpulver**
▸ **etwa 100 ml Milch**
▸ **2 EL Rum (nach Belieben)**

1 Die Butter geschmeidig rühren. Nach und nach den Zucker, die Eier, eines nach dem anderen, das Salz und den Vanillezucker oder die Zitronenschale dazugeben und zu einer sehr guten Schaummasse rühren.

2 Das Mehl mit dem Backpulver mischen und sieben. Abwechselnd mit der Milch unterrühren. Zuletzt den Rum (falls verwendet) zugeben. Der Teig soll weich vom Löffel fallen.

3 Den Teig in die vorbereitete Form füllen und sofort backen.

Mittelfester Rührteig

Für einen Kuchen in der Springform (Obst-, Käse-, Streuselkuchen). Für Blechkuchen brauchen Sie die doppelte Rezeptmenge.

▸ **80 g weiche Butter**
▸ **80 g Zucker**
▸ **2 Eier**
▸ **1 Prise Salz**
▸ **1 EL Vanillezucker oder abgeriebene Zitronenschale**
▸ **200 g Mehl**
▸ **1$\frac{1}{2}$ TL Backpulver**
▸ **einige EL Milch (bei Bedarf)**
▸ **1 EL Rum (nach Belieben)**

1 Die Zubereitung ist die gleiche wie bei weichem Rührteig (siehe links). Der Teig soll schwer reißend vom Löffel fallen.

2 Den Teig in die vorbereitete Form füllen und backen.

Löffelprobe weicher Rührteig:
Er soll weich vom Löffel fallen.

Eischwerteig ohne Fett

Grundmasse für würzige Kuchen (Anis-kuchen, Aniszwieback) und für Formku-chen mit Trockenfrüchten (Bischofsbrot). Beliebt für Obstkuchen mit säuerlichen Früchten (Rhabarber-, Sauerkirsch-kuchen); dafür genügt die halbe Rezept-menge.

▸ **4 Eier**
▸ **4 Eischwer Zucker**
▸ **abgeriebene Zitronenschale**
▸ **4 Eischwer Mehl**

1 Die Eier abwiegen, gleich viel Zucker und Mehl abwiegen.

2 Die Eier mit dem Zucker auf höchster Schaltstufe zu einer sehr lockeren, weiß-schaumigen Masse rühren, die Zitronen-schale zugeben. Das Mehl auf die Schaummasse sieben und mit dem Rührlöffel untermischen.

3 Den Teig in die vorbereitete Form füllen und sofort backen.

Hinweis

Gebäck aus fettfreiem Eischwerteig im Mengenverhältnis Ei : Zucker : Mehl von 1 : 1 : 1 wird oft als zu süß empfunden. Dann reduziert man die Zuckermenge entsprechend.

Löffelprobe mittelfester Rührteig:
Er soll schwer reißend vom Löffel fallen.

Eischwerteig mit Fett

Gleichschwerteig, Sandmasse

Grundmasse für Formkuchen wie Zitronen-, Orangenkuchen oder solche mit reichlich Trockenfrüchten wie Königskuchen, Englischer Kuchen.

▸ **4 Eier**
▸ **4 Eischwer Puderzucker**
▸ **4 Eischwer Butter**
▸ **4 Eischwer Mehl,**
  davon $1/3$–$1/2$ Speisestärke
▸ **1 TL Backpulver**
▸ **abgeriebene Zitronenschale**
▸ **2 EL Rum (nach Belieben)**

1 Die Eier wiegen, gleich viel Puder-zucker, Butter und Mehl (vermischt mit der Speisestärke) abwiegen. Die Mehl-mischung mit dem Backpulver sieben.

2 **Zubereitung mit weicher Butter:** Die Butter geschmeidig rühren. Nach und nach den Puderzucker und die Eier, eines nach dem anderen, bei laufendem Gerät zugeben und zu einer sehr locke-ren, weißschaumigen Masse rühren; die Zitronenschale und den Rum (falls ver-wendet) zugeben. Die gesiebte Mehlmi-schung mit dem Rührlöffel unterrühren.
Zubereitung mit zerlassener Butter: Die Eier mit dem Puderzucker schaumig rühren, die Zitronenschale und den Rum (falls verwendet) zugeben. Mit dem Rührlöffel einige Esslöffel der gesiebten Mehlmischung unterrühren. Die restli-che Mehlmischung abwechselnd mit der lauwarm zerlassenen Butter nach und nach vorsichtig unterziehen und jeweils gut verrühren.

3 Die Masse in die vorbereitete Form füllen und sofort backen.

1 Die Eier wiegen, Eischwer Zucker/Puder-zucker, Butter und Mehl abwiegen.

2 Den Puderzucker und die Eier in die geschmeidig gerührte Butter rühren.

3 Oder: Die zerlassene Butter mit dem Mehl in die Schaummasse rühren.

4 Den Teig in die vorbereitete Form füllen.

Blätterteig – der zarte für süßes und salziges Gebäck

Knuspriges und zugleich zartes Blätterteiggebäck mit dem ausgeprägten Geschmack von frischer Butter gehört zum Feinsten einer Kaffeetafel. Blätterteig besteht nur aus Mehl, Wasser, Salz und Butter. Er enthält weder Zucker noch aromatische Zutaten. Das Geheimnis ist seine spezielle Zubereitungsart. Ein einfacher Wasserteig und ein geformter Butterziegel müssen als hauchdünne Schichten zusammengebracht werden. Das erreicht man durch mehrmaliges Ausrollen und Zusammenfalten des Wasserteiges mit der darin eingeschlagenen Butter nach einem bestimmten Schema, in der Fachsprache »tourieren« oder »Touren schlagen« genannt. Je mehr Touren geschlagen werden, desto blättriger wird der Teig. Das erfordert Genauigkeit, Sorgfalt und natürlich eine Menge Zeit.

Neben dem TK-Blätterteig finden Sie rund und rechteckig ausgerollten Blätterteig in der Kühltheke der Lebensmittelabteilung.

Tiefkühl-Blätterteig

Die Herstellung des klassischen (echten) Blätterteiges ist mit einem großen Zeitaufwand und besonderer Sorgfalt verbunden. Das hat die Industrie erkannt und mit einem TK-Produkt einen wunderbaren, in der Qualität guten Ersatz geschaffen. Dieser vorgefertigte Blätterteig hat den selbst gemachten im Haushalt weitgehend verdrängt. Man kauft ihn aus der Kühltheke oder der Tiefkühltruhe in einzelnen Platten oder bereits ausgerollt.

Quark- und Rahmblätterteig

Abarten des klassischen Blätterteiges sind der Quarkblätterteig und der Rahmblätterteig, so genannte Halbblätterteige. Sie unterscheiden sich vom echten Blätterteig sowohl durch eine geringere Buttermenge und spezielle Zutaten als auch durch die Art der Zubereitung. Sie sind eine gute Alternative zum selbst gemachten Blätterteig.

Wichtig
- Alle Zutaten müssen kalt sein.
- Blätterteig muss sorgfältig ausgerollt werden, damit er sich nicht zusammenzieht, »schnurrt«. Man rollt ihn von rechts nach links und von links nach rechts, anschließend von vorn nach hinten und von hinten nach vorn.
- Aufgetaute Blätterteigplatten kann man vor dem Ausrollen mit kaltem Wasser bepinseln und wieder aufeinander setzen. Das fördert das Aufblättern beim Backen.
- Die Backbleche werden nicht gefettet, sondern mit kaltem Wasser abgespült oder mit Backpapier ausgelegt, das man mit kaltem Wasser besprüht. Das Wasser verdampft in der Backhitze und fördert das Aufblättern des Teiges.
- Blätterteig braucht gute Backhitze, 210–220 °C.
- Vor allem unglasiertes Kleingebäck aus Blätterteig können Sie sehr gut einfrieren.

Klassischer (echter) Blätterteig

Für ungefüllte und gefüllte süße wie pikante Gebäcke.

Wasserteig
- 225 g Mehl
- 1/4 TL Salz
- etwa 125 ml kaltes Wasser

Butterziegel
- 250 g kalte Butter in Würfeln
- 25 g Mehl

1 Für den Wasserteig das Mehl in einer Schüssel oder auf der Arbeitsplatte mit dem Salz und Wasser zu einem glatten, festen Teig verarbeiten. Zu einer Kugel formen, in Folie wickeln und im Kühlschrank mindestens 1 Stunde ruhen lassen.

1 Den Butterziegel auf die Mitte des Wasserteiges legen und einschlagen.

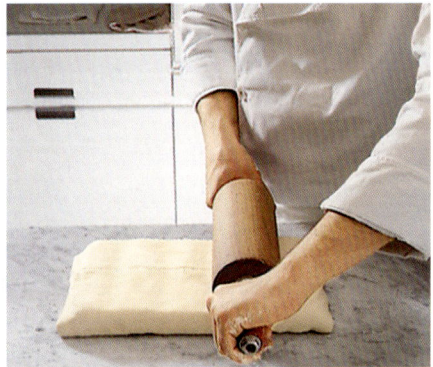

2 Erst zu den Schmalseiten, dann von vorn nach hinten zu einem Rechteck ausrollen.

3 **Einfache Tour:** So zusammenklappen, dass 3 Schichten übereinander liegen.

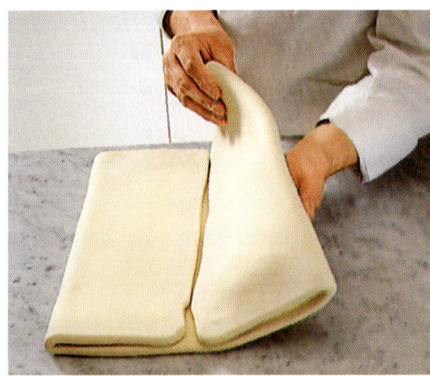

4 **Doppelte Tour:** So zusammenklappen, dass 4 Schichten übereinander liegen.

2 Für den Butterziegel die Butter mit dem Mehl rasch zusammenkneten und auf Folie zu einem Ziegel formen. In die Folie wickeln und im Kühlschrank ruhen lassen, bis die Butter fest, aber nicht hart wird; sie soll plastisch formbar bleiben.

3 Den Teig aus dem Kühlschrank nehmen und auf der bemehlten Arbeitsfläche zu einem Rechteck in der doppelten Größe des Butterziegels ausrollen. Den Butterziegel in die Mitte der Teigplatte legen, die Teigränder mit Wasser bestreichen und von beiden Seiten so über den Butterziegel schlagen, dass sie sich leicht überlappen.

4 Den Block mit sanftem Druck zu einem Rechteck ausrollen, und zwar von links nach rechts und von rechts nach links, dann von hinten nach vorn und von vorn nach hinten.

Einfache Tour: Das linke Drittel der ausgerollten Teigplatte über das mittlere Drittel klappen und dann das rechte Teigdrittel ebenso darüberklappen, sodass jetzt 3 Teigschichten übereinander liegen. 30 Minuten kalt stellen.
Doppelte Tour: Den Teig erneut zu einem Rechteck ausrollen. Die beiden äußeren Teigviertel zur Mitte hin einschlagen und anschließend zusammenklappen wie ein Buch, sodass jetzt 4 Teigschichten übereinander liegen. 30 Minuten kalt stellen.

5 Je 1 einfache und 1 doppelte Tour mit jeweiliger Ruhephase wiederholen. Den Teig in Folie einschlagen, im Kühlschrank über Nacht ruhen lassen.

6 Den Blätterteig am nächsten Tag nach Rezept weiterverarbeiten und ausformen.

Quarkblätterteig

Als Tortenboden für Obst- und Gemüsekuchen; für Kümmelstangen, Käsegebäck und Würstchen in Blätterteig.

▸ **250 g Mehl, 1 TL Backpulver**
▸ **250 g kalte Butter, blättrig geschnitten**
▸ **250 g Quark, im Sieb abgetropft**
▸ **1/2 TL Salz**

1 Das Mehl mit dem Backpulver vermischen und mit allen Zutaten auf der Arbeitsfläche rasch zu einem glatten Teig kneten. Zu einer Kugel formen, in Folie wickeln und 30 Minuten im Kühlschrank ruhen lassen.

2 Dem Teig 2 einfache und 2 doppelte Touren geben und ruhen lassen, wie beim klassischen Blätterteig beschrieben. Nach der letzten Ruhephase zu dem gewünschten Gebäck verarbeiten.

Quarkmürbeteig

Das ist ein Quarkblätterteig ohne Tourenschlagen. Ein Angebot für Eilige.

Rahmblätterteig

Verwendung wie klassischer und Quarkblätterteig.

▸ **250 g Mehl, 1 TL Backpulver**
▸ **175 g kalte Butter, blättrig geschnitten**
▸ **125 g saure Sahne, 1/2 TL Salz**

1 Das Mehl mit dem Backpulver vermischen und mit allen Zutaten auf der Arbeitsfläche rasch zu einem glatten Teig kneten. Zu einer Kugel formen, in Folie wickeln und im Kühlschrank 30 Minuten ruhen lassen.

2 Dem Teig 2 einfache und 2 doppelte Touren geben, wie beim klassischen Blätterteig beschrieben. Nach jeder Tour im Kühlschrank ruhen lassen. Nach der letzten Ruhephase zu dem gewünschten Gebäck verarbeiten.

Hefeteig – wandelbar wie kein zweiter

Hefeteig ist ein elastischer, gut ausrollbarer Teig, der aus den drei Grundzutaten Hefe, Mehl und Flüssigkeit besteht. Die Flüssigkeit, meist Milch, ist notwendig zum Quellen des Klebers im Mehl. Eier, Fett und vielerlei Geschmackszutaten geben ihm seinen speziellen Charakter. Gebäck aus Hefeteig zeichnet sich durch einen typischen, leicht säuerlichen Geschmack aus. Darüber hinaus ist es durch die zugesetzten Hefepilzzellen (siehe Hefe, Seite 11) besonders luftig und leicht. Voraussetzung für das Gelingen von Hefeteig ist es deshalb, den Pilzzellen günstige Bedingungen zu schaffen, damit sie sich vermehren können. Finden sie das richtige Milieu vor – nämlich Wärme, Feuchtigkeit und Nahrung – und darüber hinaus auch noch Zeit zum »Gehen«, vermehren sie sich lebhaft. Dabei verwandeln sie den Zucker in Alkohol und Kohlendioxid, es entstehen zahllose gasgefüllte Bläschen, der Teig gärt und vergrößert sein Volumen, er »geht auf«. Grundsätzlich kann man Hefeteig nach zwei verschiedenen Methoden zubereiten, nämlich mit einem Vorteig und im so genannten All-in-Verfahren.

Hefeteig – mit Vorteig

Klassisch wird aus der zerbröckelten Hefe, lauwarmer Milch, wenig Zucker und etwas Mehl zunächst ein so genannter Vorteig angerührt. Dieser muss 15–20 Minuten im warmen Raum gehen, bevor er mit den restlichen Zutaten fertig gestellt wird. Durch kräftiges Schlagen und Kneten wird dem Teig Luft zugeführt und dadurch die Gärtätigkeit beschleunigt. Schließlich braucht der Teig noch Zeit zum Aufgehen, bevor er ausgeformt und gebacken wird.

Hefeteig – All-in-Verfahren

Bei dieser Methode wird der Teig in einem Arbeitsgang zubereitet. Dafür die zerbröckelte Hefe in der Milch auflösen, mit dem Mehl und allen anderen Zutaten in die Küchenmaschine füllen und mit den Knethaken bearbeiten, bis sich der Teig von der Schüsselwand löst. Anschließend auf der Arbeitsfläche kneten, bis er glatt und glänzend ist. Der Teig kann sofort ausgeformt werden, muss aber vor dem Backen noch im warmen Raum gehen. Dieses All-in-Verfahren ist ein brauchbares Angebot, wenn es einmal ganz fix gehen muss.

Wichtig
- Alle Zutaten, auch das Mehl, sollen Raumtemperatur haben. Milch verwendet man lauwarm (nicht heiß!), und die Butter soll weich oder lauwarm zerlassen sein.
- Frische Hefe gibt es in 42-g-Würfeln (Kühlregal) zu kaufen; achten Sie auf das Haltbarkeitsdatum. Trockenhefe im Päckchen ist länger haltbar und ein guter Ersatz für frische Hefe.
- Die Backform oder das Backblech fetten. Für Kleingebäck das Blech mit Backpapier auslegen.
- Backtemperatur 180–200 °C.
- Gebäck aus Hefeteig schmeckt frisch am besten. Es lässt sich gut einfrieren.

Hefeteig

Die Rezeptmenge ist ausreichend für einen Blechkuchen oder einen Kuchen aus der Form. Für einen Obstkuchen vom Blech reicht ein Teig aus nur 400 g Mehl und entsprechend reduzierten Zutaten.

- ▶ **500 g Mehl**
- ▶ **30 g Hefe**
- ▶ **etwa 250 ml lauwarme Milch**
- ▶ **60 g Zucker**
- ▶ **2 Eier**
- ▶ **$\frac{1}{2}$–1 TL Salz**
- ▶ **60 g Butter, zerlassen**

1 Das Mehl in die Rührschüssel füllen und in die Mitte eine Mulde drücken. Die Hefe hineinbröckeln, mit einigen Esslöffeln Milch, 1 TL Zucker und etwas Mehl vom Rand zu einem weichen Vorteig anrühren. Leicht mit Mehl bestauben und im warmen Raum 15–20 Mi-

1 Die Hefe mit Zucker und etwas lauwarmer Milch in der Mehlmulde verrühren.

2 Leicht mit Mehl bestauben und zugedeckt an einem warmen Ort gehen lassen.

3 Die restlichen Zutaten hinzufügen und in den Vorteig einarbeiten.

4 Den Teig kräftig abschlagen, bis er glänzt und sich vom Schüsselboden löst.

5 Den Teig erneut gehen lassen, bis er das Doppelte seines Volumens erreicht hat.

6 Den Teig zusammendrücken und nach dem jeweiligen Rezept weiterverarbeiten.

nuten ruhen lassen, bis der Vorteig aufgegangen ist und die Oberfläche Risse zeigt. *Erste Ruhephase.*

2 Die restlichen Zutaten dazugeben und mit den Knethaken des Rührgerätes bearbeiten, bis sich der Teig von der Schüsselwand löst. In der Schüssel oder auf der bemehlten Arbeitsfläche kräftig kneten. Zugedeckt etwa 30 Minuten gehen lassen, bis der Teig das Doppelte seines Volumens erreicht hat. *Zweite Ruhephase.*

3 Den Teig auf der bemehlten Arbeitsfläche zusammendrücken und je nach Rezept ausformen. Vor dem Backen noch einmal gehen lassen. *Dritte Ruhephase.*

Gerührter Hefeteig

Für feinen Gugelhupf, Savarin, Hefekranz, Nussring.

- ▸ **30 g Hefe**
- ▸ **125 g Zucker**
- ▸ **etwa 250 ml lauwarme Milch**
- ▸ **500 g Mehl**
- ▸ **150 g weiche Butter**
- ▸ **1 ganzes Ei**
- ▸ **2–3 Eigelb**
- ▸ **1/2 TL Salz**

1 Für den Vorteig die Hefe in eine kleine Schale bröckeln, mit 1 TL Zucker und 3 EL Milch glatt rühren, 1 EL Mehl unterrühren und etwa 15 Minuten an einem warmen Ort zugedeckt gehen lassen. *Erste Ruhephase.*

2 Die Butter mit dem restlichen Zucker, Ei und Eigelben schaumig rühren. Das Mehl, Salz, den Vorteig und die restliche Milch (nur so viel, wie es die Teigbeschaffenheit erfordert) dazugeben und zu einem glatten Teig abschlagen. Zugedeckt etwa 30 Minuten gehen lassen, bis der Teig das Doppelte seines Volumens erreicht hat. *Zweite Ruhephase.*

3 Den Teig auf der bemehlten Arbeitsfläche zusammendrücken und je nach Rezept ausformen. Vor dem Backen noch einmal gehen lassen. *Dritte Ruhephase.*

1 Den Vorteig in einer Tasse oder einer kleinen Schüssel abrühren.

2 Den gegangenen Vorteig mit der Schaummasse, Mehl und Milch verarbeiten.

3 Den glatt abgeschlagenen Teig auf das Doppelte seines Volumens aufgehen lassen.

Plunderteig – knusprig mit weicher Krume

Plunder- oder Hefeblätterteig – als Dänischer Plunder bekannt – wird wie Blätterteig bereitet. Der Butterziegel wird hier in einen Hefeteig eingeschlagen, den man kalt gehen lässt, damit sich Teig und Butterziegel nicht vor dem Backen verbinden.

Wichtig
• Die Backbleche mit Backpapier auslegen.
• Gebacken wird Plunderteig bei guter Hitze von 200–220 °C.

Plunderteig

Für die beliebten »Teilchen« und buttrig zarte Croissants.

Hefeteig

▸ **30 g Hefe**
▸ **etwa 200 ml lauwarme Milch**
▸ **500 g Mehl**
▸ **40 g weiche Butter**
▸ **50 g Zucker, 1 TL Salz**
▸ **2 Eier**

Butterziegel

▸ **300 g Butter, raumtemperiert**
▸ **60 g Mehl**

1 Für den Hefeteig die Hefe zerbröckeln und in der lauwarmen Milch auflösen. Das Mehl in die Rührschüssel häufen, in die Mitte eine Mulde drücken, die Butter, den Zucker, das Salz und die Eier hineingeben. Die aufgelöste Hefe dazugießen und alles zu einem glatten, geschmeidigen Teig abschlagen und anschließend kneten. Mit Folie bedecken und 2–3 Stunden im Kühlschrank ruhen lassen.

2 Für den Butterziegel die Butter mit dem Mehl verkneten und zu einem flachen Ziegel von etwa 10 × 15 cm formen. Im Kühlschrank fest, aber nicht hart werden lassen, sodass die Butter noch plastisch formbar bleibt.

3 Den Hefeteig zu einem Rechteck von gut der doppelten Größe des Butterziegels ausrollen und die Butter vollständig darin einschlagen.
Einfache Tour: Den Teigblock von oben nach unten und von rechts nach links zu einem langen Rechteck ausrollen. Das linke Drittel der Teigplatte über das mittlere Drittel klappen, dann das rechte Teigdrittel ebenfalls darüberklappen, sodass 3 Teigschichten übereinander liegen. Etwa 30 Minuten im Kühlschrank ruhen lassen.

4 Diese einfache Tour noch zweimal wiederholen, dazwischen im Kühlschrank ruhen lassen.

5 Nach der letzten Ruhephase den Teig je nach Rezept weiterverarbeiten, ausformen und vor dem Backen bei Raumtemperatur gehen lassen.

Quarkölteig – der schnelle und vielseitige

Der Quarkölteig ist von seiner Konsistenz und auch im Geschmack dem Hefeteig ähnlich. Er ist elastisch und lässt sich wie dieser gut ausrollen. Sein Vorteil: Er muss nicht »gehen«, ist also ein schnell gemachter Teig.

Wichtig
• Das Öl für den Teig sollte nicht durch ein festes Fett ersetzt werden.
• Backform oder Blech fetten.
• Backtemperatur 180 °C.
• Gebäck aus Quarkölteig schmeckt frisch am besten. Es lässt sich gut einfrieren.

Quarkölteig

Die Rezeptmenge ist für einen Blechkuchen berechnet. Für einen Kuchen in der Spring- oder Tortenbodenform genügt die halbe Rezeptmenge. Für pikantes Gebäck lassen Sie Zucker und Geschmackszutaten einfach weg.

▸ **200 g Magerquark, im Sieb abgetropft**
▸ **100 ml neutrales Speiseöl**
▸ **100 ml Milch**
▸ **100 g Zucker**
▸ **abgeriebene Zitronenschale oder 1 EL Vanillezucker**
▸ **1 Messerspitze Salz**
▸ **400 g Mehl, 1 Päckchen Backpulver**

1 Quark, Öl und Milch in einer Rührschüssel vermischen. Mit Zucker, Zitronenschale oder Vanillezucker und Salz glatt rühren. Die Hälfte des Mehles einrühren.

2 Das restliche Mehl mit dem Backpulver darübersieben und alles zu einem festen Teig kneten. 30 Minuten im Kühlschrank ruhen lassen.

3 Den Teig nach Rezept weiterverarbeiten und backen.

Brandteig – für Hohlgebäcke

Brandteig oder Brühteig ist die Masse für ein leichtes Hohlgebäck. Sie wird in Fett ausgebacken oder bei guter Ofenhitze gebacken. Brandteig leitet seinen Namen von der Zubereitung ab; denn er wird nicht wie andere Teige gerührt oder geknetet, sondern auf dem Herd im Topf gegart, »abgebrannt«.
Die Grundzutaten sind Flüssigkeit (Wasser oder Milch), Butter, Mehl und reichlich frische (!) Eier. Zucker kommt nicht dazu. Das Grundrezept erlaubt nur geringe Abweichungen. Die Fettmenge darf nicht gekürzt werden, denn das Fett verhindert das Klumpen des Mehles beim »Abbrennen«. Reichlich frische Eier sind als Lockerungs- und Bindemittel nötig. Sie sollen erst beim Backen gerinnen,

deshalb gibt man sie an den abgebrannten, nicht aber an den kochend heißen Teig. Das enthaltene Wasser verdunstet während des Garprozesses bei gleichzeitiger Volumenvergrößerung. Dabei entstehen die gewünschten Hohlräume. Die geschmeidige Masse wird mit Löffeln ausgeformt oder mit dem Spritzbeutel gespritzt.

Brandteig

Grundmasse für gefülltes und ungefülltes Hohlgebäck, das schwimmend in reichlich heißem Fett oder im Ofen gebacken wird.

- ▸ 250 ml Wasser
- ▸ 1 Prise Salz
- ▸ 50 g Butter
- ▸ 150 g Mehl
- ▸ 4 frische (!) Eier

1 In einem Topf das Wasser mit dem Salz und der Butter aufkochen. Das Mehl auf einmal (»im Sturz«) hineinschütten und mit dem Rührlöffel glatt rühren. Kräftig abrühren (»abbrennen«), bis sich ein Kloß bildet und der Topfboden von einer weißen Haut überzogen ist. Vom Herd nehmen, den Teig in eine Schüssel füllen und leicht auskühlen lassen.

Wichtig
- • Brandteig braucht zum Backen im Ofen feuchte Hitze. Machen Sie Dampf und stellen Sie in die hintere Ecke des vorgeheizten Ofens ein Gefäß mit heißem Wasser. Je mehr Dampf erzeugt wird, desto mehr kann das Gebäck aufgehen. Heißes Wasser auf den Boden des Backofens zu gießen, ist nicht zu empfehlen. Das könnte die Emailleschicht beschädigen.
- • Die Backbleche werden mit Backpapier ausgelegt oder gefettet.
- • Brandteig geht beim Backen auf. Bestücken Sie das Blech nicht zu dicht.
- • Brandteig braucht gute Backhitze, etwa 220 °C. Zu schwache Hitze verhindert die rechtzeitige Gerüstbildung, das Gebäck fällt zusammen; zu starke Hitze verhindert durch vorzeitige Krustenbildung das Aufgehen. Während der Backzeit den Ofen nicht öffnen. Erschütterungen vermeiden.
- • Ungefülltes Brandteiggebäck lässt sich gut einfrieren.

2 Die Eier einzeln, eines nach dem anderen, unter den Teig rühren und jeweils vollständig einarbeiten. So lange rühren, bis ein geschmeidiger Teig entstanden ist.

2 Auf dem Herd zum Kloß abrühren.

3 Die Eier einzeln einarbeiten.

1 Das Mehl »im Sturz« einrühren.

4 Einen geschmeidigen Teig rühren.

Biskuit – der Favorit für Torten, Rouladen und Schnitten

Lockerer Biskuit, leicht und neutral im Geschmack, besteht aus nur drei Zutaten, nämlich Eiern, Zucker und Mehl. Einziges Lockerungsmittel ist Luft, die beim Schlagen der Eigelb-Zucker-Masse und des Eischnees eingearbeitet wird. Die Zubereitung der Biskuitmasse ist einfach; sie ist schnell gerührt und ebenso schnell gebacken.
Am besten schlagen Sie Eigelb und Eiweiß getrennt auf, dann können Sie ganz viel Luft einschlagen, und das Gebäck wird besonders locker. Wollen Sie die Masse mit den ganzen Eiern zubereiten, brauchen Sie schon ein leistungsfähiges Handrührgerät oder die Küchenmaschine, damit in die Schaummasse auch genügend Luft eingearbeitet wird. Das Gebäck wird etwas weniger porös und elastischer als mit getrennt aufgeschlagenen Eiern.

Wasserbiskuit

Wasserbiskuit ist ein einfacher Biskuit mit erhöhter Zucker- und Mehlmenge, die fehlende Flüssigkeit wird durch den Zusatz von Wasser ausgeglichen. Für die Lockerung muss allerdings etwas Backpulver zugegeben werden.

Wiener Biskuit Wiener Masse

Diesem Biskuit wird zerlassene Butter zugefügt. Die Masse geht zwar nicht ganz so luftig und locker auf, dafür ist das Gebäck aber feinporiger und schmeckt besonders gut. Zubereiten kann man die Wiener Masse mit den ganzen oder mit getrennten Eiern. Für die Zubereitung mit den ganzen Eiern sollten Sie die Schüssel jedoch auf ein heißes Wasserbad setzen und die Eier mit dem Zucker warm (nicht heiß!) schlagen. Dadurch und durch das anschließende Kaltschlagen löst sich der Zucker besonders gut auf.

Biskuit

Für Rouladen, Torten, Obstkuchen.

▸ **5 Eier, getrennt oder ganz**
▸ **125 g feinster Zucker**
▸ **1 EL Vanillezucker oder/und abgeriebene Zitronenschale**
▸ **125 g Mehl**

1 Für die Zubereitung der Biskuitmasse sind unterschiedliche Verfahren möglich:
Zubereitung 1 (getrennte Eier, Schnellbiskuit)
Die Eiweiße mit dem Handrührgerät steif, aber nicht schnittfest schlagen, dabei den Zucker einrieseln lassen. Die verrührten Eigelbe mit dem Vanillezucker oder der Zitronenschale unterheben. Das Mehl darübersieben, mit dem Spatel oder Rührlöffel locker unterheben.
Zubereitung 2 (getrennte Eier, für größere Teigmengen)
Die Eigelbe mit zwei Dritteln des Zuckers mit dem Handrührgerät schaumig rühren. Den Vanillezucker oder die Zitronenschale untermischen. Die Eiweiße mit dem restlichen Zucker steif, aber nicht schnittfest schlagen. Ein Drittel des Eischnees unter den Eigelbschaum rühren. Den restlichen Eischnee dazugeben, das Mehl darübersieben und beides mit dem Spatel oder Rührlöffel locker unterheben.

1 Die Eigelbe und den Zucker mit dem Handrührgerät dickschaumig rühren.

2 Den Eischnee daraufgleiten lassen, das Mehl darübersieben, unterheben.

Wichtig
• Für alle Zubereitungsarten gilt: viel Luft einrühren, damit das Gebäck schön locker wird!
• Den Boden der Springform oder das Backblech leicht fetten und mehlen oder mit Backpapier auslegen. Bei der Springform keinesfalls den Rand fetten; die schmelzende Butter würde die beim Backen aufgehende Masse an den Rändern herunterziehen, es entsteht keine flache Oberfläche.
• Backtemperatur für Formgebäck 180 °C, für Rouladen 210 °C.
• Ungefülltes Gebäck aus Biskuit lässt sich gut einfrieren.

Zubereitung 3 (ganze Eier)
Die ganzen Eier und den Zucker mit dem Handrührgerät zu einer sehr guten Schaummasse rühren. Den Vanillezucker oder die Zitronenschale zugeben. Das Mehl darübersieben und mit dem Spatel oder Rührlöffel untermischen.

2 Die Masse in die vorbereitete Form füllen (Springform nur am Boden fetten und mehlen oder mit Backpapier auslegen), glatt streichen und sofort backen.

Variationen

Schokoladenbiskuit: 30 g Mehl durch gesiebten Kakao ersetzen.
Nussbiskuit: Ein bis zwei Drittel der Mehlmenge durch gemahlene Nüsse ersetzen.
Mandelbiskuit: Ein bis zwei Drittel der Mehlmenge durch gemahlene Mandeln ersetzen.

Wasserbiskuit

Für Torten und Obstkuchen.

- ▸ **4 Eier, getrennt oder ganz**
- ▸ **200 g Zucker**
- ▸ **1 EL Vanillezucker oder/und abgeriebene Zitronenschale**
- ▸ **4 EL kaltes oder warmes Wasser**
- ▸ **200 g Mehl**
- ▸ **1–2 TL Backpulver**

1 Für die Zubereitung der Biskuitmasse sind verschiedene Verfahren möglich:
Zubereitung 1 (getrennte Eier, kaltes Wasser; Schnellbiskuit)
Die Eiweiße mit dem *kalten* Wasser mit dem Handrührgerät steif, aber nicht schnittfest schlagen, dabei den Zucker einrieseln lassen. Die verrührten Eigelbe mit dem Vanillezucker oder der Zitronenschale untermischen. Das Mehl mit dem Backpulver darübersieben und mit dem Spatel oder Rührlöffel locker unterheben.

Zubereitung 2 (getrennte Eier, warmes Wasser; für größere Teigmengen)
Die Eigelbe mit dem *warmen* Wasser (gut warm bis heiß, jedoch nicht kochend) und zwei Dritteln des Zuckers mit dem Handrührgerät schaumig rühren. Den Vanillezucker oder die Zitronenschale untermischen. Die Eiweiße steif, aber nicht schnittfest schlagen, dabei den restlichen Zucker einrieseln lassen. Ein Drittel des Eischnees unter den Eigelbschaum rühren, den restlichen Eischnee unterheben. Das Mehl

Torte teilen: Den Biskuit mit dem Messer horizontal durchschneiden, dabei den Boden mit jedem Schnitt weiterdrehen.

Torte zusammensetzen: Die Böden mit Creme bestreichen und mithilfe des Tortenhebers aufeinander setzen.

mit dem Backpulver darübersieben und beides mit dem Spatel oder Rührlöffel locker unterheben.
Zubereitung 3 (ganze Eier, warmes Wasser)
Die Eier mit dem *warmen* Wasser (gut warm bis heiß, jedoch nicht kochend) und dem Zucker mit dem Handrührgerät zu einer sehr guten Schaummasse rühren. Den Vanillezucker oder die Zitronenschale untermischen. Das Mehl mit dem Backpulver darübersieben und mit dem Spatel oder Rührlöffel nach und nach unterziehen.

2 Die Masse in die vorbereitete Form füllen (Springform nur am Boden fetten und mehlen oder mit Backpapier auslegen), glatt streichen und sofort backen.

Wiener Biskuit
Wiener Masse

Für Obstkuchen, Torten und feine Formkuchen.

- ▸ **5 Eier, getrennt**
- ▸ **150 g feinster Zucker**
- ▸ **1 EL Vanillezucker oder/und abgeriebene Zitronenschale**
- ▸ **100 g Mehl**
- ▸ **50 g Speisestärke**
- ▸ **75 g Butter, lauwarm zerlassen**

1 Die Eiweiße mit dem Handrührgerät steif, aber nicht schnittfest schlagen, dabei den Zucker einrieseln lassen. Die verrührten Eigelbe mit dem Vanillezucker oder/und der Zitronenschale untermischen.

2 Das Mehl mit der Speisestärke vermischen, auf den Eischaum sieben und abwechselnd mit der zerlassenen Butter unterziehen.

3 Die Masse in die vorbereitete Form füllen, glatt streichen und sofort backen.

Baisermasse – für luftiges Schaumgebäck, Schaumkonfekt und Überzüge

Die schaumige, süße Baisermasse, auch Meringenmasse genannt, besteht nur aus steif geschlagenem Eiweiß und Zucker. Sie ist die Grundmasse für knusprige Torteletts, Meringenschalen, Schaumkonfekt und Obsttortenüberzüge. Gibt man gemahlene Nüsse, Mandeln, geriebene Schokolade oder zerkleinerte Trockenfrüchte dazu, erhält man eine zarte *Makronenmasse.*
Für die Zubereitung gibt es zwei Methoden: kalt schlagen und warm geschlagen. Der kalt geschlagenen Masse kann für eine bessere Standfestigkeit etwas Speisestärke zugesetzt werden. Sie ist die Basis für die meisten Baiserrezepte sowie für Tortenböden und Torteletts. Bei der warm geschlagenen Masse ist keine Speisestärke nötig. Durch das Aufschlagen von Eiweiß und Zucker auf dem heißen Wasserbad erhält die Masse ausreichende Standfestigkeit. Beim Spritzen reißt der Faden auch bei einer dünnen Tülle nicht ab, das Gebäck wird schaumiger und trockener.

Wichtig
Baiser wird bei schwacher Hitze (100–150 °C) und einer Backzeit von 1–3 Stunden auf Backpapier mehr getrocknet als gebacken. Für Schaumgebäck, das weiß bleiben soll, wählt man eine niedrigere Temperatur. Braunes Gebäck mit leichtem Karamellgeschmack backt man bei etwa 150 °C nach Sicht. Lediglich beim Überbacken von luftigen Hauben für Obsttorten, die leicht gebräunt werden sollen, wählt man starke Hitze bei kurzer Backzeit.

Baisermasse
Kalt geschlagen

Grundmasse für Kleingebäck und Torteletts.

▸ **4 Eiweiß**
▸ **200 g feinster Zucker**
▸ **15 g Speisestärke**

1 Die Eiweiße mit dem Handrührgerät locker aufschlagen. Den Zucker einrieseln lassen und weiterschlagen, bis eine steife, glänzende Masse entstanden ist. Die Speisestärke darübersieben und mit dem Spatel unterziehen.

2 Die Baisermasse je nach Rezept sofort ausformen oder mit dem Spritzbeutel auf ein mit Backpapier ausgelegtes Blech spritzen und backen.

Die Eiweiße locker aufschlagen, den Zucker nach und nach einrieseln lassen.

Baisermasse
Warm geschlagen

Grundmasse für Überzüge, Schaumgebäck und Schaumkonfekt.

▸ **4 Eiweiß**
▸ **200 g feinster Zucker**

1 Die Eiweiße mit dem Zucker auf dem heißen Wasserbad mit dem Handrührgerät in 6–8 Minuten zu einer cremigen Masse aufschlagen. Vom Wasserbad nehmen und kalt schlagen. Dabei wird die Masse fester, ohne an Volumen zu verlieren.

2 Für Schaumgebäck (Baiserschalen, Torteletts usw.) oder Schaumkonfekt die Masse in den Spritzbeutel füllen, auf das mit Backpapier ausgelegte Blech spritzen und mehr trocknen als backen. Als Überzugsmasse für Torten (Obsttorten) die Masse aufspritzen oder aufstreichen und bei starker Hitze kurz überbacken.

Die Baisermasse auf ein mit Backpapier belegtes Blech spritzen.

Cremes, Güsse und Glasuren

Sahnecremes – zum Füllen und Verzieren von leichten Torten, Rouladen und Hohlgebäcken

Frische, gut gekühlte Schlagsahne bleibt als Gebäckfüllung einige Stunden steif. Sie verträgt auch kleine Mengen Geschmackszutaten wie Schokolade, Kakaopulver, Nüsse oder Spirituosen, ohne ihre Standfestigkeit zu verlieren. Wird ein mit Schlagsahne gefülltes Gebäck nicht alsbald serviert, können Sie die Sahne mit Gelatine oder einem speziellen Sahnesteifmittel stabilisieren. Sahnecremes mit mengenmäßig größeren Zusätzen, etwa Fruchtpüree, Wein oder Saft von Zitrus- oder anderen Früchten, müssen für eine gute Standfestigkeit gebunden werden. Auch die so beliebten Joghurt- oder Quarkcremes mit einem hohen Sahneanteil brauchen Gelatine.
Aber Achtung: Sahnecremes mit einem Püree aus frischer Ananas, Kiwi, Papaya oder Feigen können Sie nicht mit Gelatine binden. Diese Früchte enthalten ein Enzym, das die Gelatine auflöst. Werden die Früchte jedoch vorher blanchiert, zerstört die Hitze das Enzym – das Problem ist behoben. Bei Dosenfrüchten besteht dieses Problem nicht.

Wichtig
Zum Aufschlagen von Sahne sind folgende Grundregeln zu beachten:
• Die Sahne, die Rührschüssel und die Schneebesen des Handrührgerätes müssen kalt sein.
• Der Zucker wird vor dem Schlagen in die flüssige Sahne gestreut.
• Die Sahne zunächst mit halber Leistung des Handrührgerätes anschlagen, dann mit voller Leistung und kreisenden Bewegungen steif schlagen.

Gebundene Schlagsahne

Zum Füllen und Verzieren von Gebäcken, die nicht sofort verzehrt werden.

▸ **400 g gut gekühlte Schlagsahne**
▸ **Puderzucker nach Geschmack**
▸ **2 Blatt Gelatine, kalt eingeweicht**

1 Vorab die eingeweichte Gelatine ausdrücken und mit 2 EL heißem Wasser auflösen; oder tropfnass in einem kleinen Topf erwärmen und auflösen. Lauwarm abkühlen lassen.

2 Die Sahne mit dem Puderzucker nicht ganz steif schlagen. Bei laufendem Gerät die nur lauwarme Gelatinelösung langsam einlaufen lassen und die Sahne völlig steif schlagen. Gelatinelösung nie zu warm unter die Schlagsahne mischen!

Variationen

Vanillesahne: Vanillemark oder Vanillezucker mit dem Puderzucker unter die flüssige Sahne mischen.
Schokoladensahne: Gesiebtes Kakao- oder Schokoladenpulver mit dem Puderzucker unter die flüssige Sahne mischen. Nach Belieben mit Rum abschmecken.
Mokkasahne: Die gesüßte, gebundene Sahne mit löslichem Pulverkaffee aromatisieren. Nach Belieben mit Rum abschmecken.

1 Die Sahne mit dem Puderzucker mit dem Rührgerät aufschlagen.

2 Die kalt eingeweichte und warm aufgelöste Gelatine einlaufen lassen.

3 Schokoladensahne: Beim Aufschlagen der Sahne gesiebtes Kakaopulver zufügen.

Zitronen-Sahnecreme

Die Rezeptmenge ist ausreichend zum Füllen einer Torte von 26 cm Ø oder für eine Roulade.

▸ **20 g Speisestärke**
▸ **100 g Zucker**
▸ **abgeriebene Schale von 1 Zitrone**
▸ **6 EL Zitronensaft**
▸ **250 ml Wasser**
▸ **6 Blatt Gelatine, kalt eingeweicht**
▸ **400 g Sahne, steif geschlagen**

1 Die Speisestärke mit dem Zucker, Zitronenschale und -saft sowie dem Wasser in einem Topf glatt rühren, erhitzen und unter Rühren aufkochen. Vom Herd nehmen, die ausgedrückte Gelatine in der Creme auflösen. Kalt stellen.

2 Sobald die Creme zu stocken beginnt, die Schlagsahne unterziehen.

Wein-Sahnecreme

Die Rezeptmenge ist ausreichend zum Füllen einer Torte von 26 cm Ø oder für eine Roulade.

▸ **20 g Speisestärke**
▸ **80 g Zucker**
▸ **250 ml Wein**
▸ **1 EL Zitronensaft**
▸ **6 Blatt Gelatine, kalt eingeweicht**
▸ **400 g Sahne, steif geschlagen**

1 Die Speisestärke mit dem Zucker, Wein und Zitronensaft in einem Topf glatt rühren. Unter beständigem Rühren erhitzen und aufkochen. Vom Herd nehmen. Die Gelatine ausdrücken und in der heißen Creme auflösen. Kalt stellen.

2 Sobald die Creme zu stocken beginnt, die Schlagsahne unterziehen.

Beeren-Sahnecreme

Die Rezeptmenge ist ausreichend zum Füllen einer Torte von 26 cm Ø oder für eine Roulade. Möchten Sie die Torte füllen, überziehen und garnieren, können Sie die Rezeptmenge um ein Drittel erhöhen.

▸ **500 g Himbeeren oder Erdbeeren**
▸ **6 Blatt Gelatine, kalt eingeweicht**
▸ **600 g Sahne**
▸ **100 g Puderzucker**
▸ **2 EL Zitronensaft**

1 Die Beeren pürieren. Die Gelatine ausdrücken und mit 2 EL heißem Wasser auflösen; oder tropfnass in einem kleinen Topf erwärmen und auflösen.

2 Die Sahne mit dem Puderzucker steif schlagen. Die lauwarm abgekühlte Gelatine bei laufendem Gerät einlaufen lassen und die Sahne völlig steif schlagen. Das Beerenpüree und den Zitronensaft untermischen. Kalt stellen.

Schokoladen-Sahnecreme (Canache)

Zum Füllen und Überziehen einer Torte. Die warme Schokoladen-Sahne-Mischung muss lange genug mit dem Stabmixer gerührt – homogenisiert – werden. Das Rezept gelingt mit jeder Kuvertüre, auch mit weißer. Gern nimmt man auch eine Mischung aus heller und dunkler Kuvertüre.

▸ **500 g Sahne**
▸ **120 g Kuvertüre, zerkleinert**

1 Die Sahne aufkochen und die zerkleinerte Kuvertüre bei schwacher Hitze unter beständigem Rühren mit dem Schneebesen darin schmelzen. Den Topf vom Herd nehmen und die Masse mit dem Stabmixer etwa 1 Minute rühren (wichtig!).

2 Die Masse in eine kalte Schüssel umfüllen. Über Nacht zugedeckt im Kühlschrank ruhen lassen.

3 Am nächsten Tag die Schokoladensahne mit dem Handrührgerät aufschlagen wie Schlagsahne.

1 Die zerkleinerte Kuvertüre in der kochenden Sahne schmelzen.

2 Mit dem Stabmixer rühren, abkühlen lassen, über Nacht kalt stellen.

3 Die Schokoladencreme mit dem Handrührgerät wie Sahne aufschlagen.

Buttercremes – zum Füllen und Verzieren von feinen Torten

Festliche Torten, mit Buttercreme gefüllt und reich verziert, haben Tradition. Schaumig gerührte Butter wird mit einer Vanillecreme zu einer geschmeidigen Masse gerührt, die sich auch gut spritzen lässt. Diese »gestreckte« und gar nicht so üppige Buttercreme können Sie mit vielerlei Geschmackszutaten variieren und abwandeln. Die reine, üppige Buttercreme, die nur aus Eigelb, Zucker und Butter besteht, wird in kleiner Menge eher zum Füllen von Plätzchen verwendet.

Wichtig
• Die Butter darf nicht schmierig oder flüssig sein, sondern gerade pomadig weich.
• Butter und Vanillecreme müssen die gleiche Temperatur haben.
• Stellen Sie die mit Buttercreme gefüllte Torte über Nacht kalt. Erst dann entfaltet sie ihr volles Aroma.
• Eine geronnene Buttercreme können Sie auf dem Wasserbad wieder »retten«.

Vanillecreme

Vanillecreme – in der Fachsprache Konditorcreme genannt – ist ein Vanillepudding mit Eigelbcreme. Sie ist die Basis für die gestreckte Buttercreme. Mit Schlagsahne oder Eischnee vermischt, ist sie auch hervorragend als Füllcreme geeignet.

▸ **4 Eigelb**
▸ **100 Zucker**
▸ **40 g Speisestärke**
▸ **¹/₂ l Milch**
▸ **1 Vanilleschote, aufgeschlitzt**

1 Die Eigelbe mit dem Zucker, der Speisestärke und 3 EL von der Milch in einem Topf glatt rühren.

2 In einem zweiten Topf die Milch mit der Vanilleschote aufkochen. Vom Herd nehmen und 5 Minuten ziehen lassen. Die heiße Vanillemilch nach und nach unter Rühren mit dem Schneebesen in die Eigelbmischung gießen. Unter beständigem Rühren langsam erhitzen und einmal aufpuffen lassen. Den Topf vom Herd nehmen und die Vanilleschote entfernen.

3 Die Creme im eiskalten Wasserbad kalt rühren. Durch das Rühren während der Abkühlphase kann sich auf der Creme keine Haut bilden, die später Krümel hinterlassen würde. Bei Bedarf durch ein Haarsieb streichen. (Oder Frischhaltefolie dicht auf die Creme auflegen.)

Vanille-Buttercreme

Zum Füllen und Überziehen einer Torte. In der modernen Bäckerei geht der Trend zu einer eher leichten Buttercreme. Dies wird am einfachsten durch das Strecken mit einer Vanillecreme erreicht. Man spricht deshalb auch von einer gestreckten Buttercreme.

▸ **1 Rezept Vanillecreme (links)**
▸ **300 g Butter, raumtemperiert**
▸ **100 g Puderzucker**

1 Die Vanillecreme zubereiten, wie links beschrieben.

2 Die Butter und den Puderzucker mit dem Handrührgerät schaumig rühren. Die Vanillecreme löffelweise unterrühren. Sobald die gesamte Creme eingearbeitet ist, nicht mehr rühren.

Variationen

Schokoladen-Buttercreme: Die Vanillecreme mit 2 EL Kakao zubereiten und vor dem Abkühlen 100 g geschmolzene Kuvertüre untermischen. Die Schokoladencreme unter die schaumig gerührte Butter rühren. Nach Belieben mit Rum, Cognac, Likör abschmecken.
Nugat-Buttercreme: Nur ein halbes Rezept Vanillecreme zubereiten und vor dem Abkühlen 200 g geschmolzenen Nussnugat untermischen. Die Nugatcreme unter die schaumig gerührte Butter rühren.

1 Butter und Puderzucker schaumig rühren.

2 Die Vanillecreme löffelweise unterrühren.

Mokka-Buttercreme: 2–3 EL löslichen Pulverkaffee in der heißen Vanillecreme auflösen und abkühlen. Die Mokkacreme unter die schaumig gerührte Butter rühren. Nach Belieben mit Rum oder Kaffeelikör abschmecken.

Haselnuss-, Mandel-Buttercreme: 60 g geröstete, gemahlene Haselnüsse oder Mandeln mit 6 EL kochend heißer Milch übergießen, auf Raumtemperatur abkühlen lassen. Mit der Vanillecreme vermischen und diese unter die schaumig gerührte Butter rühren. Nach Belieben mit Arrak oder Rum abschmecken.

Krokant-Buttercreme: 50 g Mandelkrokant (siehe Seite 12) sehr fein zerstoßen, mit der Vanillecreme vermischen und unter die schaumig gerührte Butter rühren.

Kirsch-, Rum-, Arrak-, Cognac-, Maraschino-Buttercreme: 2–4 EL Alkohol nach Wahl teelöffelweise unter die Vanille-Buttercreme rühren.

Einfache Buttercreme

Zum Füllen von Schnitten und Torten. Eilige Hausfrauen bevorzugen diese simple und gar nicht so üppige Buttercreme.

Pudding

▶ ¹/₂ l Milch
▶ 50 g Zucker
▶ 1 Päckchen Puddingpulver (Vanille, Schokolade, Mokka, Sahne, Karamell)

▶ 250 g Butter, raumtemperiert
▶ 100 g Puderzucker

1 Aus Milch, Zucker und Puddingpulver nach Packungsanweisung einen Pudding kochen. Unter gelegentlichem Umrühren auf Raumtemperatur abkühlen lassen.

2 Die Butter und den Puderzucker mit dem Handrührgerät schaumig rühren, den Pudding löffelweise unterrühren. Bei Bedarf durch ein Haarsieb streichen.

Reine Buttercreme

Die reine Buttercreme besteht nur aus Eigelb, Zucker und Butter, sie kann mit Geschmackszutaten nach Wahl aromatisiert werden. Man verwendet sie gern zum Füllen von zarten Plätzchen.

▶ **4 Eigelb**
▶ **150 g Zucker**
▶ **200–250 g weiche Butter**
▶ **Geschmackszutaten nach Wahl**

1 Die Eigelbe mit dem Zucker auf dem Wasserbad cremig schlagen. Vom Wasserbad nehmen und auf Raumtemperatur abkühlen lassen.

2 Die Butter sehr gut schaumig rühren. Die Eigelbcreme mit dem Schneebesen löffelweise unter die Butter rühren.

Mokka-Buttercreme

Die feine, sahnig glänzende Mokka-Buttercreme hat eine hellbraune Farbe und schmeckt deutlich nach gutem, frischem Mokka oder Espresso.

▶ **4 Eigelb**
▶ **150 g Zucker**
▶ **125 ml starker, heißer Kaffee oder Espresso**
▶ **200–250 g Butter, raumtemperiert**

1 Die Eigelbe mit dem Zucker in einer Schüssel verrühren und auf dem Wasserbad cremig schlagen, nach und nach den heißen Kaffee zugießen. Weiterschlagen, bis die zunächst dünne Sauce cremig und dicklich wird. Vom Wasserbad nehmen und in Eiswasser unter häufigem Umrühren auf Raumtemperatur abkühlen.

2 Die Butter mit dem Handrührgerät schaumig rühren, die Mokkacreme löffelweise zugeben und zu einer glatten, sahnigen Creme rühren.

Die mit dem Spritzbeutel und Sterntülle aufgespritzten Garnituren sind Übungssache. Für die Rosetten (links) sollten Sie den Spritzbeutel möglichst senkrecht halten und nach dem Spritzen abrupt nach oben wegziehen.

Güsse und Glasuren – zum Überziehen und Dekorieren

Zuckerglasur zum Überziehen oder Bestreichen von Gebäck wird aus Puderzucker und Flüssigkeit zu einer streichfähigen oder leicht fließenden Masse verrührt. Sie gibt dem Gebäck Glanz und, mit Geschmackszutaten beliebig variiert, ein zusätzliches Aroma. »Teilchen« und Kuchen schützt sie vor dem Austrocknen.

Wichtig
• Zucker bindet nur wenig Flüssigkeit. Deshalb rührt man das Wasser oder eine andere Geschmack gebende Flüssigkeit nach und nach unter den Puderzucker und bestimmt so die Konsistenz der Glasur.
• Reste von Puderzuckerglasur können Sie ohne Weiteres längere Zeit aufbewahren und bei späterer Verwendung mit etwas Flüssigkeit glatt rühren.
• Warmes Gebäck braucht eine etwas dünnere Glasur als kaltes.

Eiweißguss

Zum Überziehen von Torten. Puderzucker, mit Eiweiß und Zitronensaft glatt gerührt, macht den Überzug dichter und gibt ihm Stand. Die Konsistenz soll so sein, dass der Guss ohne Zuhilfenahme von Messer oder Pinsel gleichmäßig über die Tortendecke fließt. Die Tortenoberfläche sollte vorher aprikotiert (siehe Seite 41) oder mit einer Marzipandecke abgedeckt sein, damit keine Krümel in den Überzug kommen.

▸ **1 Eiweiß**
▸ **250 g Puderzucker, gesiebt**
▸ **etwa 3 EL Zitronensaft, durchgeseiht**

1 Das Eiweiß mit dem Puderzucker und dem Zitronensaft zu einer streichfähigen, leicht fließenden, seidig glänzenden Masse rühren.

2 Den Guss auf die Mitte der aprikotierten (siehe Seite 41) Torte gießen und durch Schräghalten gleichmäßig über die Oberfläche und den Rand verlaufen lassen.

Eiweiß-Spritzglasur

Für Dekorationen auf Torten, Lebkuchen oder anderem Kleingebäck.

▸ **1 kleines Eiweiß**
▸ **200 g Puderzucker, gesiebt**
▸ **etwa 1 EL Zitronensaft, durchgeseiht**

1 Das Eiweiß mit dem Puderzucker und dem Zitronensaft zu einer zäh fließenden spritzfähigen, seidig glänzenden Masse rühren.

2 **Spritzglasur färben:** Zum Einfärben verwendet man gesiebten Kakao oder wasserlösliche Speisefarben.

Puderzuckerglasur
Wasserglasur

Zum Überziehen und Bestreichen von Tortenoberflächen, Kuchen, »Teilchen« und Keksen.

▸ **200 g Puderzucker, gesiebt**
▸ **2 EL lauwarmes Wasser**
▸ **etwa 2 EL Zitronensaft oder andere Flüssigkeit**

1 Den Puderzucker mit dem lauwarmen Wasser und Zitronensaft zu einer streichfähigen, leicht fließenden, glänzenden Masse anrühren.

2 Zum Auftragen auf warmes Gebäck (Hefekleingebäck, Plundergebäck) die Glasur etwas dünner halten; für kaltes Gebäck darf sie etwas dicker sein.

Variationen
Man verwendet auf 200 g Puderzucker jeweils etwa 4 EL Flüssigkeit:
Zitronen-, Orangenglasur: 4 EL Zitronen- oder Orangensaft, durchgeseiht.
Arrak-, Rumglasur: 2 EL Wasser, 2 EL Arrak oder Rum.
Punschglasur: 1 EL Weißwein, 1 EL Zitronensaft, 2 EL Arrak oder Rum.

1 Puderzucker, Eiweiß und Zitronensaft zu einer leicht fließenden Masse rühren.

2 Den Guss auf der Tortenoberfläche durch Schräghalten verlaufen lassen.

Mokkaglasur: 4 EL Mokka- oder in 4 EL Wasser aufgelöster Instant-Pulverkaffee.

Schokoladenglasur: 3 EL gesiebter Kakao, 3–4 EL warmes Wasser. Rührt man 1–2 EL zerlassenes Kokosfett darunter, bekommt man eine glänzende Glasur.

Rosa Glasur: 4 EL Himbeersaft oder erwärmtes Johannisbeergelee oder Rote-Bete-Saft.

Durchgezogener Guss

Dieser Guss wird heute nur noch selten ausgeführt, ist aber ein gutes Beispiel für den klassischen Einsatz der Puderzuckerglasur. Dafür wird auf eine noch feuchte, helle Glasurfläche eine dunkle Puderzuckerglasur gespritzt (oder umgekehrt) und anschließend mit der Palette oder einem Messer zu einem hübschen Muster »durchgezogen« – daher der Name. Verwenden Sie zum Aufspritzen ein aus Pergamentpapier selbst gefertigtes Tütchen (siehe rechts), von dem Sie die Spitze zu einer nur sehr kleinen Öffnung abschneiden.

1 Auf die mit einem weißen Guss überzogene Torte dunkle Kreise spritzen.

2 Ein kalt abgespültes Messer von der Mitte nach außen durch die Kreise ziehen.

Weiße Schaumglasur

Zum Glasieren von Weihnachtsplätzchen, insbesondere für Zimtsterne. Diese Glasur wird mitgebacken.

▸ **1 Eiweiß**
▸ **125 g Puderzucker, gesiebt**
▸ **1–2 TL Zitronensaft, durchgeseiht**

1 Das Eiweiß zu steifem Schnee schlagen. Dabei den Puderzucker löffelweise einrieseln lassen und den Zitronensaft zugeben.

2 Das Gebäck mit der Glasur bestreichen und bei schwacher Hitze im Ofen trocknen lassen. Die Glasur soll weiß bleiben.

Spritztütchen drehen: Aus Pergament- ▸ papier ein 20 × 20 cm großes Quadrat zuschneiden und in der Diagonale durchschneiden. Eines der beiden Dreiecke mit der linken Hand in der Mitte der langen Seite fassen und mit der anderen Hand die obere Spitze nach vorn straff einrollen. Die Spitze darf dabei keine Öffnung behalten. Das Papierende an der offenen Naht nach innen falten. Die Glasur einfüllen, dann erst unten eine kleine Spitze abschneiden.

1 Die helle Glasur auf den noch feuchten Guss in geraden Linien aufspritzen.

2 Abwechselnd von oben nach unten und von unten nach oben durch die Linien ziehen.

Ziffern für einen Geburtstag, Hochzeitstag oder ein Jubiläum mit dem Spritztütchen aufspritzen.

Kuvertüre – für alle Gebäcke, die nach bestem Schokoladengeschmack verlangen

Kuvertüre ist eine feine, leicht schmelzende Schokoladenmasse mit einem erhöhten Anteil an Kakaobutter. Damit ist sie besonders geeignet als Überzugsmasse sowie zur Herstellung von Cremes, Gebäcken und Konfekt. Je nach Verwendung und Geschmack kauft man weiße Kuvertüre, helle Vollmilch-, dunkle Zartbitter- oder Bitterkuvertüre. Soll die Kuvertüre einen matt glänzenden Überzug ergeben, zum Beispiel eine Tortenoberfläche, so muss sie bei ganz bestimmten Temperaturen geschmolzen und wieder erwärmt werden.

1 Kuvertüre schmelzen: Die Kuvertüre in Stücke schneiden, in einer Schüssel auf das heiße Wasserbad setzen und langsam schmelzen, dabei mit einem Rührlöffel rühren. Die Temperatur soll 35 °C nicht überschreiten. Die Schüssel vom Wasserbad nehmen und die Masse auf 26–28 °C abkühlen lassen.

2 Kuvertüre temperieren: Die Schüssel wieder auf das Wasserbad setzen und die Kuvertüre behutsam erwärmen. Die optimale Temperatur ist bei etwa 32 °C (lippenwarm) erreicht. Unterschreitet man diesen Wert, so ist die Kuvertüre zu dickflüssig und wird matt; zu stark erhitzte und nicht richtig glatt gerührte Kuvertüre wird grau und streifig. Durch Erfahrung bekommt man ein Gefühl für die optimale Temperatur.

Die zerkleinerte Kuvertüre auf dem Wasserbad schmelzen und abkühlen lassen.

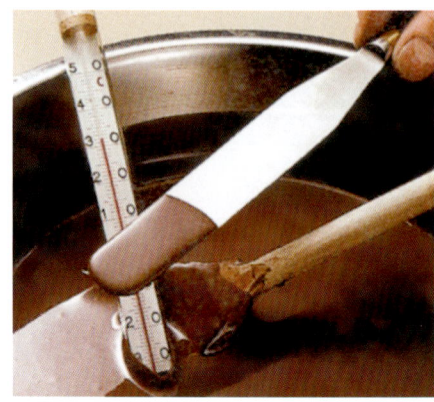

Erneut auf das Wasserbad setzen und behutsam auf 32 °C erwärmen.

Richtig temperierte Kuvertüre lässt sich problemlos auftragen und hinterlässt eine wunderbar glänzende Oberfläche.

Schokoladen-Kuchenglasur
Kakaohaltige Fettglasur

Diese im Handel erhältliche Schokola-den-Überzugsmasse enthält Pflanzen-fett anstelle von Kakaobutter. Sie wird nach Packungsanweisung geschmolzen und zum Glasieren von Gebäck verwen-det. Wegen ihrer problemlosen Anwen-dung ist sie in der Familienbäckerei be-vorzugt. Die gebrauchsfertige Packung gibt es als dunkle Kakao- und helle Vollmilchglasur.

Aprikotur
Aprikosenglasur

Die Aprikotur dient überwiegend als Isolierschicht zwischen dem Gebäck und der eigentlichen Glasur. Dabei werden die Poren des Gebäcks geschlossen, es geraten keine Krümel in die Glasur. Eine Aprikotur ist auch die beste Unterlage für die Deckglasur, denn nur so behält sie ihren Glanz und »stirbt nicht ab«. Kalt aufgetragene Aprikosenkonfitüre hat nicht den gleichen Isoliereffekt; vor allem zu dick aufgetragen bewirkt sie, dass die Deckglasur nicht trocknet, son-dern »schwimmt«. Erhitzte, sehr dünn aufgetragene Konfitüre kann die Apri-kotur ersetzen.

Zunächst wird aus Zucker, Wasser und Zitronensaft ein klarer Sirup gekocht und anschließend die Aprikosenkonfitüre ein-gerührt. Nach dem Passieren wird die Glasur als Isolierschicht aufgetragen.

▶ **50 g Zucker**
▶ **50 ml Wasser**
▶ **1 EL Zitronensaft**
▶ **120 g Aprikosenkonfitüre**

1 Den Zucker mit dem Wasser und dem Zitronensaft zu einem klaren Sirup kochen. Die Aprikosenkonfitüre dazu-geben und unter häufigem Umrühren um ein Drittel einkochen. Durch ein Sieb streichen.

Bei Plundergebäck wird die Aprikotur sowohl als Isolierschicht als auch als eigenständige Glasur auf das noch heiße Gebäck aufgetragen.

2 Die heiße Glasur sehr dünn auf das Gebäck auftragen und gut antrocknen lassen, bevor das Gebäck mit der Deck-glasur überzogen wird.

Kuchen

Die Beliebtheit selbst gebackener Kuchen ist ungebrochen – bei Einladungen schwärmt jeder davon –, nur wird das Backen bei vielen als zu aufwendig empfunden. Deshalb finden Sie hier neben den in einem Backbuch unverzichtbaren Rezepten auch einfache und dennoch attraktive Form-, Blech- und Käsekuchen, die schnell gemacht sind und zuverlässig gelingen.

Der Kaffeekranz auf dem Foto ist ein festlicher Kuchen, ähnlich dem Frankfurter Kranz. Die luftige Wiener Masse, am Vortag in einer gefetteten und mit Bröseln ausgestreuten Kranzform gebacken, wird mit einer Mokka-Buttercreme gefüllt und überzogen und mit Haselnusskrokant bestreut. Dieser Kaffeekranz steht einer feinen Torte in nichts nach.

Die Klassiker aus der Kastenform – Kuchen, die immer und überall gut ankommen

Sandkuchen

Die Kastenform für den Sandkuchen muss sorgfältig mit weicher Butter ausgestrichen und anschließend bemehlt werden. Noch besser ist es, sie mit Pergament- oder Backpapier auszulegen, wie auf Seite 18 gezeigt. Machen Sie kurz vor Ende der Backzeit die Stäbchenprobe.

Sandteig

▶ **4 Eier**
▶ **250 g Puderzucker**
▶ **2 EL Rum (nach Belieben)**
▶ **abgeriebene Zitronenschale**
▶ **125 g Mehl**
▶ **125 g Speisestärke**
▶ **1 TL Backpulver**
▶ **250 g Butter, lauwarm zerlassen**

▶ **Puderzucker zum Besieben**

Kastenform von 30 cm Länge, mit Backpapier ausgelegt
Backen: 50–60 Minuten bei 190 °C

1 Den Ofen vorheizen. Die Eier und den Puderzucker mit dem Rührgerät zu einer dickcremigen, lockeren Schaummasse rühren. Den Rum und die Zitronenschale zugeben. Das Mehl mit der Speisestärke und dem Backpulver vermischen, sieben und einige Esslöffel davon mit dem Holzlöffel unter die Schaummasse rühren. Die restliche Mehlmischung mit der lauwarmen Butter nach und nach vorsichtig untermischen und jeweils gut verrühren.

2 Den Teig in die Backform füllen und backen. Sobald der Kuchen etwas gebräunt ist – das ist nach etwa 15 Minuten der Fall –, der Länge nach in der Mitte einritzen und fertig backen.

Den Teig in die mit Backpapier ausgelegte Kastenform füllen.

Nach etwa 15 Minuten Backzeit den Kuchen der Länge nach einritzen.

3 Den Kuchen 15 Minuten in der Form abdämpfen und noch in der Form auf einem Kuchengitter abkühlen lassen. Vorsichtig mit dem Papier aus der Form heben und auf dem Kuchengitter auskühlen lassen. Vor dem Servieren mit Puderzucker besieben.

Zitronen-Sandkuchen

- ▸ **1 Rezept Sandteig wie für Sandkuchen (links)**
- ▸ **Saft von 1 Zitrone, durchgeseiht, zum Tränken**

Zitronenglasur

- ▸ **100 g Puderzucker**
- ▸ **etwa 3 EL Zitronensaft, durchgeseiht**

Kastenform von 30 cm Länge, mit Backpapier ausgelegt
Backen: 50–60 Minuten bei 190 °C

1 Den Ofen vorheizen. Einen Sandteig zubereiten und backen, wie im Rezept Sandkuchen beschrieben.

2 Den Sandkuchen nach dem Abdämpfen in der Form dicht an dicht mit einem Holzstäbchen einstechen, mit dem Zitronensaft tränken und 30 Minuten einziehen lassen. Anschließend den Kuchen mit dem Papier aus der Form heben und auf einem Kuchengitter auskühlen lassen.

3 Für die Zitronenglasur den Puderzucker mit dem Zitronensaft zu einer dickflüssigen Glasur anrühren und den Kuchen damit bestreichen.

Orangen-Sandkuchen

- ▸ **1 Rezept Sandteig wie für Sandkuchen (links)**
- ▸ **abgeriebene Orangenschale (statt Zitronenschale)**

- ▸ **6 EL frisch gepresster Orangensaft, durchgeseiht, und 4 EL Grand Marnier zum Tränken**

Glasur und Garnitur

- ▸ **150 g süße Orangenmarmelade**
- ▸ **100 g Puderzucker**
- ▸ **etwa 3 EL Orangensaft, durchgeseiht**
- ▸ **Orangenzesten zum Garnieren**

Kastenform von 30 cm Länge, mit Backpapier ausgelegt
Backen: 50–60 Minuten bei 190 °C

1 Den Ofen vorheizen. Einen Sandteig zubereiten und backen, wie im Rezept Sandkuchen beschrieben, dabei jedoch die Zitronenschale durch abgeriebene Orangenschale ersetzen.

2 Den Sandkuchen nach dem Abdämpfen in der Form dicht an dicht mit einem Holzstäbchen einstechen, mit der Orangensaftmischung tränken und 30 Minuten einziehen lassen. Anschließend den Kuchen mit dem Papier aus der Form heben.

3 Für die Glasur die Orangenmarmelade erhitzen, durchpassieren, den Kuchen damit bestreichen und gut antrocknen lassen. Den Puderzucker mit dem Orangensaft zu einer dickflüssigen Glasur anrühren und den Kuchen damit überziehen. Mit den Orangenzesten verzieren, solange die Glasur noch feucht ist.

Königskuchen
Englischer Kuchen

Der feine Kuchen aus zartem Rührteig mit Trockenfrüchten erinnert an die Fruit Cakes, die man in England zum Tee serviert. Bei uns heißt er daher auch Englischer Kuchen. Gut in Folie verpackt, bleibt er über Tage saftig und frisch.

Rührteig

- ▸ **200 g Mehl, 50 g Speisestärke**
- ▸ **1 TL Backpulver**
- ▸ **120 g Sultaninen, 1 Stunde in 2 EL Rum mariniert**
- ▸ **je 40 g Zitronat und Orangeat, gewürfelt**
- ▸ **250 g weiche Butter**
- ▸ **150 + 50 g Zucker**
- ▸ **abgeriebene Zitronenschale**
- ▸ **6 Eier, getrennt**

- ▸ **Puderzucker zum Besieben**

Kastenform von 30 cm Länge, gefettet und mit Semmelbröseln ausgestreut
Anbacken: 15 Minuten bei 200 °C
Fertig backen: 45–50 Minuten bei 170 °C

1 Das Mehl mit der Speisestärke und dem Backpulver vermischen. Die Trockenfrüchte mit der Mehlmischung vermengen, damit sie beim Backen nicht auf den Boden sinken.

2 Den Ofen vorheizen. Die Butter geschmeidig rühren. Nach und nach 150 g Zucker, Zitronenschale und die Eigelbe, eines nach dem anderen, zugeben und zu einer guten Schaummasse rühren. Die Eiweiße mit 50 g Zucker zu steifem Schnee schlagen, ein Drittel davon unter die Schaummasse mischen. Den restlichen Eischnee und die Mehl-Früchte-Mischung nach und nach vorsichtig unterziehen. Den Teig in die Backform füllen, glatt streichen und backen.

3 Den Kuchen 15 Minuten abdämpfen lassen, auf ein Kuchengitter stürzen und auskühlen lassen. Mit Puderzucker besieben.

Die Klassiker aus der Gugelhupfform –
die gepflegte Familientradition

Marmorkuchen

Nicht umsonst kennt man ihn als
Deutschlands beliebtesten Geburtstags-
kuchen – das Loch in der Mitte eignet
sich wunderbar für die Geburtstags-
kerze. Mit Eiern und Butter wird nicht
gespart, das macht ihn so unvergleich-
lich gut und zart.

Rührteig

- ▸ **250 g weiche Butter**
- ▸ **300 g Zucker**
- ▸ **8 Eier**
- ▸ **1 Prise Salz**
- ▸ **2 EL Rum oder saure Sahne**
- ▸ **1 Päckchen Vanillezucker oder abgeriebene Zitronenschale**
- ▸ **300 g Mehl**
- ▸ **75 g Speisestärke**
- ▸ **¹/₂ Päckchen Backpulver**
- ▸ **3 EL Kakaopulver und 1–2 EL Milch für den dunklen Teig**

- ▸ **Puderzucker zum Besieben**

Den hellen und dunklen Teig einfüllen,

mit der Gabel spiralförmig durchziehen.

❘ Gugelhupfform, gefettet und bemehlt
Backen: 60 Minuten bei 180–190 °C

1 Den Ofen vorheizen. Die Butter
mit einem Drittel des Zuckers schaumig
rühren. Nach und nach den restlichen
Zucker, abwechselnd mit den Eiern,
zugeben und zu einer guten Schaummasse rühren. Das Salz, Rum oder
saure Sahne und Vanillezucker oder
Zitronenschale einrühren.

2 Das Mehl mit der Speisestärke ver-
mischen. Ein Drittel davon auf die
Schaummasse sieben und unterrühren.
Die restliche Mehlmischung mit dem
Backpulver darübersieben und unter-
heben.

3 Gut die Hälfte des Teiges in die
Backform füllen. Den restlichen Teig mit
dem Kakaopulver dunkel färben und
mit etwas Milch verrühren. Den dunklen
auf den hellen Teig in die Backform
füllen und mit einer Gabel spiralförmig
locker durchziehen, um beide Teile zu
vermischen. Hellbraun backen.

4 Den Kuchen nach dem Abdämpfen
auf ein Kuchengitter stürzen und
auskühlen lassen. Mit Puderzucker
besieben.

Wird der Marmorkuchen nicht gleich
aufgegessen, wandert er zurück in die
Gugelhupfform und wird mit Alufolie
abgedeckt. So bleibt er frisch. Er lässt
sich auch gut einfrieren.

Gugelhupf

Die spezielle Gugelhupfform können Sie nutzen, um dem Kuchen optisch noch ein Extra mitzugeben: Legen Sie in jede Rille der gefetteten Form eine ganze, enthäutete Mandel und füllen Sie dann den Teig darauf.

Gerührter Hefeteig

- ▸ 30 g Hefe
- ▸ 125 g Zucker
- ▸ etwa 250 ml lauwarme Milch
- ▸ 500 g Mehl
- ▸ 150 g weiche Butter
- ▸ 1 Ei
- ▸ 1 Eigelb
- ▸ 1/2 TL Salz
- ▸ abgeriebene Zitronenschale
- ▸ 100 g Sultaninen
- ▸ 75 g enthäutete, gehackte Mandeln

- ▸ Puderzucker zum Besieben

▌ Gugelhupfform, üppig mit Butter ausgestrichen
▌ **Backen:** 50 Minuten bei 190 °C

1 Für den Hefeteig einen Vorteig anrühren: Die Hefe in eine kleine Schale bröckeln, mit 1 TL Zucker und 3 EL Milch glatt rühren, 1 EL Mehl unterrühren und zugedeckt etwa 15 Minuten an einem warmen Ort gehen lassen.

2 Die Butter mit dem restlichen Zucker, Ei und Eigelb schaumig rühren. Das Mehl, Salz, den Vorteig und die restliche Milch (nur so viel, wie es die Teigbeschaffenheit erfordert) dazugeben und zu einem glatten Teig abschlagen. Zuletzt die Zitronenschale, die Sultaninen und die Mandeln einarbeiten. Zugedeckt etwa 30 Minuten gehen lassen, bis der Teig das Doppelte seines Volumens erreicht hat.

3 Den Teig auf der bemehlten Arbeitsfläche zusammendrücken und in die Backform legen. Mit einem Tuch bedecken und erneut gehen lassen.

4 Den Ofen vorheizen. Den Gugelhupf goldbraun backen. Nach dem Abdämpfen vom Formrand lösen, auf eine Unterlage stürzen und auskühlen lassen. Mit Puderzucker besieben.

Wer mag, kann den Gugelhupf aprikotieren und mit Kuvertüre überziehen, wie auf Seite 49 beschrieben.

Quarkgugelhupf

Der schlichte Gugelhupf überrascht durch die saftige Konsistenz und seinen vollen Geschmack. Durch den Quarkanteil bleibt er lange frisch.

Rührteig

- ▸ 150 g weiche Butter
- ▸ 200 g Zucker
- ▸ 2 Eier
- ▸ 2 Päckchen Vanillezucker
- ▸ abgeriebene Orangen- oder Zitronenschale
- ▸ 250 g Magerquark, im Sieb abgetropft
- ▸ 40 g gemahlene Haselnüsse
- ▸ 40 g gehackte Mandeln
- ▸ 70 g Sultaninen, in 1–2 EL Rum mariniert
- ▸ 300 g Mehl, mit 1 Päckchen Backpulver vermischt

▌ Gugelhupfform, gefettet und mit Semmelbröseln ausgestreut
▌ **Backen:** 45 Minuten bei 190 °C

1 Den Ofen vorheizen. Die Butter geschmeidig rühren. Nach und nach den Zucker und die Eier, eines nach dem anderen, zugeben und zu einer guten Schaummasse rühren. Vanillezucker, Orangen- oder Zitronenschale, Quark, Haselnüsse, Mandeln und Sultaninen unterrühren. Das Mehl mit dem Backpulver darübersieben und mit dem Spatel oder Holzlöffel unterziehen. Den Teig in die Backform füllen und backen.

2 Den Kuchen nach dem Abdämpfen auf ein Kuchengitter stürzen und auskühlen lassen.

Schokolade innen und außen – immer auch ein Lieblingskuchen

Schneller Schokoladenkuchen

Mit einem Teelöffel Spekulatiusgewürz im Teig wird dieser Kuchen zum würzigen Adventskuchen.

- ▸ **200 g Butter**
- ▸ **200 g dunkle Kuvertüre, zerkleinert**
- ▸ **200 g Zucker**
- ▸ **1 Päckchen Vanillezucker**
- ▸ **1 Prise Salz**
- ▸ **4 Eier**
- ▸ **100 g gemahlene Mandeln**
- ▸ **100 g gehackte Mandeln**
- ▸ **75 g Mehl, mit 1/2 Päckchen Backpulver vermischt**

- ▸ **Puderzucker zum Besieben**

Springform von 26 cm Ø, mit Backpapier ausgelegt
Backen: 30–35 Minuten bei 180 °C

1 Den Ofen vorheizen. Die Butter mit der Kuvertüre in einen Topf füllen und bei mittlerer Temperatur unter häufigem Rühren schmelzen. Den Zucker, Vanillezucker und das Salz einrühren, bis der Zucker vollständig gelöst ist. Den Topf vom Herd nehmen. Die Eier einzeln zugeben und gut unterrühren. Alle anderen Zutaten untermischen. Die Masse sofort in die Backform füllen, glatt streichen und backen.

2 Den Kuchen nach dem Abdämpfen auf ein Kuchengitter stürzen, das Backpapier abziehen, auskühlen lassen. Dick mit Puderzucker besieben.

Variationen

• Wer mag, kann den Kuchen horizontal durchschneiden und mit Preiselbeeren aus dem Glas (gut durchrühren!) füllen. Dazu passt eine Sahnehaube statt des Besiebens mit Puderzucker.
• Noch besser ist es, den Kuchen schon am Vortag zu backen. Nach dem Auskühlen auf die Tortenplatte legen und mit dem Springformrand umschließen. Ein Glas verrührte Preiselbeeren aufstreichen und über Nacht an einem kühlen Ort durchziehen lassen. Vor dem Servieren dick mit Schlagsahne bestreichen und nach Belieben mit Raspelschokolade bestreuen.

Amerikanischer Schokoladenkuchen
Hundert-Prozent-Kuchen

Dieser Kuchen hat eine besondere Glasur, im Amerikanischen »Fudge« genannt. Sie ist ganz einfach herzustellen, braucht aber einige Stunden – oder auch über Nacht – zum Trocknen. In flüssiger Form wird Fudge auch gern als Sauce auf Eiscreme angerichtet.

Rührteig
- ▸ **100 g weiche Butter**
- ▸ **300 g Zucker**
- ▸ **2 TL Vanillezucker**
- ▸ **2 Eier**
- ▸ **100 g Zartbitter-Schokolade, geschmolzen**
- ▸ **200 g Mehl**
- ▸ **2 TL Backpulver**
- ▸ **300 ml Milch**
- ▸ **100 g Pekannüsse, gehackt**

Schokoladenglasur (Fudge)
- ▸ **50 g Butter**
- ▸ **50 g Zartbitter-Schokolade, zerkleinert**
- ▸ **1 Ei**
- ▸ **150 g Zucker**
- ▸ **1 TL Vanillezucker**

- ▸ **50 g halbierte Pekannüsse**

Springform von 26–28 cm Ø, mit Backpapier ausgelegt
Backen: 50–60 Minuten bei 180 °C

1 Den Ofen vorheizen. Die Butter geschmeidig rühren. Nach und nach den Zucker, Vanillezucker und die Eier, eines nach dem anderen, zugeben und schaumig rühren. Die geschmolzene Schokolade unter die Schaummasse rühren. Das Mehl mit dem Backpulver vermischen, sieben und abwechselnd mit der Milch unterrühren. Die Pekannüsse untermischen, den Teig in die Backform füllen, glatt streichen und backen. Nach dem Abdämpfen auf ein Kuchengitter stürzen, das Backpapier abziehen, auskühlen lassen.

2 Für die Schokoladenglasur in einem Topf die Butter mit der Schokolade schmelzen, den Topf vom Herd nehmen. Das Ei, den Zucker und Vanillezucker unterrühren. Den Kuchen mit der Glasur bestreichen und mit den halbierten Pekannüssen garnieren. Gut trocknen lassen.

Schokoladen-gugelhupf

Ein zarter, feiner Kuchen, der besonders gut mit Schlagsahne schmeckt.

- ▸ **150 g dunkle Kuvertüre, zerkleinert**
- ▸ **100 g Butter, 100 g Puderzucker**
- ▸ **5 Eier, getrennt**
- ▸ **100 g Zucker**
- ▸ **100 g Mehl**
- ▸ **100 g Haselnüsse, geröstet, gehackt**

Glasur

- ▸ **3–4 EL Aprikosenkonfitüre, erwärmt, durchpassiert**
- ▸ **200 g dunkle Kuvertüre, zerkleinert**
- ▸ **20 g Kokosfett**

Gugelhupfform, gefettet und bemehlt
Backen: 60 Minuten bei 170 °C

1 Den Ofen vorheizen. Die Kuvertüre mit der Butter und dem Puderzucker im Wasserbad schmelzen. Vom Wasserbad nehmen, nach und nach die Eigelbe unterrühren.

2 Die Eiweiße mit dem Zucker steif schlagen und auf die Schokoladenmasse gleiten lassen. Das Mehl darübersieben und die Haselnüsse zugeben. Alles leicht und locker vermischen.

3 Die Masse in die Backform füllen und backen. Nach dem Abdämpfen auf ein Kuchengitter stürzen und auskühlen lassen.

Ob Kinder- oder »runder« Geburtstag, ein Jubiläum oder Hochzeitstag – mit der entsprechenden Garnitur wird der Schokoladengugelhupf zu einer sehr persönlichen Überraschung.

4 Für die Glasur den Kuchen sehr dünn mit der Aprikosenkonfitüre bestreichen und mindestens 1 Stunde antrocknen lassen. Die Kuvertüre mit dem Kokosfett im Wasserbad schmelzen und den Gugelhupf damit überziehen.

Noch mehr Schokoladenkuchen – hier mit Kirschen und kräftigen Gewürzen

Schokoladenkuchen mit Kirschen

Ein feiner Schokoladenkuchen mit saftigen Kirschen aus dem Glas. Servieren Sie den attraktiven Kuchen mit nicht ganz steif geschlagener Sahne.

Rührteig

- ▸ **200 g weiche Butter**
- ▸ **175 + 50 g Zucker**
- ▸ **5 Eigelb**
- ▸ **100 g gemahlene Haselnüsse**
- ▸ **100 g gemahlene Mandeln**
- ▸ **200 g Schokolade, gerieben**
- ▸ **1 EL Zimt**
- ▸ **5 Eiweiß**
- ▸ **180 g Mehl**
- ▸ **1 Päckchen Backpulver**

- ▸ **350 g entsteinte Sauerkirschen aus dem Glas, abgetropft**
- ▸ **Puderzucker zum Besieben**

▌ Springform von 26 cm Ø, gefettet
Backen: 45–60 Minuten bei 180 °C

1 Den Ofen vorheizen. Für den Rührteig die Butter geschmeidig rühren. Nach und nach 175 g Zucker und die Eigelbe, eines nach dem anderen, zugeben und schaumig rühren. Die Nüsse, Mandeln, Schokolade und den Zimt unterrühren. Die Eiweiße mit 50 g Zucker steif schlagen und auf den Teig gleiten lassen. Das Mehl mit dem Backpulver darübersieben und alles vorsichtig vermischen.

2 Zwei Drittel des Teiges in die Backform füllen. Die Kirschen darauf verteilen. Den restlichen Teig einfüllen und glatt streichen. Den Kuchen backen.

3 Nach dem Abdämpfen den Formrand lösen, abnehmen und den Kuchen auf einem Kuchengitter auskühlen lassen. Mit Puderzucker besieben.

Schokolade-Ingwer-Kuchen

Dieser würzige Kuchen aus feinem Rührteig mit Schokolade, Walnüssen und Ingwerstückchen passt besonders gut in der kalten Jahreszeit zu heißem Tee oder Kaffee. Ein Klecks Schlagsahne dazu sollte nicht fehlen. In Folie verpackt, bleibt der Kuchen einige Tage frisch.

Rührteig

- ▸ **100 g weiche Butter**
- ▸ **80 g Puderzucker**
- ▸ **1 Päckchen Vanillezucker**
- ▸ **4 Eigelb**
- ▸ **60 g dunkle Kuvertüre, geschmolzen**
- ▸ **abgeriebene Orangenschale**
- ▸ **1 Prise Salz**
- ▸ **¼ TL Zimt**
- ▸ **je 1 Messerspitze gemahlene Nelken und Kardamom**
- ▸ **1 EL Rum**
- ▸ **4 Eiweiß**
- ▸ **50 g Zucker**
- ▸ **60 g Mehl, mit 30 g Speisestärke vermischt**
- ▸ **1 TL Backpulver**
- ▸ **80 g Walnüsse, sehr fein gehackt**
- ▸ **40–50 g kandierter Ingwer, klein gewürfelt**

Zum Überziehen

- ▸ **200 g dunkle Kuvertüre**
- ▸ **20 g Pflanzenfett**

▌ Rehrückenform von 28 cm Länge, gefettet und mit Semmelbröseln ausgestreut
Backen: 45 Minuten bei 180 °C

1 Für den Teig die Butter geschmeidig rühren. Nach und nach den Puderzucker, Vanillezucker, die Eigelbe, eines nach dem anderen, zugeben und schaumig rühren, die Kuvertüre einrühren. Die Orangenschale, das Salz, die Gewürze und den Rum unterrühren. Die Eiweiße mit dem Zucker steif schlagen und auf die Schaummasse gleiten lassen. Die Mehlmischung mit dem Backpulver darübersieben, die Nüsse und den Ingwer daraufstreuen. Alles mit dem Rührlöffel vorsichtig vermischen. Die Masse in die Backform füllen und backen.

2 Den Kuchen nach dem Abdämpfen auf Backpapier stürzen und auskühlen lassen.

3 Die Kuvertüre mit dem Pflanzenfett im Wasserbad schmelzen. Den Kuchen damit überziehen – am besten auf einem Gitterrost – und antrocknen lassen.

Den würzigen Schokolade-Ingwer- ▸ Kuchen können Sie genauso gut in einer Kasten- oder Springform backen und einfach mit Puderzucker besieben.

Kuchen vom Blech – beliebte Familienrezepte mit einer langen Tradition

Streuselkuchen

Traditionell bereitet man den Streusel-kuchen aus einem Hefeteig wie für den Sächsischen Butterkuchen (rechts) zu. Dieser Streuselkuchen aus Quarkölteig braucht keine Ruhezeiten zum Gehen – ein Vorschlag, wenn Sie es besonders eilig haben.

Quarkölteig
- ▸ **200 g Magerquark, im Sieb abgetropft**
- ▸ **100 ml neutrales Öl**
- ▸ **100 ml Milch, 100 g Zucker**
- ▸ **1 Päckchen Vanillezucker**
- ▸ **1 Messerspitze Salz**
- ▸ **400 g Mehl, 1 Päckchen Backpulver**

Streusel
- ▸ **300 g Mehl**
- ▸ **200 g Zucker, 1 TL Zimt**
- ▸ **200 g zerlassene Butter oder kalte Butter in Stückchen**

- ▸ **3 EL Milch zum Bestreichen**

| Backblech, gefettet
Backen: 40 Minuten bei 190–200°C

1 Für den Teig den Quark in einer Rührschüssel mit dem Öl und der Milch vermischen. Den Zucker, Vanillezucker und das Salz zugeben und glatt rühren. Die Hälfte des Mehles einrühren. Die Masse auf der Arbeitsfläche mit dem restlichen Mehl, mit dem Backpulver vermischt, zu einem festen Teig kneten. Mit Folie bedecken und 30 Minuten im Kühlschrank ruhen lassen.

2 Den Teig auf der bemehlten Arbeits-fläche in Blechgröße ausrollen und auf das Backblech legen, die Ränder egali-sieren. Den Teig mit der Gabel mehr-mals einstechen. Den Ofen vorheizen.

3 **Streusel mit zerlassener Butter:** Das Mehl mit dem Zucker und Zimt ver-mischen. Die lauwarm zerlassene Butter hineinträufeln und mit der Gabel ver-mengen. Mit den Händen krümelig ab-bröseln.
Streusel mit Butterstückchen: Das Mehl mit dem Zucker, Zimt und den kalten Butterstückchen vermengen und zwi-schen den Händen krümelig abbröseln.

4 Den Quarkölteig mit der Milch be-streichen (damit die Streusel besser haf-ten) und gleichmäßig mit den Streuseln bedecken. Den Kuchen goldgelb backen.

5 Das Blech auf einen Backrost stellen und den Kuchen auskühlen lassen. Frisch gebacken schmeckt er am besten.

Dresdner Eierschecke

Hefeteig
- ▸ **350 g Mehl, 30 g Hefe**
- ▸ **etwa 125 ml lauwarme Milch**
- ▸ **50 g Zucker**
- ▸ **70 g Butter, zerlassen**
- ▸ **1 Ei, ¼ TL Salz**

Quarkbelag
- ▸ **3 Eier, 120 g Zucker**
- ▸ **abgeriebene Zitronenschale**
- ▸ **750 g Magerquark, im Sieb abgetropft**

Eiercreme
- ▸ **250 ml Milch**
- ▸ **1 Päckchen Vanillepuddingpulver**
- ▸ **120 g Zucker, 150 g Butter**
- ▸ **4 Eier, getrennt**
- ▸ **1 Prise Salz**

| Backblech, gefettet
Anbacken: 15 Minuten bei 210 °C
Fertig backen: 70 Minuten bei 150–160 °C

1 Für den Hefeteig das Mehl in eine Rührschüssel füllen und in die Mitte eine Mulde drücken. Die Hefe hinein-bröckeln, mit einigen Esslöffeln von der Milch auflösen, mit 1 EL Zucker und et-was Mehl vom Rand zu einem weichen Vorteig anrühren. Leicht mit Mehl be-stauben und zugedeckt im warmen Raum etwa 15 Minuten gehen lassen.

2 Die restlichen Zutaten zugeben und mit den Knethaken des Rührgerätes be-arbeiten, bis sich der Teig gut von der Schüsselwand löst. Zugedeckt etwa 30 Minuten gehen lassen, bis er das Doppelte seines Volumens erreicht hat.

3 Den Teig in Blechgröße ausrollen, auf das Backblech legen und die Ränder egalisieren. Mit einem Tuch bedecken und erneut gehen lassen.

4 Inzwischen für den Belag den Quark mit allen Zutaten zu einer cremigen Masse verrühren.

5 Für die Eiercreme aus Milch, Pud-dingpulver und Zucker nach Packungs-anweisung einen Pudding kochen. Den Topf vom Herd nehmen und den Pud-ding kurz abkühlen lassen. Die Butter und nach und nach die Eigelbe unter-rühren. Die Eiweiße mit dem Salz steif schlagen und unter die Creme heben.

6 Den Ofen vorheizen. Den Hefeteig zusammendrücken, auf der bemehlten Arbeitsfläche in Blechgröße ausrollen, auf das Backblech legen und die Ränder egalisieren. Die Quarkmasse auf den Teigboden streichen. Die Eiercreme da-rübergeben und glatt streichen. Den Kuchen anbacken und bei verminderter Temperatur hell fertig backen. Nimmt er zu früh Farbe an, mit Alufolie abdecken.

Sächsischer Butterkuchen

Schneiden Sie den Butterkuchen in nicht zu große Stücke und servieren Sie ihn frisch gebacken zum Kaffee.

Hefeteig

- **400 g Mehl, 30 g Hefe**
- **etwa 150 ml lauwarme Milch**
- **50 g Zucker**
- **70 g zerlassene Butter**
- **2 Eier, ¼ TL Salz**

Belag

- **150 g Butterflöckchen**
- **100 g Mandelblättchen**
- **100 g Zucker, mit ¼ TL Zimt vermischt**

Backblech, gefettet
Anbacken: 5 Minuten bei 220 °C
Fertig backen: 12–15 Minuten bei 200 °C

1 Für den Hefeteig das Mehl in eine Rührschüssel füllen und in die Mitte eine Mulde drücken. Die Hefe hineinbröckeln, mit einigen Esslöffeln von der Milch auflösen und mit 1 EL Zucker

Die Butterflöckchen oder -stückchen in die Teigmulden drücken.

sowie etwas Mehl vom Rand zu einem weichen Vorteig anrühren. Leicht mit Mehl bestauben und zugedeckt im warmen Raum etwa 15 Minuten gehen lassen, bis die Oberfläche Risse zeigt.

2 Die restlichen Zutaten zugeben und mit den Knethaken des Rührgerätes bearbeiten, bis sich der Teig gut von der Schüsselwand löst. Zugedeckt etwa 30 Minuten gehen lassen, bis er das Doppelte seines Volumens erreicht hat.

3 Den Teig in Blechgröße ausrollen, auf das Backblech legen und die Ränder egalisieren. Mit einem Tuch bedecken und erneut gehen lassen.

4 Den Ofen vorheizen. Für den Belag mit zwei Fingern in geringen Abständen Vertiefungen bis zum Boden in den Teig drücken, die Butterflöckchen hineinsetzen, die Mandeln auf dem Teig verteilen und den Zimtzucker darüberstreuen.

5 Den Kuchen bei starker Hitze anbacken und bei verminderter Hitze fertig backen. Er soll oben knusprig braun, aber innen nicht zu trocken sein. Das Blech auf einen Backrost stellen und den Kuchen auskühlen lassen.

Zwei Kuchen mit Mandelbelag – der eine kreativ, der andere traditionell

Bienenstich mit Kirschen

Dieses Rezept können Sie nach Herzenslust verändern – ein anderer Teig, eine andere Creme, ein anderes oder gar kein Obst. Der Mandelbelag ist es, der diesen Kuchen zum Bienenstich macht.

Hefeteig

- ▸ **400 g Mehl**
- ▸ **30 g Hefe**
- ▸ **etwa 125 ml lauwarme Milch**
- ▸ **60 g Zucker**
- ▸ **120 g weiche Butter**
- ▸ **2 Eier**
- ▸ **¼ TL Salz**

Mandelbelag

- ▸ **100 g Butter**
- ▸ **150 g Zucker**
- ▸ **1 EL Honig**
- ▸ **3 EL Milch**
- ▸ **150 g Mandelblättchen**

Füllung

- ▸ **½ l Milch**
- ▸ **1 Päckchen Vanillepuddingpulver**
- ▸ **40 g Zucker**
- ▸ **4 Blatt Gelatine, kalt eingeweicht**
- ▸ **500 g Sahne, steif geschlagen**
- ▸ **etwa 700 g entsteinte Kirschen aus dem Glas, abgetropft (nach Belieben mehr)**

| Backblech, gefettet
Backen: 30–40 Minuten bei 180–190 °C

1 Für den Hefeteig das Mehl in eine Rührschüssel füllen und in die Mitte eine Mulde drücken. Die Hefe hineinbröckeln, mit einigen Esslöffeln von der Milch auflösen und mit 1 EL Zucker sowie etwas Mehl vom Rand zu einem

1 Für den Belag die Mandelblättchen unter die Buttermischung rühren.

2 Das Blech mit dem Hefeteig auslegen und den Belag aufstreichen.

3 Den nach dem Backen quer halbierten Kuchen horizontal durchschneiden.

weichen Vorteig anrühren. Leicht mit Mehl bestauben und zugedeckt im warmen Raum etwa 15 Minuten gehen lassen, bis die Oberfläche Risse zeigt.

2 Die restlichen Zutaten zugeben und mit den Knethaken des Rührgerätes bearbeiten, bis sich der Teig gut von der

4 Die Mandeldecke in Streifen und diese in gleich große Stücke schneiden.

5 Auf dem Kuchenboden die Kirschen möglichst gleichmäßig verteilen.

6 Darauf die Creme streichen, die Mandeldeckel auflegen, durchschneiden.

Schüsselwand löst. Zugedeckt etwa 30 Minuten gehen lassen, bis er das Doppelte seines Volumens erreicht hat.

3 Für den Belag die Butter mit dem Zucker, Honig und der Milch aufkochen. Vom Herd nehmen, die Mandelblättchen unterrühren und etwas abkühlen lassen.

4 Den Teig zusammendrücken, auf der bemehlten Arbeitsfläche in Blechgröße ausrollen, auf das Backblech legen und die Ränder egalisieren. Mit der Gabel mehrmals in den Teig stechen. Den Mandelbelag aufstreichen und nochmals kurz gehen lassen.

5 Den Ofen vorheizen. Den Kuchen goldbraun backen. Das Blech auf einen Backrost stellen und den Kuchen auskühlen lassen.

6 Für die Füllung aus Milch, Puddingpulver und Zucker nach Packungsanweisung einen Pudding kochen. Die Gelatine ausdrücken und in dem heißen Pudding auflösen. Abkühlen lassen und die Schlagsahne unterziehen.

7 Zum Fertigstellen den Kuchen längs in zwei Hälften teilen und diese horizontal durchschneiden. Die beiden Mandeldecken nochmals längs halbieren und jeden Streifen in 5 Stücke schneiden. Auf den beiden unteren Teighälften die Kirschen verteilen und die Creme darauf glatt streichen. Die Mandeldecken stückweise wieder aufsetzen und den Kuchen einige Stunden kalt stellen, bis die Creme steif ist. Vor dem Servieren die Stücke durchschneiden.

**Bienenstich
mit Kirschen**

Schneller Mandelkuchen

Der Teig wird im »All-in-Verfahren« in der Schüssel gerührt.
Mit Früchten der Saison wie Rhabarber, Äpfel, Zwetschgen, Kirschen oder Mirabellen können Sie daraus auch einen Obstkuchen backen. Dafür belegen Sie den vorgebackenen Boden mit den Früchten, verteilen den Belag darüber und backen den Kuchen fertig.

Rührteig
- **280 g Mehl**
- **1¹/₂ TL Backpulver**
- **150 g Zucker**
- **1 EL Vanillezucker**
- **1 Prise Salz**
- **abgeriebene Zitronenschale**
- **4 Eier**
- **200 g Sahne**

Belag
- **125 g Butter, zerlassen**
- **150 g Zucker**
- **1 EL Vanillezucker**
- **200 g Mandelstifte (alternativ Kürbis- oder Sonnenblumenkerne)**
- **4 EL Milch oder Sahne**

Backblech, mit Backpapier ausgelegt
Vorbacken: 10–15 Minuten bei 200 °C
Fertig backen: 15 Minuten bei 200 °C

1 Für den Teig alle Zutaten in eine Rührschüssel füllen und mit dem Handrührgerät glatt rühren. Den Teig auf das Backblech streichen und hellgelb vorbacken.

2 Für den Belag alle Zutaten miteinander vermischen und gleichmäßig auf dem Teig verteilen. Goldgelb fertig backen.

3 Das Blech auf einen Backrost stellen und den Kuchen auskühlen lassen.

Alles Käse – mit Mürbeteig und magerem Quark

Die Favoriten auf deutschen Kaffee-
tafeln sind zweifellos die Käsekuchen.
Für den Belag können Sie Quark jeder Fettstufe verwenden, auch
Schichtkäse. Lassen Sie ihn immer
gut abtropfen. Entscheidend für
ein gutes Ergebnis ist das langsame
Backen bei milder Hitze. Bei zu hoher Temperatur würde der Kuchen
zunächst sehr stark aufgehen und
auch aufreißen, um nachher wieder
zusammenzufallen. Bei niedriger
Temperatur geht er nur wenig auf,
die Quarkmasse bindet ab, der
Kuchen bleibt locker und saftig.

Ein zarter Käsekuchen, zusätzlich mit
Rosinen im Belag und mit reichlich
Puderzucker besiebt.

Käsekuchen

Käsekuchen ist nicht gleich Käsekuchen.
Diese Version hat einen süßen, sahnigen Belag, dafür aber keinen Zucker
im Teig.

Mürbeteig
▸ **220 g Mehl**
▸ **1 Prise Salz**
▸ **150 g kalte Butter, in Stückchen**
▸ **1 Ei**

Belag
▸ **500 g Magerquark, im Sieb
  abgetropft**
▸ **1–2 EL Zitronensaft**
▸ **150 g Zucker**
▸ **200 g Sahne**
▸ **4 Eier**
▸ **1 EL Speisestärke**

Springform von 26 cm Ø, leicht gefettet
Vorbacken: 15 Minuten bei 210 °C
Fertig backen: 80 Minuten bei 150–160 °C

1 Für den Mürbeteig das Mehl auf der
Arbeitsfläche mit allen Zutaten zusam-
menhacken und rasch zu einem glatten
Teig kneten. Zu einer Kugel formen, in
Folie wickeln und mindestens 30 Minu-
ten kalt stellen.

2 Den Ofen vorheizen. Den Teig größer
als die Backform rund ausrollen, in die
Form legen und dabei einen Rand hochziehen. Zerknitterte Streifen aus Alufolie
an den Rand drücken, damit er nicht
zusammenfällt. Den Boden mit einer
Gabel mehrmals einstechen, den Teig
vorbacken. Die Alufolie entfernen. Die
Ofentemperatur reduzieren.

3 Inzwischen für den Belag alle Zutaten
glatt rühren. Die Masse auf den vorgebackenen Teigboden füllen und glatt
streichen. Fertig backen. Im ausgeschalteten Ofen bei offener Backofentür kurz
abdämpfen lassen. Dann den Formrand
abnehmen und den Kuchen auf einem
Kuchengitter auskühlen lassen.

Käse-Mohn-Kuchen mit Birnen

Mürbeteig
- ▸ 200 g Mehl
- ▸ 120 g Butter
- ▸ 60 g Zucker
- ▸ 1 Ei
- ▸ 1 Prise Salz

Käsemasse
- ▸ 500 g Magerquark, im Sieb abgetropft
- ▸ 60 ml saure Sahne
- ▸ 2 Eigelb
- ▸ 100 g Zucker
- ▸ 1 EL Speisestärke
- ▸ 1 cl Rum
- ▸ 2 Eiweiß, mit 1 Prise Salz steif geschlagen

Mohnmasse
- ▸ 150 ml Wasser, 100 g Zucker
- ▸ 200 g Mohn, gemahlen
- ▸ 300 g Birnen, frisch oder aus der Dose, in Würfelchen geschnitten

- ▸ Puderzucker zum Besieben

Springform von 26 cm Ø, leicht gefettet
Backen: 60 Minuten bei 170 °C

1 Für den Mürbeteig das Mehl mit allen Zutaten auf der Arbeitsfläche zusammenhacken und rasch zu einem glatten Teig kneten. Zu einer Kugel formen, in Folie wickeln und mindestens 30 Minuten kalt stellen.

2 Für die Käsemasse den Quark mit allen Zutaten verrühren, zuletzt den Eischnee unterheben.

3 Für die Mohnmasse das Wasser mit dem Zucker aufkochen, den Mohn einrühren, vom Herd nehmen und kurz quellen lassen. Die Birnenstückchen untermischen.

4 Den Ofen vorheizen. Zwei Drittel des Teiges rund ausrollen und auf den Formboden legen. Den Rest des Teiges zu einer Rolle formen und zu einem 4 cm hohen Rand in die Form drücken. Den Boden mit der Gabel mehrmals einstechen. Die Mohnmasse einfüllen und glatt streichen. Darauf die Käsemasse verteilen und ebenfalls glatt streichen. Den Kuchen goldgelb backen.

5 Nach dem Abdämpfen den Kuchen in der Form auf einem Kuchengitter auskühlen lassen. Mit Puderzucker besieben.

Besondere Käsekuchen – auch mit Streuseln und Frischkäse

Käsekuchen ohne Boden

- ▸ 200 g weiche Butter
- ▸ 250 g Zucker
- ▸ 1 Päckchen Vanillezucker
- ▸ 6 Eier
- ▸ 1 kg Magerquark oder Schichtkäse, im Sieb abgetropft
- ▸ 100 g Grieß, ½ Päckchen Backpulver

- ▸ Puderzucker zum Besieben

Springform von 26 cm Ø, gut gefettet und mit Semmelbröseln ausgestreut
Backen: 50 Minuten bei 200 °C

1 Den Ofen vorheizen. Die Butter mit dem Zucker, Vanillezucker und den Eiern schaumig rühren. Den Quark glatt rühren oder durchpassieren und unter die Schaummasse mischen. Den Grieß mit dem Backpulver vermischen und unterrühren. Die Masse in die Backform füllen, glatt streichen und backen.

2 Nach dem Abdämpfen den Kuchen in der Form auf einem Kuchengitter auskühlen lassen. Vor dem Servieren mit Puderzucker besieben.

Amerikanischer Käsekuchen
Cheesecake

Für den amerikanischen Cheesecake wird Doppelrahmfrischkäse verwendet, wodurch der Belag fest, aber nicht trocken wird. Für den Bröselboden können Sie auch Löffelbiskuits verwenden.

Für manche das Nonplusultra: nur eine lockere Käsemasse und kein Teig.

Bröselboden

- ▸ **10 Stück Zwieback**
- ▸ **40 g Butter, zerlassen**
- ▸ **2 EL Zucker**
- ▸ **1 EL Vanillezucker**

Belag

- ▸ **5 Eigelb**
- ▸ **100 g Zucker**
- ▸ **abgeriebene Zitronenschale**
- ▸ **1 EL Zitronensaft**
- ▸ **500 g Doppelrahmfrischkäse (Philadelphia)**
- ▸ **5 Eiweiß**
- ▸ **1 Prise Salz**

| Springform von 26 cm Ø, Boden mit Backpapier ausgelegt
| **Backen:** 70 Minuten bei 150 °C

1 Für den Bröselboden den Zwieback in einem Gefrierbeutel mit dem Teigroller zerdrücken. In einer Schüssel die Brösel mit der Butter, dem Zucker und Vanillezucker vermischen. Die Masse in die Backform füllen, zu einem glatten Boden drücken und kurz kalt stellen.

2 Den Ofen vorheizen. Für den Belag die Eigelbe mit dem Zucker, der Zitronenschale, dem Zitronensaft und dem Frischkäse cremig rühren. Die Eiweiße mit dem Salz steif schlagen und unter die Käsecreme heben. Die Masse auf den Kuchenboden füllen, glatt streichen und goldgelb backen.

3 Nach dem Abdämpfen den Kuchen in der Form auf einem Kuchengitter auskühlen lassen. Vor dem Verzehr 3 Stunden ruhen lassen.

Variation

Wenn Sie vor dem Backen einige Esslöffel Zitronen-, Granatapfel- oder Himbeersirup auf die Käsemasse träufeln und mit der Gabel spiralförmig locker durchziehen, bekommt der Kuchen eine feine Marmorierung und wird zum Zitronen-, Granatapfel- oder Himbeer-Käsekuchen.

Käse-Streuselkuchen

Unten und oben mürbe Streusel, dazwischen eine lockere Quarkschicht – ein Käsekuchen, der auf der Zunge zergeht.

Streusel

- ▸ **250 g Mehl**
- ▸ **1/2 TL Backpulver**
- ▸ **1 Prise Salz**
- ▸ **150 g kalte Butter, in Stückchen**
- ▸ **1 Eigelb**
- ▸ **120 g Zucker**

Quarkbelag

- ▸ **120 g weiche Butter**
- ▸ **80 + 40 g Zucker**
- ▸ **3 Eigelb**
- ▸ **500 g Magerquark, im Sieb abgetropft**
- ▸ **2 EL Zitronensaft**
- ▸ **4 Eiweiß**

| Springform von 26 cm Ø, leicht gefettet
| **Vorbacken:** 25 Minuten bei 200 °C
| **Fertig backen:** 25 Minuten bei 180 °C

Cheesecake gilt in Amerika fast als Nationalgericht und wird dort gern mit frischen Beeren verziert.

1 Für die Streusel alle Zutaten auf der Arbeitsfläche vermischen und zwischen den Fingern krümelig abbröseln. Zwei Drittel davon in die Backform füllen und leicht andrücken. Den Ofen vorheizen.

2 Für den Belag die Butter mit 80 g Zucker und den Eigelben schaumig rühren. Den Quark und Zitronensaft untermischen. Die Eiweiße mit 40 g Zucker steif schlagen und unterziehen. Den Quarkbelag auf den Krümelboden streichen, mit den restlichen Streuseln bedecken und vorbacken. Bei reduzierter Hitze fertig backen.

3 Nach dem Abdämpfen den Kuchen in der Form auf einem Kuchengitter auskühlen lassen. Mithilfe des Kuchenhebers (siehe Seite 17) auf eine Kuchenplatte setzen. Frisch schmeckt er am besten.

Saftige, fruchtige Rührkuchen – mit Äpfeln, Bananen und sogar Zucchini

Apfel-Mohn-Kuchen

Diesen feinen, dekorativen Kuchen können Sie gut 1–2 Tage im Voraus backen. Die Sahneschicht tragen Sie erst kurz vor dem Verzehr auf.

Rührteig

▸ **100 g weiche Butter**
▸ **60 g Zucker**
▸ **1 Päckchen Vanillezucker**
▸ **2 Eier**
▸ **100 g Mehl**
▸ **1 TL Backpulver**
▸ **2 EL Mohn, geröstet und gemahlen**

Apfelfüllung

▸ **400 ml Apfelsaft**
▸ **1 Päckchen Vanillepuddingpulver**
▸ **350 g feste, säuerliche Äpfel, geschält, Kerngehäuse entfernt, klein gewürfelt**

Zum Fertigstellen

▸ **300 g Sahne**
▸ **Schokostreusel zum Garnieren**

Springform von 26 cm Ø, mit Backpapier ausgelegt
Backen: 15–20 Minuten bei 180 °C

1 Den Ofen vorheizen. Für den Rührteig die Butter geschmeidig rühren. Nach und nach den Zucker, Vanillezucker und die Eier, eines nach dem anderen, zugeben und schaumig rühren. Das Mehl mit dem Backpulver sieben und mit dem Mohn unter die Schaummasse rühren. In die Backform füllen, glatt streichen, hellbraun backen. Nach dem Abdämpfen den Formrand lösen, abnehmen und den Kuchen auf einem Kuchengitter auskühlen lassen.

2 Für die Apfelfüllung aus dem Apfelsaft und dem Puddingpulver nach Packungsanweisung einen Pudding kochen. Die Apfelwürfel unterrühren und 2 Minuten mitkochen.

3 Den Kuchenboden auf eine Unterlage in einen Tortenring legen, die Apfelfüllung darauf verstreichen. Erkalten lassen.

4 Vor dem Servieren den Tortenring entfernen. Die Sahne steif schlagen und aufstreichen. Mit Schokostreuseln garnieren.

Bananenkuchen

Sollten Sie überreife Bananen zu Hause haben, die schon unansehnlich geworden sind und die niemand mehr essen möchte – für Bananenkuchen sind sie geradezu ideal zu gebrauchen. Vor allem in Amerika ist »Banana Cake« ein beliebter Dauerbrenner.

▸ **400 g reife Bananen**
▸ **Saft von 1 Zitrone**
▸ **100 ml Milch**

Bananenkuchen

Rührteig

▸ **220 g weiche Butter**
▸ **280 g Zucker**
▸ **1 Prise Salz**
▸ **4 Eier**
▸ **380 g Mehl**
▸ **2 TL Backpulver**

| Kastenform von 30 cm Länge, gefettet und bemehlt
Backen: 50–60 Minuten bei 200 °C

1 Den Ofen vorheizen. Die Bananen schälen, mit einer Gabel zerdrücken und mit dem Zitronensaft und der Milch glatt rühren.

2 Für den Rührteig die Butter geschmeidig rühren. Nach und nach den Zucker, das Salz und die Eier, eines nach dem anderen, zugeben und schaumig rühren. Das Mehl mit dem Backpulver darübersieben, die Bananenmilch einrühren und alles gut vermischen. Den Teig in die Backform füllen und backen; sollte die Oberseite zu braun werden, mit Alufolie abdecken.

3 Den Kuchen nach dem Abdämpfen auf ein Gitter stürzen und auskühlen lassen.

Bananen-Kokos-Kuchen

Ein Kuchen, gebacken aus feiner Schokolade, fruchtigen Bananen und gerösteten Kokosraspeln; innen Konfitüre, außen Sahne – und alle fühlen sich verwöhnt.

Rührteig

▸ **200 g weiche Butter**
▸ **200 g Zucker, 6 Eier**
▸ **100 g Zartbitter-Schokolade, geschmolzen**
▸ **300 g Bananen, gewürfelt**
▸ **200 g Kokosraspel, trocken geröstet**
▸ **3 EL Zitronensaft**
▸ **1 EL Rum, 1 TL Zimt**
▸ **125 g Mehl, 1 TL Backpulver**

Zum Fertigstellen

▸ **100 g Himbeerkonfitüre**
▸ **200 g Sahne, steif geschlagen**
▸ **Schokoraspel zum Bestreuen**

| Springform von 28–30 cm Ø, gefettet
Backen: 40 Minuten bei 170 °C

1 Den Ofen vorheizen. Für den Teig die Butter geschmeidig rühren. Nach und nach den Zucker und die Eier, eines nach dem anderen, zugeben und schaumig rühren. Die geschmolzene Schokolade, Bananenwürfel, Kokosraspel, Zitronensaft, Rum und Zimt untermischen. Das Mehl mit dem Backpulver vermischen, darübersieben und unterrühren. Den Teig in die Backform füllen und backen.

2 Nach dem Abdämpfen auf ein Kuchengitter stürzen und auskühlen lassen. Den Kuchen auf eine Tortenunterlage legen, horizontal durchschneiden, den Boden mit der Himbeerkonfitüre bestreichen und wieder zusammensetzen. Die Tortenoberfläche und den Rand mit Schlagsahne bestreichen und mit Schokoraspeln bestreuen.

Zucchinikuchen

Dieses Rezept kommt aus Amerika und nennt sich dort »Zucchinibrot«, obwohl es ein süßer Kuchen ist.

▸ **2 Eier**
▸ **125 g weißer Zucker**
▸ **125 g brauner Zucker**
▸ **1 Päckchen Vanillezucker**
▸ **250 ml neutrales Öl**
▸ **200 g Zucchini, grob geraspelt**
▸ **½ TL Salz**
▸ **250 g Mehl**
▸ **1 TL Backpulver**
▸ **½ TL Zimt**
▸ **100 g Walnusskerne, sehr fein gehackt**

▸ **Puderzucker zum Besieben**

| Kastenform von 30 cm Länge, gefettet
Backen: 50 Minuten bei 180 °C

Zucchinikuchen

1 Den Ofen vorheizen. Die Eier mit dem gesamten Zucker, Vanillezucker und Öl verrühren. Alle übrigen Zutaten zugeben und untermischen. In die Backform füllen und goldbraun backen.

2 Nach dem Abdämpfen aus der Form nehmen und auf einem Kuchengitter auskühlen lassen. Mit Puderzucker besieben.

Zöpfe – einfach geflochten oder mit einer Füllung aufgerollt und verschlungen

Hefezopf

Hefeteig

- ▸ **500 g Mehl**
- ▸ **20 g Hefe**
- ▸ **3 EL Zucker**
- ▸ **etwa 250 ml lauwarme Milch**
- ▸ **1 Ei**
- ▸ **knapp 1 TL Salz**
- ▸ **60 g Butter, zerlassen**
- ▸ **100 g Sultaninen**

- ▸ **1 Eigelb, mit 1 EL Milch verrührt, zum Bestreichen**

Backblech, gefettet
Anbacken: 15 Minuten bei 200 °C
Fertig backen: 25 Minuten bei 180 °C

1 Für den Hefeteig das Mehl in die Rührschüssel füllen und in die Mitte eine Mulde drücken. Die Hefe hineinbröckeln, mit 1 EL Zucker und 3 EL von der Milch auflösen und mit etwas Mehl vom Rand zu einem weichen Vorteig anrühren. Mit etwas Mehl bestreuen und zugedeckt im warmen Raum etwa 15 Minuten gehen lassen, bis die Oberfläche Risse zeigt.

2 Die restlichen Zutaten, ohne die Sultaninen, zugeben und mit den Knethaken des Rührgerätes zu einem geschmeidigen, glatten Teig verarbeiten. Zum Schluss die Sultaninen einarbeiten. Zugedeckt gehen lassen, bis der Teig etwa das Doppelte seines Volumens erreicht hat.

3 Den Ofen vorheizen. Den Teig auf der bemehlten Arbeitsfläche durchkneten, in 3 Portionen teilen. Jede Portion mit den Händen zu einer gleichmäßig dicken Rolle von 50 cm Länge formen, die Rollen nebeneinander legen. Von

Die Teigstränge nebeneinander auslegen und von der Mitte aus zu flechten beginnen.

Das geflochtene Teil drehen und mit den offenen Strängen den Zopf fertig flechten.

Der Hefezopf gehört in vielen Familien traditionell zum Sonntagsfrühstück.

der Mitte aus einen Zopf flechten, drehen und die andere Hälfte flechten. Die Enden jeweils etwas flach drücken und unterschieben. Den Zopf auf das Backblech legen, mit einem Tuch bedecken und erneut gehen lassen. (Sie können aus dem Teig auch 3 kleine Zöpfe flechten.)

4 Den Hefezopf mit dem verrührten Eigelb bestreichen, das gibt ihm eine schöne Farbe; wenn Sie ihn nur mit Milch bestreichen, bekommt er einen sanften Glanz. Den Zopf goldbraun backen. Nach dem Backen auf einem Kuchengitter auskühlen lassen.

Nusszopf

Beim verschlungenen Nusszopf karamellisiert die zuckrige Nussfüllung und gibt dem Gebäck seinen einzigartigen Geschmack. Sie können ihn auf dem Backblech, in der Kastenform oder als Kranz in einer Ringform backen; in der Backform bleibt er besser in Form. Auch aus einem feinen Hefeteig oder aus gerührtem Hefeteig (Rezepte Seite 26 und 27) schmeckt er prima.

▸ **1 Rezept Plunderteig (Seite 28), alternativ feiner Hefeteig (Seite 26)**

Nussfüllung

▸ **150 g Haselnüsse, trocken geröstet und gemahlen**
▸ **1 EL Biskuit- oder Semmelbrösel**
▸ **1 Eiweiß**
▸ **5 EL Sahne**
▸ **1 EL Vanillezucker**
▸ **75 g Zucker**

Glasur

▸ **150 g Puderzucker**
▸ **1 EL Zitronensaft, durchgeseiht**
▸ **etwa 2 EL Wasser**

Backblech, leicht gefettet
Backen: 50–60 Minuten bei 190 °C

1 Den Plunder- oder Hefeteig zubereiten und gehen lassen.

Den zu einem Rechteck ausgerollten Teig mit der Nussfüllung bestreichen.

2 Für die Nussfüllung alle Zutaten in einer Schüssel vermischen und zu einer streichfähigen Masse rühren.

3 Den Teig auf der bemehlten Arbeitsfläche etwa 3 mm dick zu einem Rechteck ausrollen. Mit der Nussfüllung bestreichen und der Länge nach zusammenrollen. Die gefüllte Teigrolle bis auf 2 cm längs durchschneiden, die beiden Hälften mit der Schnittfläche nach oben miteinander verschlingen. Den Zopf auf das Backblech (oder in eine gefettete Kasten- oder Ringform) legen. Zugedeckt gehen lassen.

4 Den Ofen vorheizen. Das Gebäck hellbraun backen. Auf einem Kuchengitter auskühlen lassen.

Den gedrehten Nusszopf auf dem Blech

Die Füllung glatt streichen, das Rechteck der Länge nach zusammenrollen.

5 Für die Glasur den Puderzucker mit Zitronensaft und Wasser zu einer streichfähigen Glasur verrühren und das Gebäck warm oder kalt damit bestreichen.

Mohnzopf

Für eine selbst gemachte Mohnfüllung 375 ml Milch mit 100 g Zucker, 1 EL Honig und 30 g Butter aufkochen. 250 g gemahlenen Mohn zugeben und dicksämig einkochen. 1 Messerspitze Zimt, 1 EL Rum und 3 EL Semmelbrösel untermischen. Die Teigplatte mit der Mohnfüllung bestreichen. Einfacher ist es, eine backfertige Mohnfüllung zu verwenden, die man in guter Qualität kaufen kann.

oder in einer Ringform backen.

Christstollen und Weihnachtskuchen –
alle Jahre wieder…

Christstollen Dresdner Art

Zum typischen Weihnachtsgebäck gehört in allen Landschaften der unterschiedlich geformte Stollen – immer länglich, mal geflochten als Zopf, mal wickelkindartig zusammengeschlagen. In Hamburg und Bremen heißt er Klöben, im Süden Christstollen. Der Dresdner Christstollen mit seinen reichlichen Zutaten ist im Laufe der Zeit zum Inbegriff für Weihnachtsstollen geworden. Seine Rezeptur variiert oft; manche Familie backt ihn noch nach einem geheim gehaltenen Rezept.

‣ **1 kg Mehl, 100 g Hefe, 150 g Zucker**
‣ **250 ml lauwarme Milch**
‣ **400 g Butter, zerlassen**
‣ **1 TL Salz, abgeriebene Zitronenschale**
‣ **75 g Zitronat, gehackt**
‣ **75 g Orangeat, gehackt**
‣ **250 g Mandelstifte**
‣ **400 g Sultaninen und 100 g Korinthen, über Nacht in 5 EL Rum mariniert**

‣ **50 g zerlassene Butter zum Bestreichen**
‣ **Puderzucker zum Besieben**

⏽ Backblech, mit Backpapier ausgelegt
Backen: 60–75 Minuten bei 170–180 °C

1 Das Mehl in eine Schüssel füllen und in die Mitte eine Mulde drücken. Die Hefe hineinbröckeln, mit 1 EL Zucker, einigen Esslöffeln von der Milch und etwas Mehl vom Rand zu einem weichen Vorteig anrühren. Leicht mit Mehl bestreuen und zugedeckt an einem Ort gehen lassen, bis die Oberfläche Risse zeigt.

2 Die Butter mit dem restlichen Zucker, Salz und der Zitronenschale auf dem Mehlrand verteilen und alles mit der restlichen Milch zu einem festen Teig verarbeiten. Das Zitronat und Orangeat, die Mandeln, Sultaninen und Korinthen zugeben und den Teig auf der bemehlten Arbeitsfläche gut abkneten. Zugedeckt gehen lassen, bis er sein Volumen verdoppelt hat.

3 Aus dem Teig 2 längliche Stollen formen. Dafür den Teig so ausrollen, dass an den Längsseiten dicke Wülste entstehen. Mit dem Rollholz in der Mitte flach drücken und die eine Hälfte über die andere schlagen (oder Stollenformen verwenden). Auf dem Backblech mit einem Tuch bedecken und ein letztes Mal gehen lassen.

4 Den Ofen vorheizen. Die Stollen backen; machen Sie die Garprobe mit einem Holzstäbchen.

5 Die Stollen mit dem Backpapier vom Blech ziehen und sofort mit der zerlassenen Butter bestreichen. Dick mit Puderzucker besieben. Nach dem Auskühlen in Alufolie einschlagen und etwa 2 Wochen kühl lagern.

Mit der Stollenhaube, die nicht gefettet wird, gelingt die typische Stollenform besonders gleichmäßig.

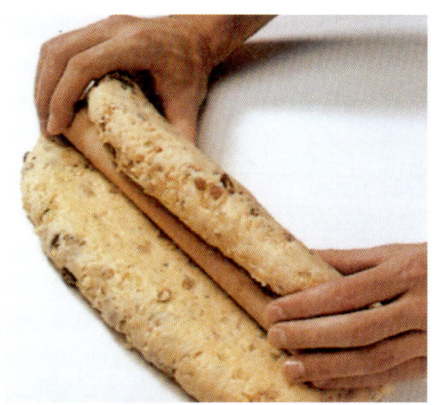

Stollen formen: Den Teig so ausrollen, dass an den Längsseiten dicke Wülste entstehen. Von Hand oder mithilfe eines dünnen Rollholzes einschlagen und auf das Backblech legen.

Marzipanstollen

300 g Marzipanrohmasse mit 100 g Puderzucker und 2 EL Rum verkneten, zu 2 Rollen in der Länge der Stollen formen. Die Stollen beim Ausformen mit den Marzipanrollen füllen, dann erst die eine Teighälfte über die andere schlagen.

Mini-Weihnachtsstollen

Sie sind eine Attraktion zu Tee, Punsch und Glühwein. Stechen Sie dafür von dem Teig mit einem Löffel kleine Portionen ab und formen Sie daraus ovale Ministollen. Zugedeckt auf dem Backblech gehen lassen. Etwa 30 Minuten backen und noch heiß mit Puderzucker besieben.

Quarkstollen

▸ **500 g Mehl, mit 1 Päckchen Backpulver vermischt**
▸ **200 g Zucker, 1 Prise Salz**
▸ **1 Päckchen Vanillezucker**
▸ **abgeriebene Zitronenschale**
▸ **je 1 Messerspitze Kardamom und Muskatblüte (Mazis), 2 cl Rum**
▸ **250 g Magerquark, im Sieb abgetropft**
▸ **175 g kalte Butter, in Stückchen**
▸ **2 Eier**
▸ **125 g Sultaninen**
▸ **125 g getrocknete Aprikosen, klein geschnitten**
▸ **125 g Mandelstifte**
▸ **100 g Zitronat, gewürfelt**

▸ **50 g zerlassene Butter zum Bestreichen**
▸ **Puderzucker zum Besieben**

Backblech, mit Backpapier ausgelegt, und Stollenform
Backen: 80 Minuten bei 180 °C

1 Den Ofen vorheizen. Alle Zutaten von Mehl bis einschließlich Butter in der angegebenen Reihenfolge auf der Arbeitsfläche vermischen. In die Mitte eine Mulde drücken, die Eier hineingeben und die restlichen Zutaten auf der Mehlmischung verteilen. Rasch zu einem glatten Teig kneten. Zu einem Stollen formen, in die Stollenform füllen, mit der offenen Seite nach unten auf das Backblech setzen und hellbraun backen.

2 Die Form abnehmen und den Stollen mit dem Backpapier vom Blech ziehen. Sofort mit der Butter bestreichen und dick mit Puderzucker besieben.

Wachauer Weihnachtskuchen

Produkte aus der sonnigen Wachau – aromatische Aprikosen und fruchtiger Wein – geben dem saftigen Weihnachtskuchen den typischen Charakter. In Folie verpackt, hält er sich einige Wochen frisch.

▸ **400 g gemischte Trockenfrüchte (Aprikosen, Feigen, Datteln und Pflaumen)**
▸ **100–125 ml Marillen(Aprikosen)likör**
▸ **250 ml Weißwein**
▸ **100 g ganze Haselnusskerne**

Rührteig
▸ **150 g weiche Butter**
▸ **150 g Zucker**
▸ **3 Eier**
▸ **150 g Mehl**
▸ **1 Päckchen Backpulver**

▸ **3–4 EL Aprikosenkonfitüre zum Bestreichen**

Kastenform von 36 cm Länge oder 2 kleine Kastenformen, mit Backpapier ausgelegt
Backen: 50–60 Minuten bei 180 °C

1 Die Trockenfrüchte klein würfeln, mit dem Marillenlikör und dem Wein übergießen und aufkochen. Die Flüssigkeit einziehen und erkalten lassen. Die Haselnusskerne untermischen.

2 Den Ofen vorheizen. Für den Rührteig die Butter geschmeidig rühren. Nach und nach den Zucker und die Eier, eines nach dem anderen, zugeben und schaumig rühren. Das Mehl mit dem Backpulver darübersieben und unterrühren. Die Trockenfrüchte mit den Nüssen zugeben und alles gut vermischen. Den Teig in die Backform füllen und backen.

3 Den Kuchen nach dem Abdämpfen mit dem Papier aus der Form heben und auskühlen lassen. Die Konfitüre erhitzen, durchpassieren, den Kuchen sehr dünn damit bestreichen und trocknen lassen.

Früchtebrote – adventliches Traditionsgebäck

Früchtebrot

Das Früchtebrot schneidet man wie Brot in Scheiben und bestreicht es mit Butter.

- ▸ **600 g Brotteig vom Bäcker**
- ▸ **500 g Feigen**
- ▸ **125 g Datteln**
- ▸ **200 g getrocknete Aprikosen**
- ▸ **je 200 g Zitronat und Orangeat, ganze Stücke**
- ▸ **500 g Sultaninen**
- ▸ **500 g Korinthen**
- ▸ **125 g Haselnüsse, halbiert**
- ▸ **250 g Mandelstifte**
- ▸ **70 g Pinienkerne**
- ▸ **2 EL Zucker**
- ▸ **Saft und abgeriebene Schale von 1 Orange**
- ▸ **250 ml Weinbrand**
- ▸ **125 ml Rum**
- ▸ **1 TL Zimt**
- ▸ **je 1/2 TL gemahlene Nelken, Piment und Anispulver**

- ▸ **enthäutete, halbierte Mandeln zum Verzieren**
- ▸ **Zuckerlösung aus 200 ml Wasser und 100 g Zucker zum Bestreichen**

Backblech, mit Backpapier ausgelegt
Backen: 80 Minuten bei 180 °C

1 Am Vortag: Den Brotteig beim Bäcker bestellen. Die Trockenfrüchte vorbereiten. Dafür die Feigen, Datteln und Aprikosen grob schneiden, das Zitronat und Orangeat in dünne Scheibchen schneiden. Die Trockenfrüchte mit allen weiteren Zutaten von Sultaninen bis einschließlich Orangenschale in einer großen Schüssel vermischen. Den Weinbrand mit dem Rum verrühren und darübergießen. Zugedeckt über Nacht einziehen lassen.

2 Am nächsten Tag: Die Gewürze unter die marinierten Früchte mischen. Den Brotteig einarbeiten.

3 Aus dem Teig auf der bemehlten Arbeitsfläche ovale Laibchen von je 500 g formen und mit den Mandeln verzieren. Für die Zuckerlösung das Wasser mit dem Zucker 5 Minuten kochen, die Wecken damit bestreichen und kurz gehen lassen.

4 Den Ofen vorheizen. Die Früchtebrote goldbraun backen. In Klarsichtfolie gewickelt, bleiben sie etwa 3 Wochen frisch.

Saftiger Früchtekuchen

Dieser Kuchen ist ein ideales Geschenk zu einer Einladung im Advent.

- ▸ **5 Eier**
- ▸ **200 g Zucker**
- ▸ **1 Prise Salz, 4 EL Rum**
- ▸ **200 g zarte Haferflocken**
- ▸ **1 Päckchen Backpulver**
- ▸ **175 g Trockenpflaumen ohne Stein, klein geschnitten**
- ▸ **175 g getrocknete Aprikosen, klein geschnitten**
- ▸ **175 g Haselnüsse, gehackt**
- ▸ **100 g Mandeln, gehackt**
- ▸ **300 g Rosinen**

Glasur

- ▸ **200 g Puderzucker**
- ▸ **3 EL Rum**
- ▸ **etwa 1 EL Wasser**

Kastenform von 30 cm Länge, gefettet und bemehlt
Backen: 1 1/2 Stunden bei 175 °C

1 Den Ofen vorheizen. Für die Früchtemasse die Eier mit dem Zucker schaumig rühren, Salz und Rum zugeben. Die Haferflocken, mit dem Backpulver vermischt, unter die Schaummasse rühren. Alle übrigen Zutaten dazugeben und gründlich untermischen. Die Masse in die Backform füllen und backen.

2 Den Kuchen nach dem Abdämpfen auf ein Kuchengitter stürzen und auskühlen lassen.

3 Für die Glasur den Puderzucker mit dem Rum und etwas Wasser zu einer dickflüssigen Masse verrühren und den Kuchen damit bestreichen. Trocknen lassen.

Tiroler Früchtebrot

Die Brote müssen vor dem Aufschneiden einige Zeit ruhen, damit sich die Fruchtmischung ausreichend verfestigen kann.

Früchtemischung

- ▸ **je 100 g getrocknete Birnen (Kletzen), Feigen, Aprikosen, entsteinte Pflaumen und Datteln**
- ▸ **100 g Rosinen**
- ▸ **je 50 g Mandeln und Walnusskerne, grob gehackt**
- ▸ **je 50 g Orangeat und Zitronat, klein gewürfelt**
- ▸ **abgeriebene Schale und Saft von 1 Orange**
- ▸ **1/2 TL Zimt**
- ▸ **je 1/4 TL gemahlene Nelken, Piment und Anis**
- ▸ **150–200 ml Rum zum Marinieren**

Das Tiroler Früchtebrot kennt man ▶ weit über Österreichs Grenzen hinaus als traditionelles Gebäck während der Advents- und Weihnachtszeit.

Hefeteig

- ► **250 g Mehl**
- ► **10 g Hefe**
- ► **etwa 125 ml lauwarme Milch**
- ► **1 EL Zucker**
- ► **¹/₂ TL Salz**
- ► **70 g weiche Butter**
- ► **1 Ei**

Außerdem

- ► **1 Eigelb zum Bestreichen**
- ► **geschälte, halbierte Mandeln und Pistazien**
- ► **Belegkirschen**

Backblech, mit Backpapier ausgelegt
Backen: 45–55 Minuten bei 160 °C

1 Vorab die Früchtemischung zubereiten. Dafür die Birnen (nur sehr trockene Früchte vorher einweichen und kochen) und alle übrigen Trockenfrüchte kleinwürfelig schneiden, die Rosinen ganz lassen. In einem gut schließenden Gefäß mit allen übrigen Zutaten und den Gewürzen vermischen und mit dem Rum übergießen. 2–3 Tage durchziehen lassen, dabei jeden Tag einmal umrühren; bei Bedarf Rum nachgießen. Der Rum soll sich nicht am Boden absetzen, sondern von den Früchten vollständig aufgenommen werden.

2 Für den Hefeteig das Mehl in die Rührschüssel geben und in die Mitte eine Mulde drücken. Die Hefe in der Milch auflösen und in die Mulde gießen. Alle übrigen Zutaten dazugeben und mit den Knethacken des Rührgerätes bearbeiten, bis sich der Teig gut

Die kompakt geformte Früchtemasse in den Teig einschlagen.

Die Brote mit Eigelb bestreichen und dann hübsch verzieren.

von der Schüsselwand löst, anschließend kneten. Zugedeckt gehen lassen.

3 In der Zwischenzeit die Früchtemasse zu rechteckigen, kompakten Wecken in gewünschter Größe formen, dabei die Masse gut zusammendrücken.

4 Den Ofen vorheizen. Den Hefeteig 2 mm dick ausrollen und in der Größe und Anzahl der Früchtewecken zuschneiden. Mit Wasser bestreichen, die Früchtewecken auflegen und sorgfältig in den Teig einschlagen. Mit der »Naht« nach unten auf das Backblech legen. Die Brote rundum mit der Gabel dicht einstechen und mit dem verschlagenen Eigelb bestreichen. Hübsch verzieren und goldgelb backen.

5 Die Brote mit dem Backpapier vom Blech ziehen und auskühlen lassen. In Klarsichtfolie verpackt, bleiben sie über Wochen frisch.

Kartoffel, Nuss und Mandelkern – gut für saftige und auch trockene Kuchen

Kartoffel-Nusskuchen

▸ **200 g fest kochende Kartoffeln**

Nussbiskuit

▸ **4 Eier**
▸ **200 g Zucker**
▸ **200 g gemahlene Haselnüsse**
▸ **1 TL Backpulver**
▸ **abgeriebene Zitronenschale**
▸ **1 cl Kirschwasser**
▸ **70 g Grieß**

Zum Fertigstellen

▸ **200 g Himbeerkonfitüre oder Preiselbeerkompott**
▸ **50 g Johannisbeergelee**
▸ **125 g Puderzucker**
▸ **2 EL Flüssigkeit (Zitronensaft, Rum, Wasser)**
▸ **12 Haselnusskerne zum Garnieren**

Springform von 26 cm Ø, mit Backpapier ausgelegt
Backen: 20 Minuten bei 200 °C

1 Die Kartoffeln in der Schale weich kochen, pellen, noch heiß durch die Kartoffelpresse drücken und erkalten lassen.

2 Den Ofen vorheizen. Für den Nussbiskuit die Eier mit dem Zucker zu einer sehr guten Schaummasse rühren. Alle übrigen Zutaten unterrühren. Zuletzt die Kartoffeln untermischen. Die Masse in die Backform füllen, glatt streichen und goldbraun backen. Nach dem Abdämpfen auf ein Kuchengitter stürzen, das Backpapier entfernen, auskühlen lassen.

Kartoffelkuchen

3 Den Kuchen auf eine Tortenunterlage legen, einmal horizontal durchschneiden. Den Kuchenboden mit Himbeerkonfitüre oder Preiselbeerkompott bestreichen, die Deckplatte auflegen und leicht andrücken.

4 Das Johannisbeergelee erwärmen und die Deckplatte sowie den Rand dünn damit bestreichen. Antrocknen lassen. Den Puderzucker mit der Flüssigkeit glatt rühren und den Kuchen damit überziehen.

5 Die Haselnusskerne im Ofen rösten und die Haut abreiben. 12 Kuchenstücke markieren und auf jedes einen Haselnusskern setzen.

Kartoffelkuchen

▸ **250 g Kartoffeln, am Vortag gekocht**
▸ **6 Eier, getrennt**
▸ **80 + 40 g Zucker**
▸ **1 Prise Salz**
▸ **abgeriebene Orangenschale**
▸ **150 g gemahlene Mandeln**
▸ **50 g Sultaninen, in Orangenlikör mariniert**

▸ **Puderzucker zum Besieben**

Springform von 26 cm Ø, gefettet und mit Semmelbröseln ausgestreut
Backen: 40 Minuten bei 190 °C

Die kalten, gepellten Kartoffeln auf der Rohkostreibe reiben.

Eine Schablone auflegen und den Kuchen mit Puderzucker besieben.

1 Vorab die Kartoffeln pellen und fein reiben. Den Ofen vorheizen.

2 Die Eigelbe mit 80 g Zucker und dem Salz mit dem Handrührgerät dickschaumig rühren. Orangenschale, Mandeln, die Kartoffeln und die Sultaninen untermischen. Die Eiweiße mit 40 g Zucker steif schlagen und unterziehen. Die Masse in die Backform füllen, glatt streichen und goldbraun backen.

3 Den Kuchen abdämpfen lassen und auf ein Kuchengitter stürzen. Nach dem Auskühlen mit Puderzucker besieben. Mithilfe einer Schablone entsteht ein hübsches Muster.

Nussbrot

Das Nussbrot ist ein würziges Gebäck für die Advents- und Weihnachtszeit. Es enthält kein Fett, aber allerhand Trockenfrüchte – eine Alternative zum üppigen Christstollen.

- ► **500 g Mehl**
- ► **1 Päckchen Backpulver**
- ► **200 g Zucker**
- ► **125 g halbierte Walnusskerne**
- ► **je 50 g Zitronat und Orangeat, fein geschnitten**
- ► **je 7 getrocknete Datteln und Feigen, klein geschnitten**
- ► **75 g Zartbitter-Schokolade, klein gehackt**
- ► **1 Ei**
- ► **250 ml Milch**

Kastenform von 34 cm Länge, gefettet und mit Semmelbröseln ausgestreut
Backen: 75 Minuten bei 175–180 °C

1 Das Mehl mit dem Backpulver in eine Rührschüssel sieben. Alle Zutaten von Zucker bis einschließlich Schokolade mit dem Mehl vermischen. Das Ei und die Milch dazugeben und mit den Knethaken des Rührgerätes zu einem festen Teig verarbeiten. 20 Minuten ruhen lassen.

2 Den Ofen vorheizen. Den Teig in die Backform füllen und goldbraun backen.

3 Den Kuchen nach dem Abdämpfen auf ein Kuchengitter stürzen und auskühlen lassen. In Folie verpackt, kann man das Nussbrot 3–4 Wochen aufbewahren.

Engadiner Walnusskuchen

Der Klassiker wird in der Schweiz vor allem im Winter gern gebacken, wenn die neuen Walnüsse im Angebot sind. Man kann ihn gut einige Tage aufbewahren.

Mürbeteig
- ► **300 g Mehl**
- ► **150 g kalte Butter, in Stückchen**
- ► **25 g Zucker, 1 Ei**

Nussfüllung
- ► **80 g Butter**
- ► **200 g Zucker**
- ► **300 g Walnusskerne, grob gehackt**
- ► **200 g Sahne**

- ► **1 Eigelb, mit ¹/₂ EL Sahne verrührt, zum Bestreichen**

Springform von 26 cm Ø
Backen: 30–40 Minuten bei 175 °C

1 Für den Mürbeteig das Mehl auf der Arbeitsfläche mit allen Zutaten zusammenhacken und rasch zu einem glatten Teig kneten. Zu einer Kugel formen, in Folie wickeln und mindestens 30 Minuten kalt stellen.

2 Für die Nussfüllung die Butter mit dem Zucker zerlassen. Nach und nach die Walnüsse und die Sahne zugeben und leicht karamellisieren. Abkühlen lassen.

3 Den Ofen vorheizen. Gut die Hälfte des Mürbeteiges etwas größer als die Form ausrollen, in die Backform legen und einen Rand hochziehen. Die Nussfüllung auf den Kuchenboden streichen. Den Rest des Teiges rund ausrollen und die Füllung damit abdecken. Den Rand rundum andrücken und die Deckplatte mit der Gabel mehrmals einstechen. Mit der Eigelbsahne bestreichen und backen.

4 Nach dem Abdämpfen den Kuchen aus der Form nehmen und auf einem Kuchengitter auskühlen lassen.

Stückgebäck

Die Formenvielfalt der gefüllten und ungefüllten Portionsgebäcke zeugt von großem Einfallsreichtum. Ob die »Originale« nun aus Schlesien, Dänemark oder Wien stammen, sie sind von der deutschen Kaffeetafel als heimisch einverleibt worden. Wer einmal das Kaufverhalten in einer Bäckerei beobachtet, wird feststellen, dass die »Teilchen« zum Nachmittagskaffee, aber auch für zwischendurch sehr gefragt sind und gern in die Schule oder ins Büro mitgenommen werden.

Die knusprigen Orangenkringel auf dem Foto bestehen aus Tiefkühl-Blätterteig und einer Orangenfüllung. Für die Füllung vermischen Sie 100 g Marzipanrohmasse mit 50 g gemahlenen Mandeln, 2 EL Zucker, 1 cl Rum, 2 Eigelben und der abgeriebenen Schale von 1 unbehandelten Orange. Streichen Sie die Masse auf die Hälfte der ausgerollten Teigplatte und klappen Sie die andere Teighälfte darüber. Das Ganze in 2 cm breite Streifen schneiden, jeweils wie eine Spirale drehen und zu einem Kringel schließen. Mit Eiweiß bestreichen und mit Mandeln bestreuen. Bei 220 °C goldgelb backen und mit Puderzucker besieben.

Die berühmten »Teilchen« – Taschen, Schnecken, Hörnchen und Co.

Plundergebäck

Wer einmal einen Plunderteig ausprobiert hat, wird auf ihn schwören und durch keinen anderen mehr ersetzen wollen. Selbstverständlich schmecken diese Teilchen auch gut mit einem feinen Hefeteig (siehe Seite 26) oder Quarkölteig (siehe Seite 28). Wer es eilig hat, nimmt fertigen Blätterteig – denn die Füllung ist gleich gemacht.

Plunderteig

▸ **30 g Hefe**
▸ **etwa 200 ml lauwarme Milch**
▸ **500 g Mehl**
▸ **40 g weiche Butter**
▸ **50 g Zucker, 1 TL Salz**
▸ **2 Eier**

Butterziegel

▸ **300 g Butter**
▸ **60 g Mehl**

Außerdem

▸ **1 Rezept Füllung nach Wahl (siehe Seite 74)**
▸ **1 Eigelb, mit 1 EL Milch verrührt**
▸ **200 g Aprikosenkonfitüre, erwärmt und durchpassiert**
▸ **150 g Puderzucker**
▸ **1 EL Zitronensaft**
▸ **etwa 2 EL Wasser**

Backblech, mit Backpapier ausgelegt
Anbacken: 5 Minuten bei 210 °C
Fertig backen: 10–20 Minuten bei 180 °C, je nach Gebäckstück

1 Für den Teig die Hefe in der Milch auflösen. Das Mehl in eine Rührschüssel füllen und in die Mitte eine Mulde drücken. Die Butter, den Zucker, das Salz, die Eier und die aufgelöste Hefe hineingeben und alles zu einem glatten Teig abschlagen, anschließend kneten. Zugedeckt 2–3 Stunden im Kühlschrank ruhen lassen.

2 Für den Butterziegel die Butter mit dem Mehl verkneten und zu einem flachen Ziegel von etwa 10 × 15 cm formen. Im Kühlschrank fest, aber nicht hart werden lassen, sodass die Butter noch plastisch formbar bleibt.

3 Den Hefeteig aus dem Kühlschrank nehmen, zu einem Rechteck von gut der doppelten Größe des Butterziegels ausrollen und die Butter vollständig darin einschlagen.

4 Einfache Tour: Den Teigblock zu einem langen Rechteck ausrollen. Das linke Drittel der Teigplatte über das mittlere Drittel klappen, dann das rechte Drittel ebenfalls über das mittlere Drittel klappen, sodass drei Teigschichten

Nuss-schleifchen

Nuss-Marzipan-Plunder

Vanille-Marzipan-Schnecken

übereinander liegen. 20 Minuten kalt stellen. Diese einfache Tour noch zweimal wiederholen, dazwischen im Kühlschrank ruhen lassen.

5 Das Plundergebäck mit einer Füllung nach Wahl zubereiten.
Nussschleifchen (Nussfüllung): Den Teig 3 mm dick zu einem Rechteck von 20 cm Breite (und beliebiger Länge) ausrollen. Eine Längshälfte der Teigplatte mit der Füllung bestreichen, dabei einen 1 cm breiten Rand frei lassen und diesen mit Eigelb bestreichen. Die andere Teighälfte darüberklappen und quer in 5 cm breite Stücke schneiden. Jedes Stück in der Mitte längs bis jeweils 1 cm vor dem Rand einschneiden. Ein Ende des Teigstücks von oben nach unten durch den Einschnitt ziehen (Stepfotos siehe Seite 75).
Nuss-Marzipan-Plunder (Nuss-Marzipan-Füllung): Den Teig 3 mm dick zu einem Rechteck von 30 cm Breite (und beliebiger Länge) ausrollen. Die Füllung gleichmäßig auf dem Teig verstreichen. Den Teig von der langen Seite aus aufrollen und in 5 cm breite Stücke schneiden. In jedes Stück mit einem Kochlöffelstiel in die Mitte eine Rille eindrücken.
Vanille-Marzipan-Schnecken (Vanille-Marzipan-Füllung): Den Teig 3 mm dick zu einem Rechteck von 40 cm Breite (und beliebiger Länge) ausrollen. Die Füllung gleichmäßig auf dem Teig verstreichen. Für doppelte Schnecken den Teig von den beiden Schmalseiten aus jeweils bis zur Mitte aufrollen; für einfache Schnecken den Teig von der Längsseite aus aufrollen. Mit einem Sägemesser in 2,5 cm breite Scheiben schneiden, dabei nicht zu stark auf das Messer drücken, damit die Füllung nicht austritt.
Rosinenschnecken (Rosinenfüllung): Den Teig 3 mm dick zu einem Rechteck von 40 cm Breite (und beliebiger Länge) ausrollen Die Füllung gleichmäßig darauf verteilen und von der Längsseite aus aufrollen. In 2,5 cm breite Scheiben schneiden.

Nusshörnchen (Nussfüllung): Den Teig 3 mm dick zu einem Rechteck von 40 cm Breite (und beliebiger Länge) ausrollen. Längs halbieren, sodass 2 Streifen von je 20 cm Breite entstehen. Aus den beiden Teigstreifen spitze Dreiecke schneiden. Die Basis 1 cm tief einschneiden und 1 TL Füllung daraufsetzen. Zur Spitze hin aufrollen und Hörnchen formen.

Spitze Dreiecke schneiden, am besten mit Lineal und glattem Teigrädchen.

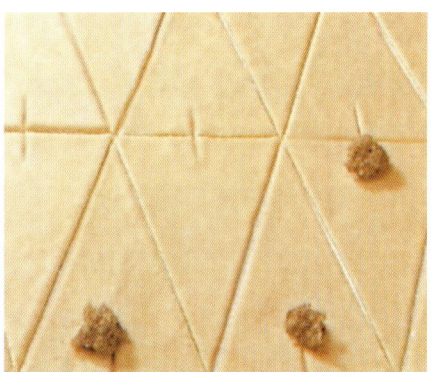

Die Basis einschneiden, ein Häufchen Füllung aufsetzen, aufrollen.

Quarktaschen (Quarkfüllung): Den Teig 3 mm dick ausrollen und 10 cm große Quadrate ausschneiden. Etwas Füllung in die Mitte setzen, die Teigränder mit Eigelb bestreichen. Quer oder diagonal zusammenklappen und die Ränder mit den Zinken einer Gabel eindrücken.

Die Teigränder mit der Gabel eindrücken und so die Füllung fest einschließen.

Mohntaschen (Mohnfüllung): Zubereiten wie Quarktaschen.
Apfeltaschen (Apfelfüllung): Zubereiten wie Quarktaschen.
Schokorolle (Schokofüllung oder Tafelschokolade): Den Teig 3 mm dick ausrollen und in Rechtecke von 9 × 12 cm schneiden. Einen dicken Streifen Schokofüllung (oder 2–3 Rippen Schokolade) am schmalen Teigende auflegen und einrollen. Mit der »Naht« nach unten auf das Backblech legen.

6 Die Teilchen auf das Backblech legen und mit dem restlichen Eigelb bestreichen (die Schnecken nicht bestreichen). Bei Raumtemperatur gehen lassen, bis sie ihr Volumen deutlich vergrößert haben. Bei starker Hitze anbacken, bei verminderter Hitze goldbraun backen.

7 Die Teilchen mit dem Backpapier vom Blech ziehen und auskühlen lassen. Zunächst mit der Aprikosenkonfitüre bestreichen und antrocknen lassen. Den Puderzucker mit dem Zitronensaft und Wasser glatt rühren und die Teilchen damit glasieren.

Rosinenschnecken

Auf das Innenleben kommt es an – Füllungen für Plunder-, Blätterteig- und Hefegebäck

Mohnfüllung

- ▸ 375 ml Milch oder Sahne
- ▸ 100 g Zucker
- ▸ 1 EL Honig
- ▸ 30 g Butter
- ▸ 250 g Mohn, gemahlen
- ▸ abgeriebene Zitronenschale
- ▸ 1 Messerspitze Zimt
- ▸ 1 EL Rum
- ▸ 3 EL Semmelbrösel
- ▸ 2 EL Sultaninen (nach Belieben)

1 Die Milch mit dem Zucker, Honig und der Butter aufkochen, den Mohn zugeben und dicksämig einkochen. Alle übrigen Zutaten unterrühren. (Da man frisch gemahlenen Mohn nicht immer zur Hand hat, ist die backfertige Mohnfüllung ein guter Ersatz.)

Nussfüllung

- ▸ 150 g gemahlene Haselnüsse
- ▸ 75 g Zucker
- ▸ 1 EL Vanillezucker
- ▸ 1 Prise Zimt
- ▸ 2 EL Biskuit- oder Semmelbrösel
- ▸ 1 Eiweiß
- ▸ 5 EL Sahne

1 Alle Zutaten zu einer streichfähigen Masse verrühren. Zur Abwechslung können Sie 1 EL Zucker durch Aprikosenkonfitüre ersetzen.

Schokofüllung

- ▸ Nuss-Nugat-Creme (aus dem Glas)

1 Dies ist die einfachste und schnellste Füllung. Sie zerläuft nicht beim Backen und ist bei Kindern heiß begehrt!

Nuss-Marzipan-Füllung

- ▸ 100 g Haselnüsse, geröstet und gemahlen
- ▸ 100 g Marzipanrohmasse
- ▸ 50 g Puderzucker
- ▸ 1 Ei
- ▸ 1 EL Rum (nach Belieben)
- ▸ etwas Milch

1 Alle Zutaten gut vermischen. Mit etwas Milch streichfähig verrühren.

Apfelfüllung

- ▸ 500 g Äpfel
- ▸ 20 g Butter
- ▸ 1–2 EL Zucker
- ▸ 1 Prise Zimt

1 Die Äpfel schälen, vom Kerngehäuse befreien, klein schneiden. Mit allen Zutaten halb weich dünsten. Oder die rohen Apfelstückchen mit Zucker und Zimt vermischen.

Quarkfüllung

- ▸ 250 g Quark, im Sieb abgetropft
- ▸ 50 g Zucker
- ▸ 1 EL Vanillezucker
- ▸ 20 g Butter, zerlassen
- ▸ 1 Ei
- ▸ 1 TL Speisestärke
- ▸ abgeriebene Zitronenschale
- ▸ 1–2 EL Korinthen

1 Alle Zutaten in der angegebenen Reihenfolge zu einer streichfähigen Masse verrühren.

Vanille-Marzipan-Füllung

- ▸ 1 Päckchen Vanillepuddingpulver
- ▸ 400 ml Milch
- ▸ 120 g Marzipanrohmasse, klein geschnitten
- ▸ 2 EL Zucker

1 Das Puddingpulver mit etwas von der Milch glatt rühren. Die restliche Milch in einer Kasserolle mit der Marzipanrohmasse und dem Zucker verrühren und zum Kochen bringen. Das angerührte Puddingpulver einlaufen lassen und aufkochen. Vom Herd nehmen und abkühlen lassen, dabei gelegentlich umrühren.

Rosinenfüllung

- ▸ 200 g Aprikosenkonfitüre
- ▸ 75 g Rosinen
- ▸ 75 g Korinthen
- ▸ 40 g Mandelstifte

1 Die Aprikosenkonfitüre erwärmen, glatt rühren und auf den ausgerollten Teig streichen. Die übrigen Zutaten gleichmäßig aufstreuen.

1 Die Füllung auf die untere Hälfte der Blätterteigplatte streichen.

2 Die Ränder mit Eigelb bestreichen, die obere Teighälfte darüberklappen.

3 Den Teig mit dem Teigrädchen quer in Streifen schneiden.

Blätterteig-schleifchen

Das grenzt an Zauberei. In weniger als einer halben Stunde bringen Sie diese Schleifchen fix und fertig gebacken auf den Tisch.

- ▸ **270 g Blätterteig, rechteckig ausgerollt (Fertigprodukt aus der Kühltheke)**
- ▸ **100 g Nuss-Nugat-Creme (aus dem Glas)**
- ▸ **1 Eigelb, mit 1 EL Milch verrührt, zum Bestreichen**

Backblech, mit Backpapier ausgelegt
Backen: 20 Minuten bei 220 °C

1 Den Ofen vorheizen. Den Blätterteig ausbreiten, die Nuss-Nugat-Creme auf die untere Hälfte der Teigplatte (Längsseite) streichen, dabei am Rand etwa 1 cm frei lassen. Die Ränder an allen Seiten mit dem verrührten Eigelb bestreichen und die obere Teighälfte darüberklappen.

2 Den Teig quer in 5 cm breite Streifen schneiden. Jeden Streifen längs bis jeweils 1 cm vor dem Rand einschneiden. Ein Ende des Teigstücks von oben nach unten durch den Einschnitt ziehen.

3 Die Schleifchen auf das Backblech legen. Mit dem restlichen Eigelb bestreichen und goldgelb backen.

4 Jeden Streifen längs durch die Mitte einschneiden.

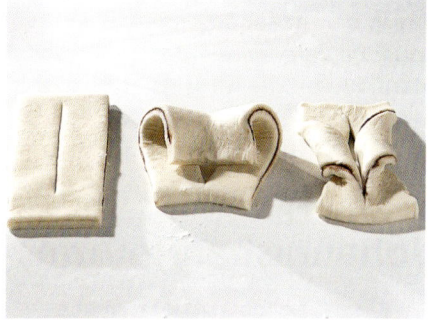

5 Ein Ende von oben nach unten durch den Einschnitt ziehen.

Wer möchte, kann die Schleifchen glasieren und mit bunten Smarties verzieren.

Lockere Muffins –
variantenreiche Minikuchen

Kein Wunder, dass Muffins so beliebt sind: Sie sind schnell gemacht und lassen viel Raum für Kreativität. Es gibt spezielle Muffinbleche mit Vertiefungen oder Muffin-Papierbackförmchen. Wenn Sie die Papierbackförmchen und ein normales Backblech benutzen, empfiehlt es sich, zwei Papiere ineinander zu setzen, dann laufen die Muffins nicht so in die Breite. Setzen Sie die Muffins in großem Abstand auf das Blech.

Johannisbeermuffins

Dies sind besonders beliebte Muffins, denn die Säure der Johannisbeeren passt sehr gut zu dem süßen Teig. Keine Angst vor der Menge Eierlikör, der Alkohol verflüchtigt sich beim Backen.

Rührteig

- ▸ **2 Eier, 130 g brauner Zucker**
- ▸ **1 Päckchen Vanillezucker**
- ▸ **80 ml neutrales Öl**
- ▸ **100 ml Eierlikör, 100 g saure Sahne**
- ▸ **300 g Mehl**
- ▸ **1 Päckchen Backpulver**
- ▸ **abgeriebene Zitronenschale**
- ▸ **100 g gehackte Mandeln**
- ▸ **125 g Johannisbeeren, frisch oder TK-Ware**

- ▸ **Puderzucker zum Besieben (nach Belieben)**

| Papierbackförmchen oder Muffinblech, gefettet
Backen: 30 Minuten bei 180 °C

1 Den Ofen vorheizen. Die Eier mit dem braunen Zucker und Vanillezucker schaumig rühren, das Öl, den Eierlikör und die saure Sahne einrühren. Das

Mehl mit dem Backpulver vermischen und darübersieben, Zitronenschale, Mandeln und die Johannisbeeren dazugeben und alles untermischen.

2 Die Förmchen bis 1 cm unter den Rand mit dem Teig füllen und auf ein Backblech setzen – oder ein Muffinblech verwenden. Goldbraun backen. Im ausgeschalteten Ofen noch 5 Minuten ruhen und dann auskühlen lassen. Nach Wunsch mit Puderzucker besieben.

Orangenmuffins

Rührteig

- ▸ **2 Eier**
- ▸ **120 g Zucker**
- ▸ **80 ml neutrales Öl**
- ▸ **150 g Joghurt**
- ▸ **50 ml Orangensaft**
- ▸ **1 Orange**
- ▸ **300 g Mehl**
- ▸ **1 Päckchen Backpulver**
- ▸ **100 g gemahlene Haselnüsse (oder Kokosflocken)**

- ▸ **3 EL Orangenmarmelade**

| Papierbackförmchen oder Muffinblech, gefettet
Backen: 30 Minuten bei 180 °C

1 Den Ofen vorheizen. Die Eier mit dem Zucker schaumig rühren, das Öl, den Joghurt und Orangensaft einrühren. Die Orange waschen, abtrocknen und die Schale abreiben, anschließend die Frucht schälen und filetieren. Die Filets sehr klein schneiden und zusammen mit der Orangenschale unter die Schaummasse rühren. Das Mehl mit dem Backpulver vermischen, darübersieben und zusammen mit den Haselnüssen (oder Kokosflocken) untermischen.

2 Die Förmchen bis 1 cm unter den Rand mit dem Teig füllen und auf ein Backblech setzen – oder ein Muffinblech verwenden. Je einen Klecks Orangenmarmelade in die Mitte setzen und goldbraun backen. Im ausgeschalteten Ofen noch 5 Minuten ruhen und dann auskühlen lassen.

Schoko-Orangen-Muffins

Rührteig

- ▸ **250 g weiche Butter**
- ▸ **200 g Zucker**
- ▸ **4 Eier**
- ▸ **1 Päckchen Vanillezucker**
- ▸ **abgeriebene Schale und Saft von 1 Orange**
- ▸ **200 g Mehl**
- ▸ **50 g Speisestärke**
- ▸ **3 TL Backpulver**
- ▸ **50 g gemahlene Mandeln**
- ▸ **75 g Vollmilch-Schokostreusel**

Orangenglasur

- ▸ **100 g Puderzucker**
- ▸ **etwa 2 EL Orangensaft, durchgeseiht**

- ▸ **Orangenzesten zum Garnieren**

Papierbackförmchen oder Muffinblech, gefettet
Backen: 30 Minuten bei 180 °C

1 Den Ofen vorheizen. Für den Teig die Butter geschmeidig rühren. Nach und

nach den Zucker und die Eier, eines nach dem anderen, zugeben und zu einer guten Schaummasse rühren. Vanillezucker, Orangenschale und -saft unterrühren. Das Mehl mit der Speisestärke und dem Backpulver vermischen, darübersieben und unterrühren. Zuletzt die Mandeln und die Schokostreusel untermischen.

2 Die Förmchen bis 1 cm unter den Rand mit dem Teig füllen und auf das Backblech setzen – oder ein Muffinblech verwenden. Goldbraun backen. Im ausgeschalteten Ofen noch 5 Minuten ruhen und dann auskühlen lassen.

3 Für die Glasur den Puderzucker mit dem Orangensaft zu einer streichfähigen Masse rühren. Die Muffins damit bestreichen und sofort mit Orangenzesten bestreuen.

Himbeer-Nuss-Muffins

- ▸ **4 Eier**
- ▸ **160 g Zucker**
- ▸ **120 g Mehl**
- ▸ **2 TL Backpulver**
- ▸ **150 g Butter, lauwarm zerlassen**
- ▸ **2 cl Rum**
- ▸ **abgeriebene Zitronenschale**
- ▸ **100 g gemahlene Haselnüsse**
- ▸ **50 g grob gehackte Haselnüsse**
- ▸ **150 g Himbeeren, frisch oder tiefgefroren**

Glasur

- ▸ **100 g Puderzucker**
- ▸ **etwa 2 EL Himbeersaft oder -sirup**

Papierbackförmchen oder Muffinblech, gefettet
Backen: 30 Minuten bei 180 °C

1 Den Ofen vorheizen. Die Eier mit dem Zucker weißschaumig schlagen. Das Mehl mit dem Backpulver vermischen, sieben und abwechselnd mit der lauwarmen Butter unterrühren. Den

Rum und die Zitronenschale untermischen. Die Haselnüsse mit den Himbeeren vorsichtig unterheben.

2 Die Förmchen bis 1 cm unter den Rand mit dem Teig füllen und auf ein Backblech setzen – oder ein Muffinblech verwenden. Goldbraun backen. Im ausgeschalteten Ofen noch 5 Minuten ruhen und dann auskühlen lassen.

4 Für die Glasur den Puderzucker mit dem Himbeersaft oder -sirup zu einer dickflüssigen Masse rühren und die Muffins damit bestreichen.

Waffeln – ein schnelles Gebäck für viele Gelegenheiten

Das Waffeleisen wird vorgeheizt und nur dünn mit Fett (Öl, Butterschmalz oder zerlassener Butter) bepinselt. Für eine Waffel brauchen Sie 2–3 EL Teig. Verstreichen Sie den Teig leicht und schließen Sie das Eisen sofort. Die gebackenen Waffeln einzeln auf einem Kuchengitter abdämpfen lassen, nicht stapeln, sonst werden sie feucht.
Waffeln sollten frisch gebacken serviert werden, solange sie noch rösch und warm sind, entweder mit Schlagsahne oder einfach mit Puderzucker bestreut. Auch frische, gezuckerte Beeren oder Kompott und eine Kugel cremiges Eis passen gut dazu.
Übrigens: Eingefrorene Waffeln lassen sich gut wieder aufwärmen.

> Wichtig: Stellen Sie das Waffeleisen auf eine dicke Zeitung, dann wird die Arbeitsfläche vom abtropfenden Fett nicht verschmutzt.

Sahnewaffeln

Rührteig

▸ 125 g weiche Butter
▸ 100 g Zucker
▸ 1 Päckchen Vanillezucker
▸ abgeriebene Zitronenschale
▸ 4 Eigelb
▸ 200 g Mehl
▸ 50 g Speisestärke
▸ ½ TL Backpulver
▸ 250 g Sahne
▸ 4 Eischnee
▸ 1 Prise Salz

▸ Fett zum Einpinseln (siehe Einleitung)

1 Für den Teig die Butter geschmeidig rühren. Nach und nach den Zucker, Vanillezucker, die Zitronenschale und die Eigelbe, eines nach dem anderen, zugeben und schaumig rühren. Das Mehl mit der Speisestärke und dem Backpulver vermischen, sieben und abwechselnd mit der Sahne unterziehen. Die Eiweiße mit dem Salz steif schlagen und vorsichtig unterheben.

2 Das Waffeleisen vorheizen und fetten. Eine Portion Teig in das Waffeleisen füllen, leicht verstreichen, das Eisen schließen und die Waffeln nacheinander goldgelb backen. Einzeln auf einem Kuchengitter abdämpfen lassen und noch warm mit Puderzucker besieben.

Nusswaffeln

Ersetzen Sie die Hälfte des Mehles durch geröstete, gemahlene Haselnüsse. Gesüßte und mit Zimt aromatisierte Schlagsahne passt gut dazu.

Zimtwaffeln

Würzen Sie den Teig mit 2 TL Zimt und servieren Sie die sehr feinen Waffeln mit Schlagsahne.

Apfelwaffeln

2 geschälte Äpfel grob raspeln, unter den Teig mischen und sofort goldgelbe Waffeln backen. Servieren Sie die noch warmen, saftigen Waffeln mit Zimtzucker oder mit Zimtschlagsahne.

Sandwaffeln

- ▸ **4 Eier, 150 g Zucker**
- ▸ **1 Päckchen Vanillezucker**
- ▸ **1 Prise Salz**
- ▸ **1 EL Rum (nach Belieben)**
- ▸ **2 EL Schmand**
- ▸ **100 g Mehl, 100 g Speisestärke**
- ▸ **1/2 TL Backpulver**
- ▸ **175 g Pflanzenfett, lauwarm zerlassen**

- ▸ **Fett zum Einpinseln (siehe Einleitung)**

1 Die Eier mit dem Zucker und Vanillezucker schaumig rühren. Salz, Rum (falls verwendet) und Schmand untermischen. Das Mehl mit der Speisestärke und dem Backpulver vermischen, sieben und abwechselnd mit dem lauwarmen Pflanzenfett untermischen.

2 Das Waffeleisen vorheizen und fetten. Eine Portion Teig in das Waffeleisen füllen, leicht verstreichen, das Eisen schließen und die Waffeln nacheinander goldgelb backen. Einzeln auf einem Kuchengitter abdämpfen lassen. Dazu frische, eingezuckerte Beeren.

Hefewaffeln

Auch Pfannkuchenteig eignet sich für diese Waffeln.

Flüssiger Hefeteig
- ▸ **250 g Mehl**
- ▸ **15 g Hefe**
- ▸ **1 EL Zucker**
- ▸ **etwa 350 ml lauwarme Milch**
- ▸ **40 g Butter, 2 Eier**
- ▸ **1 Prise Salz**
- ▸ **abgeriebene Zitronenschale**

- ▸ **Fett zum Einpinseln (siehe Einleitung)**

1 Für den Teig das Mehl in eine Schüssel füllen und in die Mitte eine Mulde drücken. Die Hefe mit dem Zucker und 3 EL Milch in der Mulde auflösen und mit etwas Mehl vom Rand zu einem

Vorteig anrühren. Zugedeckt etwa 15 Minuten gehen lassen, bis die Oberfläche Risse zeigt. Die Butter in der restlichen Milch zergehen lassen, nach und nach mit den Eiern, Salz und der Zitronenschale unterrühren und zu einem weichen, dickflüssigen Teig rühren. Erneut im warmen Raum 15 Minuten zugedeckt gehen lassen. Der Hefeteig muss nach dem zweiten »Gehen« sofort verarbeitet werden!

2 Das Waffeleisen vorheizen und fetten. Eine Portion Teig in das Waffeleisen füllen, leicht verstreichen, das Eisen schließen und die Waffeln nacheinander goldgelb backen. Einzeln auf einem Kuchengitter abdämpfen lassen.

Quarkwaffeln
- ▸ **200 g Mehl**
- ▸ **250 g Sahnequark, im Sieb abgetropft**
- ▸ **3 Eier**
- ▸ **1 Prise Salz**
- ▸ **knapp 100 ml Milch**
- ▸ **100 g gemahlene Mandeln**
- ▸ **5 EL Ahornsirup oder 100 g Zucker**

Ein Waffeleisen mit Mickymaus-Motiv – da freuen sich die Kinder.

Zum Anrichten
- ▸ **200 g Himbeeren oder Brombeeren**
- ▸ **2 EL Zucker**
- ▸ **200 g Sahne**
- ▸ **1 EL Zimtzucker**

- ▸ **Fett zum Einpinseln (siehe Einleitung)**

1 Für den Teig das Mehl in einer Schüssel mit allen Zutaten glatt rühren.

2 Das Waffeleisen vorheizen und fetten. Eine Portion Teig in das Waffeleisen füllen, leicht verstreichen, das Eisen schließen und die Waffeln nacheinander goldgelb backen. Einzeln auf einem Kuchengitter abdämpfen lassen.

3 Die Beeren mit dem Zucker vermischen. Die Sahne mit dem Zimtzucker steif schlagen. Die warmen Waffeln mit der Zimtsahne und den Beeren servieren.

Luftiges Brandteiggebäck – hier zwei Klassiker der deutschen Kaffeetafel

Windbeutel mit Vanillesahne

Brandteig
▸ **250 ml Wasser**
▸ **1 Prise Salz**
▸ **50 g Butter**
▸ **150 g Mehl**
▸ **4 frische (!) Eier**

Sahnefüllung
▸ **400 g Sahne**
▸ **1 EL Zucker**
▸ **1 Päckchen Vanillezucker**

▸ **Puderzucker zum Besieben**

Backblech, mit Backpapier ausgelegt
Backen: 20–25 Minuten bei 225 °C

1 Für den Teig das Wasser mit dem Salz und der Butter aufkochen. Das Mehl auf einmal (»im Sturz«) hinein- schütten und mit dem Rührlöffel glatt rühren. So lange kräftig abrühren, bis sich ein Kloß bildet und der Topfboden mit einer weißen Haut überzogen ist. Vom Herd nehmen, kurz abkühlen lassen. Die Eier einzeln, eines nach dem anderen, unter den Teig rühren und jeweils vollständig einarbeiten. So lange rühren, bis ein geschmeidiger, glänzen- der Teig entsteht.

2 Den Ofen vorheizen und ein Gefäß mit heißem Wasser in die hintere Ecke stellen, um Dampf zu erzeugen. Brand- teig braucht zum Aufgehen des Ge- bäcks feuchte Hitze.

3 Den Teig in einen Spritzbeutel mit großer Sterntülle füllen und Rosetten auf das Blech spritzen, dabei genügend Abstand halten (oder mit zwei Löffeln eigroße Häufchen auf das Backpapier setzen). Goldgelb backen. Während der

Mit zwei Löffeln Häufchen auf das Backblech setzen.

Backzeit den Ofen nicht öffnen, sonst entweicht Wasserdampf, und das Ge- bäck fällt zusammen. Erst öffnen, wenn es aufgegangen ist und sich ein stabiles Gerüst gebildet hat. Beobachten Sie den Vorgang durch die Glastür des Ofens.

Die gebackenen Windbeutel noch warm aufschneiden und auskühlen lassen.

Die Sahne auf die unteren Hälften spritzen und die Deckelchen auflegen.

4 Die Windbeutel mit dem Backpapier vom Blech ziehen. Noch warm mit der Schere oder dem Sägemesser horizontal durchschneiden und auf einem Kuchengitter auskühlen lassen.

5 Füllen Sie die Windbeutel erst kurz vor dem Servieren, damit sie nicht weich werden. Für die Füllung die Sahne mit dem Zucker und Vanillezucker steif schlagen. Mit dem Spritzbeutel dicke Rosetten auf die unteren Hälften spritzen (oder mit dem Löffel Sahnehäufchen aufsetzen). Die Deckelchen auflegen und die Windbeutel mit Puderzucker besieben.

Mokka-Eclairs

Mit wenig Teig, aber viel Füllung, ist dieser Klassiker aus Frankreich trotzdem ein leichtes Gebäck. Wie bei den Windbeuteln besteht die Füllung aus luftig aufgeschlagener, aromatisierter Sahne.

▸ **1 Rezept Brandteig wie für Windbeutel (links)**

Glasur
▸ **150 g Puderzucker**
▸ **2 TL lösliches Kaffeepulver**
▸ **3–4 EL Wasser**

Sahnefüllung
▸ **600 g Sahne, 2–3 EL Zucker**
▸ **2 TL lösliches Kaffeepulver**

| Backblech, mit Backpapier ausgelegt
| **Backen:** 20–25 Minuten bei 225 °C

1 Einen Brandteig zubereiten, wie bei Windbeutel (links) unter Schritt 1 beschrieben.

2 Den Ofen vorheizen und ein Gefäß mit heißem Wasser in eine Ecke stellen.

3 Den Brandteig in einen Spritzbeutel mit großer Sterntülle füllen und kurze Streifen auf das Blech spritzen. Goldgelb backen.

4 Die Eclairs vom Blech nehmen, noch warm mit der Schere oder einem Sägemesser horizontal in zwei möglichst gleich starke Hälften schneiden und nebeneinander auf einem Kuchengitter auskühlen lassen.

5 Für die Glasur den Puderzucker mit dem Kaffeepulver und dem Wasser zu einer streichfähigen Masse rühren. Die

oberen Hälften der Eclairs damit bestreichen und trocknen lassen.

6 Füllen Sie die Eclairs erst kurz vor dem Servieren, damit sie nicht weich werden. Für die Füllung die Sahne mit dem Zucker und dem Kaffeepulver steif schlagen. Mit Spritzbeutel und großer Sterntülle auf die unteren Hälften spritzen. Die glasierten Hälften auflegen.

Schmalzgebackenes – Kringel, Küchlein und Krapfen

Für Schmalzgebäck brauchen Sie ein wasserfreies, hitzebeständiges Fett wie Pflanzenfett, Öl oder Butterschmalz. Die optimale Ausbacktemperatur liegt bei 175–180 °C. Ist das Fett nicht heiß genug, saugt sich das Backgut voll Fett und ist schwer verdaulich; ist es zu heiß, bräunt das Gebäck zu schnell, während es innen noch nicht gar ist. Beides ist gesundheitsschädlich. Unglasiertes Schmalzgebäck können Sie einfrieren und in der Mikrowelle oder im Backofen auftauen und erwärmen.

Spritzkuchen
Strauben

▸ **1 Rezept Brandteig wie für Windbeutel (siehe Seite 80)**
▸ **reichlich Pflanzenfett zum Ausbacken**

Glasur
▸ **200 g Puderzucker**
▸ **1 EL Rum oder Zitronensaft**
▸ **etwa 3 EL Wasser**

▎ Pergamentpapier, mit Pflanzenfett bestrichen
▎ Topf von 22 cm Ø oder Fritteuse

1 Einen Brandteig zubereiten, wie bei Windbeutel auf Seite 80 unter Schritt 1 beschrieben.

2 Einige Bögen Pergamentpapier mit zerlassenem Pflanzenfett bestreichen. Im Kühlschrank kurz erstarren lassen, dann haftet der Teig besser daran.

3 Das Backfett auf 175–180 °C erhitzen. Den Brandteig in einen Spritzbeutel mit großer Sterntülle füllen. In gutem Abstand Ringe von 6–7 cm Durchmesser auf das Pergamentpapier spritzen.

1 Mit der Sterntülle gleich große Ringe auf Pergamentpapier spritzen.

2 Die Teigringe kopfüber vom Papier in das heiße Backfett senken.

3 Goldgelb ausbacken, wenden und auch die andere Seite ausbacken.

4 Das Pergamentpapier um die Teigringe großzügig ausschneiden, vorsichtig hochheben, kopfüber auf das Backfett senken und das Papier langsam ablösen. Die Spritzkuchen auf der einen Seite goldgelb ausbacken, wenden und auch die andere Seite ausbacken. Mit der Schaumkelle herausheben, auf Küchenpapier abtropfen lassen.

5 Für die Glasur den Puderzucker mit dem Rum oder Zitronensaft und Wasser zu einer streichfähigen Masse rühren. Die Spritzkuchen eintauchen und abtropfen lassen oder die Glasur aufstreichen. Auf einem Gitter trocknen lassen.

4 Die Spritzkuchen in die Glasur tauchen, abtropfen und trocknen lassen.

Churros
Spanische Spritzkuchen

Brandteig
▸ **250 ml Wasser**
▸ **1 Prise Salz**
▸ **1 Prise Safran**
▸ **60 g Butter**
▸ **150 g Mehl**
▸ **3 Eier**
▸ **1 EL Brandy**

▸ **reichlich Olivenöl zum Ausbacken**
▸ **Puderzucker oder Kristallzucker zum Bestreuen**

▎ Pergamentpapier, mit Pflanzenfett bestrichen
▎ Topf von 22 cm Ø oder Fritteuse

1 Einen Brandteig zubereiten, wie bei Windbeutel auf Seite 80 unter Schritt 1 beschrieben. Dabei den Safran mit dem Salz und nach den Eiern den Brandy zufügen.

2 Einige Bögen Pergamentpapier mit zerlassenem Pflanzenfett bestreichen. Im Kühlschrank erstarren lassen, dann haftet der Teig besser daran.

3 Das Olivenöl auf 175–180 °C erhitzen. Den Brandteig in einen Spritzbeutel mit großer Sterntülle füllen. In gutem Abstand offene Kringel auf das Pergamentpapier spritzen.

4 Das Pergamentpapier um die Teigkringel großzügig ausschneiden, vorsichtig hochheben, kopfüber auf das Backfett senken und das Papier langsam ablösen. Die Kringel auf der einen Seite goldgelb ausbacken, wenden und auch die andere Seite ausbacken. Mit der Schaumkelle herausheben, auf Küchenpapier abtropfen lassen.

5 Die Churros mit Kristallzucker oder Puderzucker bestreuen und noch warm servieren.

Schmalzküchlein

In ländlichen Gegenden sind Schmalzküchlein das traditionelle Gebäck zu Kirchweih.

Hefeteig
▸ **500 g Mehl**
▸ **20 g Hefe**
▸ **50 g Zucker**
▸ **etwa 250 ml lauwarme Milch**
▸ **2 Eier**
▸ **60 g Butter, lauwarm zerlassen**
▸ **1/2 TL Salz**
▸ **abgeriebene Zitronenschale**

▸ **etwa 750 g Fett zum Ausbacken**
▸ **Puderzucker zum Besieben**

▪ Topf von 22 cm Ø oder Fritteuse

1 Für den Teig das Mehl in eine Rührschüssel füllen und in die Mitte eine Mulde drücken. Die Hefe hineinbröckeln, mit 1 EL Zucker und einigen Esslöffeln Milch auflösen und mit etwas Mehl vom Rand zu einem weichen Vorteig anrühren. Mit Mehl bestauben und zugedeckt im warmen Raum etwa 15 Minuten gehen lassen, bis die Oberfläche Risse zeigt.

2 Die restlichen Zutaten zugeben und mit den Knethaken des Rührgerätes bearbeiten, bis sich der Teig von der Schüsselwand löst. Zugedeckt etwa 30 Minuten gehen lassen, bis er das Doppelte seines Volumens erreicht hat.

3 Den Teig auf der bemehlten Arbeitsfläche 1/2 cm dick ausrollen und Rauten von 5 cm Seitenlänge ausradeln. Zugedeckt gehen lassen.

4 Das Backfett auf 175–180 °C erhitzen. Die Schmalzküchlein behutsam einlegen und auf beiden Seiten goldbraun ausbacken. Mit dem Schaumlöffel herausnehmen und auf Küchenpapier abtropfen lassen. Vor dem Servieren mit Puderzucker besieben.

Apfelkrapfen

Hefeteig
▸ **500 g Mehl**
▸ **30 g Hefe**
▸ **50 g Zucker**
▸ **etwa 250 ml lauwarme Milch**
▸ **2 Eier**
▸ **80 g Butter, lauwarm zerlassen**
▸ **1/2 TL Salz**
▸ **300 g säuerliche Äpfel, geschält, Kerngehäuse entfernt, klein gewürfelt**
▸ **30 g Korinthen**
▸ **30 g Sultaninen**

▸ **etwa 750 g Fett zum Ausbacken**
▸ **Zucker zum Wälzen**

▪ Topf von 22 cm Ø oder Fritteuse

1 Einen Hefeteig zubereiten, wie bei Schmalzküchlein (links) in Schritt 1 und 2 beschrieben. Vor dem zweiten Gehenlassen die Äpfel, Korinthen und Sultaninen untermischen.

2 Das Backfett auf 175–180 °C erhitzen. Mit einem in das heiße Fett getauchten Esslöffel kleine Krapfen abstechen und portionsweise auf beiden Seiten goldbraun ausbacken. Mit dem Schaumlöffel herausnehmen und auf Küchenpapier abtropfen lassen.

3 Die noch warmen Krapfen in Zucker wälzen und möglichst frisch verzehren.

Doughnuts (Donuts)

Hefeteig
▸ **500 g Mehl**
▸ **20 g Hefe**
▸ **50 g Zucker**
▸ **etwa 250 ml lauwarme Milch**
▸ **1 Ei**
▸ **60 g Butter, lauwarm zerlassen**
▸ **1/2 TL Salz**

▸ **etwa 750 g Fett zum Ausbacken**

▪ Topf von 22 cm Ø oder Fritteuse

1 Den Hefeteig zubereiten, wie bei Schmalzküchlein (links) unter Schritt 1 und 2 beschrieben.

2 Den Teig auf der bemehlten Arbeitsfläche kurz durchkneten und etwa 1 cm dick ausrollen. Zunächst mit einem Ausstecher Kreise von 9 cm Ø ausstechen. Dann die Mitte der Kreise mit einem etwas kleineren Ausstecher ausstechen, sodass 21/2 cm breite Ringe entstehen. Zugedeckt gehen lassen, bis sie sich deutlich vergrößert haben.

3 Das Backfett auf 175–180 °C erhitzen. Die Ringe portionsweise goldbraun ausbacken, dabei einmal wenden. Mit dem Schaumlöffel herausnehmen und auf Küchenpapier abtropfen lassen.

Süße Kleinigkeiten – ganz einfach und ganz schnell

Marzipanschnitten

Diese Schnitten sind im Handumdrehen fertig. Frisch gebacken schmecken sie am besten.

- ▸ **270 g Blätterteig, rechteckig ausgerollt (Fertigprodukt aus der Kühltheke)**
- ▸ **1 Eigelb, mit 1 TL Wasser verrührt, zum Bestreichen**

Marzipanfüllung
- ▸ **100 g Marzipanrohmasse**
- ▸ **25 g weiche Butter**
- ▸ **40 g Puderzucker**
- ▸ **1 Päckchen Vanillezucker**
- ▸ **1 Ei**
- ▸ **1 EL Rum**

Backblech, mit Backpapier ausgelegt
Backen: 20 Minuten bei 220 °C

1 Den Ofen vorheizen. Für die Füllung die Marzipanrohmasse mit allen Zutaten gut verrühren.

2 Den Blätterteig ausbreiten. Eine Längshälfte der Teigplatte mit der Marzipanmasse bestreichen, die andere Teighälfte darüberklappen. Mit einem Messer in etwa 6 × 8 cm große Stücke schneiden und auf das Backblech legen. Mit dem Eigelb bestreichen und goldgelb backen.

Nuss-Marzipan-Ecken

Gerührter Mürbeteig
- ▸ **300 g Mehl**
- ▸ **1/2 TL Backpulver**
- ▸ **125 g weiche Butter, in Stückchen**
- ▸ **60 g Zucker**
- ▸ **1 Prise Salz**
- ▸ **1 Eigelb**

Nuss-Marzipan-Belag
- ▸ **400 g gemahlene Haselnüsse**
- ▸ **200 g Marzipanrohmasse**
- ▸ **2 EL Cognac**
- ▸ **150 g Butter, zerlassen**
- ▸ **250 g Zucker, 2 Päckchen Vanillezucker**
- ▸ **100 g Crème fraîche**

- ▸ **200 g dunkle Kuvertüre, mit 20 g Pflanzenfett geschmolzen**

Backblech, gefettet
Backen: 20–25 Minuten bei 180 °C

1 Für den Teig alle Zutaten in eine Rührschüssel füllen. Mit den Knethaken des Handrührgerätes zuerst auf niedriger, dann auf hoher Schaltstufe verrühren. Auf der bemehlten Arbeitsfläche rasch zu einem glatten Teig kneten. Zu einer Kugel formen, in Folie wickeln und mindestens 30 Minuten kalt stellen.

2 Für den Belag die Nüsse mit der Marzipanrohmasse und dem Cognac vermischen. Die anderen Zutaten dazugeben und alles zu einer glatten Masse rühren.

3 Den Ofen vorheizen. Den Teig in Blechgröße ausrollen, die Teigplatte mit dem Teigroller aufnehmen und auf dem Backblech wieder abrollen. Die Ränder egalisieren. Die Nuss-Marzipan-Masse gleichmäßig auf den Teig streichen. Goldgelb backen.

4 Das Backblech auf ein Kuchengitter setzen und das Gebäck auskühlen lassen. In 6 × 6 cm große Quadrate und diese diagonal in Dreiecke schneiden.

5 Die beiden spitzen Ecken des Gebäcks in die Kuvertüre tauchen und auf Backpapier fest werden lassen.

Amerikaner

Ein traditionelles Gebäck, das nicht nur Kindern schmeckt. Die Glasur können Sie auch mit Speisefarbe bunt oder mit Kakaopulver dunkel färben und mit Liebesperlen oder Smarties verzieren.

Rührteig
- ▸ **100 g weiche Butter**
- ▸ **100 g Zucker, 1 Prise Salz**
- ▸ **abgeriebene Zitronenschale**
- ▸ **2 Eier**
- ▸ **250 g Mehl**
- ▸ **1 Päckchen Vanillepuddingpulver**
- ▸ **2 TL Backpulver**
- ▸ **etwa 3 EL Milch**

Glasur
- ▸ **200 g Puderzucker**
- ▸ **2 EL Zitronensaft, durchgeseiht**
- ▸ **etwa 2 EL lauwarmes Wasser**

Backblech, mit Backpapier ausgelegt
Backen: 15–20 Minuten bei 180 °C

1 Den Ofen vorheizen. Für den Teig die Butter geschmeidig rühren. Nach und nach den Zucker, Salz, Zitronenschale und die Eier, eines nach dem anderen, zugeben und schaumig rühren. Das Mehl mit dem Puddingpulver und dem Backpulver vermischen, darübersieben und abwechselnd mit der Milch untermischen. Der Teig soll geschmeidig weich sein.

2 Mithilfe von zwei Löffeln kleine Häufchen mit genügend großem Abstand auf das Backblech setzen (etwa 3 × 3 cm Häufchen) und goldgelb backen. Auf einem Gitter auskühlen lassen.

3 Für die Glasur den Puderzucker mit dem Zitronensaft und Wasser zu einer streichfähigen, zäh fließenden Masse rühren und die flache Seite des Gebäcks damit bestreichen.

Nuss-Marzipan-Ecken ▸

Obstkuchen und

Obsttorten

Auf die Frage nach den Lieblingskuchen kommen unterschiedlichste Antworten. Doch eines ist klar: Ganz vorn bei den Favoriten rangiert immer auch ein Obstkuchen.

Sowohl der beliebte Apfelkuchen in allen seinen Variationen als auch ein saftiger Beerenkuchen – Obstkuchen sind heutzutage Ganzjahreskuchen. Dank des Angebots an frischen Früchten und Tiefkühlobst können sie zu allen Jahreszeiten auf den Tisch kommen. Und dennoch: Ein frischer Beerenkuchen ist und bleibt ein Sommertraum.

Für die fruchtige Beerentorte links im Bild backen Sie einen dünnen Biskuitboden aus 2 Eiern. Die Quarkcreme können Sie nach dem Rezept Beerentorte mit Quarkcreme auf Seite 103 zubereiten. Die Beeren bekommen Halt durch einen Tortenguss, und geröstete Mandelblättchen geben der Torte die »festliche Umrahmung«.

Obstkuchenboden – die am häufigsten verwendeten Teige auf einen Blick

Sie wollen ganz schnell einen Obstkuchen backen? Damit Sie nicht in verschiedenen Kapiteln nachschlagen müssen, haben wir alle gängigen Teigarten für einen Obstkuchenboden zusammengefasst. Die angegebenen Mengen gelten für einen Boden mit Rand von 26–28 cm Ø. Für einen Blechkuchen benötigen Sie die doppelte Rezeptmenge.

Mürbeteig für Obstkuchen

- ▸ 250 g Mehl
- ▸ 80 (65) g Zucker
- ▸ 1 Prise Salz
- ▸ 160 (125) g kalte Butter, in Stückchen
- ▸ 1 Ei
- ▸ 1 EL saure Sahne oder Rum

1 Für einen einfachen Mürbeteig gelten die Mengen in Klammern.

2 Auf der Arbeitsfläche das Mehl mit allen Zutaten zusammenhacken und rasch zu einem glatten Teig kneten. Zu einer Kugel formen, in Folie wickeln und mindestens 30 Minuten kalt stellen.

Quarkmürbeteig für Obstkuchen

- ▸ 125 g Mehl
- ▸ 1 Messerspitze Backpulver
- ▸ 1 Prise Salz
- ▸ 125 g kalte Butter, in Stückchen
- ▸ 125 g Magerquark, im Sieb abgetropft

1 Auf der Arbeitsfläche das Mehl mit allen Zutaten zusammenhacken und rasch zu einem glatten Teig kneten. Zu einer Kugel formen, in Folie wickeln und mindestens 30 Minuten kalt stellen.

Quarkölteig für Obstkuchen

- ▸ 100 g Magerquark, im Sieb abgetropft
- ▸ 5 EL neutrales Speiseöl
- ▸ 5 EL Milch
- ▸ 50 g Zucker
- ▸ 1 Prise Salz
- ▸ abgeriebene Zitronenschale oder ½ EL Vanillezucker
- ▸ 200 g Mehl
- ▸ ½ Päckchen Backpulver

1 Den Quark mit dem Öl, Zucker, Salz und Zitronenschale glatt rühren. Das Mehl mit dem Backpulver vermischen, die Hälfte unterrühren, den Rest auf der bemehlten Arbeitsfläche darunterkneten.

2 Der Teig kann nach Rezept sofort weiterverarbeitet werden.

Rührteig für Obstkuchen

- ▸ 80 g weiche Butter
- ▸ 80 g Zucker
- ▸ 1 Prise Salz
- ▸ abgeriebene Zitronenschale
- ▸ 2 Eier
- ▸ 200 g Mehl
- ▸ 1 TL Backpulver
- ▸ etwas Milch bei Bedarf

1 Die Butter geschmeidig rühren. Nach und nach den Zucker, Salz, Zitronenschale und die Eier, eines nach dem anderen, zugeben und schaumig rühren. Das Mehl mit dem Backpulver vermischen, sieben und abwechselnd mit der Milch unterrühren. Der Teig soll schwer reißend vom Löffel fallen.

2 Sie können statt einer Schaummasse den Teig auch als »All-in-Teig« rühren. Dafür das mit dem Backpulver vermischte Mehl in die Rührschüssel sieben. Alle übrigen Zutaten zugeben und zunächst auf niedriger, dann auf höchster Schaltstufe in 1–2 Minuten zu einem glatten Teig rühren.

1 Den gekühlten Mürbeteig etwas größer als die Form ausrollen.

2 Den Formrand oder Tortenring aufdrükken, den Teig ausschneiden.

Biskuit für Obstkuchen

- 3 Eier, getrennt
- 75 g Zucker
- abgeriebene Zitronenschale
- 75 g Mehl

1 Die Eiweiße steif, aber nicht schnittfest schlagen, dabei den Zucker einrieseln lassen. Die verrührten Eigelbe und die Zitronenschale zugeben. Das Mehl darübersieben und locker unterheben.

Wasserbiskuit für Obstkuchen

- 2 Eier, getrennt
- 2 EL kaltes Wasser
- 100 g Zucker
- abgeriebene Zitronenschale
- 100 g Mehl
- 1/2 TL Backpulver

1 Die Eiweiße mit dem kalten Wasser steif, aber nicht schnittfest schlagen, dabei den Zucker einrieseln lassen. Die verrührten Eigelbe und die Zitronenschale zugeben. Das Mehl mit dem Backpulver darübersieben und locker unterheben.

Keksboden – ohne Backen

- 175 g Löffelbiskuits, Butterkekse, Zwieback o. Ä.
- 125 g Butter, zerlassen

1 Die Kekse in einen Gefrierbeutel krümeln, den Beutel verschließen und die Kekse mit dem Teigroller gleichmäßig zerdrücken.

2 Die Brösel in einer Schüssel mit der Butter vermischen. In die Backform drücken und kurz kalt stellen.

Tortelettböden am Beispiel von Himbeertörtchen

Backen Sie die »leeren« Portionstörtchen auf Vorrat zum Einfrieren. Sie sehen nicht nur appetitlich aus, sondern sind auch ideal für Überraschungsgäste oder bei plötzlicher Lust auf Kuchen. Torteletts können Sie auch aus Biskuitmasse backen.
Zaubern Sie beim Belag: Auch Obst aus dem Glas, kombiniert mit frischem Obst wie Bananen und Kiwis, mit etwas Zitronensaft beträufelt, sieht unter Tortenguss hübsch aus. Sie können das Obst auch auf Vanillepudding oder Crème fraîche legen.
Tortelettböden gibt es auch fertig zu kaufen.

Mürbeteig

- 300 g Mehl
- 100 g Zucker
- 1 Prise Salz
- 200 g kalte Butter, in Stückchen
- 1 Ei
- 1 EL saure Sahne (oder Rum)

Zum Fertigstellen

- 200 g Sahne, steif geschlagen
- 500 g Himbeeren (oder Erdbeeren, Heidelbeeren)
- 2–3 EL Aprikosenkonfitüre, erwärmt
- 100 g Mandelblättchen, geröstet

6 Tortelettförmchen von 10 cm Ø, mit Butter dünn bepinselt
Backen: 15–20 Minuten bei 190 °C

1 Für den Teig das Mehl auf der Arbeitsfläche mit allen Zutaten zusammenhacken und rasch zu einem glatten Teig kneten. Zu einer Kugel formen, in Folie wickeln und mindestens 30 Minuten kalt stellen.

2 Den Ofen vorheizen. Die Förmchen mit dem Teig auslegen, mehrmals mit der Gabel einstechen und hellbraun backen. Nach dem Abdämpfen auf ein Kuchengitter stürzen und auskühlen lassen.

3 Zum Fertigstellen die Törtchen mit Schlagsahne bestreichen und mit den Beeren belegen. Den Rand mit der Konfitüre bepinseln und die Mandelblättchen andrücken. Die restliche Sahne in einen Spritzbeutel mit Sterntülle füllen und eine dicke Rosette in die Mitte spritzen.

Himbeertörtchen

Apfelkuchen – die beliebtesten Obstkuchen überhaupt

Wiener Apfelkuchen

Ein zarter, sehr schmackhafter Apfelkuchen aus feinem Rührteig und mit Mandelblättchen bestreut, der nur einen geringen Zeitaufwand erfordert. Säuerliche Äpfel wie Boskoop, Elstar oder Cox Orange sind am besten geeignet.

Rührteig

▸ **250 g weiche Butter**
▸ **200 g Zucker**
▸ **1 Prise Salz**
▸ **3 Eier**
▸ **200 g Mehl**
▸ **50 g Speisestärke**
▸ **1 TL Backpulver**
▸ **70 g gemahlene Mandeln**

▸ **750 g säuerliche Äpfel, geschält, Kerngehäuse entfernt, in Spalten geschnitten**
▸ **40 g Mandelblättchen**

❙ Springform von 26–28 cm Ø, gefettet
Backen: 45–50 Minuten bei 180 °C

1 Den Ofen vorheizen. Für den Teig die Butter geschmeidig rühren. Nach und nach den Zucker, das Salz und die Eier, eines nach dem anderen, zugeben und schaumig rühren. Das Mehl mit der Speisestärke und dem Backpulver vermischen und darübersieben. Die gemahlenen Mandeln einstreuen und alles leicht und locker unter die Schaummasse mischen.

2 Zwei Drittel des Teiges in die Backform füllen und glatt streichen. Mit den Apfelspalten belegen und mit dem restlichen Teig bedecken. Die Mandelblättchen darüberstreuen. Den Kuchen goldgelb backen.

3 Nach dem Abdämpfen den Formrand entfernen, den Kuchen auf einem Kuchengitter auskühlen lassen.

Elsässer Apfelkuchen

Der Eierguss mit süßer Vanillesahne ist typisch für den Elsässer Apfelkuchen. Backen können Sie ihn auch mit einem Rührteig (siehe Seite 88).

Mürbeteig

▸ **240 g Mehl**
▸ **80 g Zucker, 1 Prise Salz**
▸ **160 g kalte Butter, in Stückchen**
▸ **3 EL sehr kaltes Wasser**
▸ **1 EL Rum**

Belag

▸ **750 g säuerliche Äpfel**
▸ **Semmelbrösel für den Boden**

Sahneguss

▸ **3 Eier**
▸ **100 g Zucker**
▸ **125 g Sahne**
▸ **Mark von 1/2 Vanilleschote**

❙ Springform von 26 cm Ø
Vorbacken: 20 Minuten bei 190 °C
Fertig backen: 20–30 Minuten bei 160–170 °C

1 Für den Teig das Mehl auf der Arbeitsfläche mit allen Zutaten zusammenhacken und rasch zu einem glatten Teig kneten. Zu einer Kugel formen, in Folie wickeln und mindestens 30 Minuten kalt stellen.

2 Für den Belag die Äpfel schälen, vierteln und das Kerngehäuse entfernen. Auf der runden Seite mehrmals einschneiden.

3 Den Ofen vorheizen. Den Teig etwas größer als die Backform rund ausrollen, die Form damit auslegen und einen Rand hochziehen. Den Boden mehrmals mit der Gabel einstechen und mit den Semmelbröseln bestreuen. Die Apfelviertel mit der Rundung nach oben auf den Teigboden legen, den Kuchen hellgelb vorbacken. Die Ofentemperatur reduzieren.

4 Für den Guss die Eier mit dem Zucker glatt rühren, die Sahne und das Vanillemark zugeben. Die Masse auf den vorgebackenen Kuchen gießen und fertig backen.

5 Nach dem Abdämpfen den Formrand entfernen und den Kuchen auf einem Kuchengitter auskühlen lassen. Der Kuchen schmeckt frisch am besten.

Apfelstrudel Wiener Art

Einen Strudelteig herzustellen erfordert Übung und Sorgfalt – und auch seine Zeit. Geschmeidig soll er sein, damit man ihn hauchdünn ausziehen kann. Fertig ausgezogene Strudelteigblätter aus der Kühltheke oder Tiefkühltruhe können Ihnen diese Arbeit abnehmen.

Strudelteig

▸ **150 g Mehl**
▸ **1 Prise Salz**
▸ **2 EL neutrales Öl**
▸ **etwa 80 ml lauwarmes Wasser**
▸ **Öl zum Bestreichen**

Apfelfüllung

▸ **1,2 kg säuerliche Äpfel (Boskoop, Cox Orange)**
▸ **50 g Sultaninen**
▸ **40 g Walnüsse, gehackt**
▸ **etwa 80 g Zucker, mit 1 TL Zimt vermischt**
▸ **abgeriebene Zitronenschale**

▸ **80 g Semmelbrösel,**
in 50 g Butter geröstet
▸ **60 g zerlassene Butter zum Bestreichen**
▸ **Puderzucker zum Besieben**

❙ Backblech, gefettet
❙ **Backen:** 40 Minuten bei 190 °C

1 Die Zutaten für den Strudelteig sollen Raumtemperatur haben.

2 Das Mehl mit dem Salz, Öl und Wasser zu einem halbfesten Teig rühren, bis sich der Teig von der Schüsselwand löst, glänzt und sich seidig anfühlt. Auf der leicht bemehlten Arbeitsfläche zu einer Kugel formen und auf einen mit Öl bestrichenen Teller setzen. Die Teigkugel mit Öl bestreichen, mit einer Schüssel bedecken und bei Raumtemperatur mindestens 30 Minuten ruhen lassen.

3 Inzwischen für die Füllung die Äpfel schälen, vierteln, das Kerngehäuse entfernen, in dünne Scheiben schneiden. Die übrigen Zutaten für die Füllung bereitstellen.

4 Den Strudelteig ausziehen: Ein großes Tuch auf dem Tisch ausbreiten und mit Mehl bestauben. Den Teig darauf mit dem Teigroller nach allen Seiten so groß und so dünn wie möglich ausrollen, anschließend von Hand ausziehen. Dafür greift man mit beiden Händen unter den Teig und zieht ihn über die Handrücken nach und nach von der Mitte nach außen, bis er durchscheinend dünn ist. Die dicken Seitenränder abschneiden.

5 Den Strudel füllen und backen: Zwei Drittel des Teiges mit den Semmelbröseln bestreuen. Darauf die Äpfel verteilen, mit den Sultaninen, Walnüssen, Zimtzucker und Zitronenschale bestreuen. Das frei gelassene Teigdrittel mit zerlassener Butter bestreichen. Durch Anheben des Tuches auf die freie Teigseite zu einrollen, die beiden Seiten andrücken und mit der Teignaht nach unten auf das Blech legen. Goldbraun backen.

1 Den Strudelteig auf einem bemehlten Tuch ausrollen.

2 Mit dem Handrücken unter den Teig greifen, durchscheinend dünn ausziehen.

Während der Backzeit mehrmals mit Butter bestreichen.

6 Den Strudel abdämpfen lassen. Noch lauwarm mit Puderzucker besieben und mit Schlagsahne servieren. Als Dessert wird er gern mit Vanillesauce und Eis angerichtet.

Apfelstrudel aus Mürbeteig oder Blätterteig

Fein und doch ganz anders schmeckt Apfelstrudel aus Mürbe- oder Blätterteig. Der Zeitaufwand ist wesentlich geringer, und das Ergebnis kann sich sehen lassen. Dafür einen Mürbeteig aus 300 g Mehl (siehe Seite 20/21) zubereiten oder 300 g TK-Blätterteig auftauen.

Den Teig dünn zu einem 25 cm breiten, beliebig langen Rechteck ausrollen. Die Zutaten für die Füllung vermischen und längs auf die Mitte des ausgerollten Teiges häufen. Den Teig von beiden Seiten über die Füllung schlagen, mit der Naht nach unten auf das Blech legen und die beiden Enden darunterklappen. Die Oberfläche mit der Gabel mehrmals einstechen und den Strudel backen.

Wiener Apfelstrudel

Äpfel – immer wieder anders

Böhmischer Apfelkuchen

Geraspelte Äpfel werden unter einen leichten dunklen Teig gemischt und der Kuchen mit Kuvertüre überzogen. So bleibt er gut 1–2 Tage frisch. Schlagsahne dazu ist ein Muss.

▸ 6 Eier, getrennt
▸ 175 + 50 g Zucker
▸ 75 g Weichweizengrieß
▸ 120 g gemahlene Haselnüsse
▸ 1 EL Kakaopulver, gesiebt
▸ 250 g Äpfel, geschält, geraspelt

Glasur

▸ 3 EL Aprikosenkonfitüre, erwärmt, durchpassiert
▸ 200 g dunkle Kuvertüre, zerkleinert
▸ 20 g Kokosfett

Springform von 26 cm Ø, gefettet
Backen: 45 Minuten bei 180–190 °C

1 Den Ofen vorheizen. Die Eigelbe mit 175 g Zucker schaumig rühren, nach und nach den Grieß, die Haselnüsse und das Kakaopulver unterrühren. Die geraspelten Äpfel sorgfältig untermischen. Die Eiweiße mit 50 g Zucker steif schlagen, den Eischnee locker unterziehen. Den Teig in die Form füllen und backen. Nach dem Abdämpfen den Formrand entfernen, den Kuchen auf ein Kuchengitter stürzen und auskühlen lassen.

2 Für die Glasur den Kuchen sehr dünn mit der Aprikosenkonfitüre bestreichen und mindestens 1 Stunde antrocknen lassen. Die Kuvertüre mit dem Kokosfett im Wasserbad schmelzen und den Kuchen damit überziehen.

Apfelcremekuchen

Rührteig

▸ 100 g weiche Butter, 60 g Zucker
▸ 1 Päckchen Vanillezucker
▸ 2 Eier
▸ 100 g Mehl, 1 TL Backpulver
▸ 2 EL Mohn, geröstet und gemahlen

Apfelcremefüllung

▸ 400 ml Apfelsaft
▸ 1 Päckchen Vanillepuddingpulver
▸ 350 g feste, säuerliche Äpfel, geschält, Kerngehäuse entfernt, klein gewürfelt

Zum Fertigstellen

▸ 300 g Sahne
▸ Schokostreusel zum Bestreuen

Springform von 26 cm Ø, mit Backpapier ausgelegt
Backen: 15–20 Minuten bei 180 °C

1 Den Ofen vorheizen. Für den Rührteig die Butter geschmeidig rühren. Nach und nach den Zucker, Vanillezucker und die Eier, eines nach dem anderen, zugeben und schaumig rühren. Das Mehl mit dem Backpulver sieben und mit dem Mohn unter die Schaummasse rühren. In die Form füllen, glatt streichen, hellbraun backen. Nach dem Abdämpfen den Formrand entfernen und den Kuchen auf einem Kuchengitter auskühlen lassen.

2 Für die Füllung aus dem Apfelsaft und dem Puddingpulver nach Packungsanweisung einen Pudding kochen. Die Apfelwürfel 2 Minuten mitkochen.

3 Den Kuchenboden auf eine Unterlage legen, mit einem Tortenring umschließen, die Apfelmasse einfüllen und glatt streichen. Erkalten lassen.

4 Vor dem Servieren den Tortenring entfernen. Die Sahne steif schlagen und auf die kalte Apfelcremefüllung streichen. Mit Schokostreuseln gleichmäßig bestreuen.

Russischer Apfelkuchen

Rührteig

▸ 250 g weiche Butter
▸ 250 g Zucker
▸ 1 Päckchen Vanillezucker
▸ 5 Eier
▸ 250 g Mehl
▸ 30 g Speisestärke
▸ 1 Päckchen Backpulver
▸ 1 EL Kakaopulver
▸ 1 TL Zimt
▸ 125 g gemahlene Mandeln

▸ 500 g säuerliche Äpfel
▸ 3–4 EL Rum zum Marinieren
▸ Puderzucker zum Besieben

Springform von 26 cm Ø, gefettet und mit Semmelbröseln ausgestreut
Backen: 50 Minuten bei 190 °C

1 Vorab die Äpfel schälen, auf der Rohkostreibe grob raspeln und in dem Rum marinieren.

2 Den Ofen vorheizen. Für den Rührteig die Butter geschmeidig rühren. Nach und nach den Zucker, Vanillezucker und die Eier, eines nach dem anderen, zugeben und schaumig rühren. Das Mehl mit der Speisestärke, Backpulver, Kakao und Zimt darübersieben, die Mandeln zugeben und alles locker unterziehen. Zuletzt die marinierten Äpfel sorgfältig unter den Teig mischen. In die Form füllen und backen.

3 Nach dem Abdämpfen den Formrand entfernen und den Kuchen auf einem Kuchengitter auskühlen lassen. Mit Puderzucker besieben. Man reicht Schlagsahne dazu.

Apfelkuchen mit Marzipanguss

Der Mandelgeschmack von Marzipan harmoniert auch sehr gut mit Aprikosen, Kirschen und schwarzen Johannisbeeren. Schaffen Sie Abwechslung mit den Früchten der Saison!

Mürbeteig

▸ **240 g Mehl**
▸ **60 g Zucker**
▸ **120 g kalte Butter, in Stückchen**
▸ **1 Ei**
▸ **1 EL Rum**

Marzipanguss

▸ **100 g Marzipanrohmasse**
▸ **250 ml Milch**
▸ **80 g Zucker**
▸ **1 Päckchen Vanillezucker**
▸ **20 g Speisestärke**
▸ **2 Eier**

Belag

▸ **750 g Äpfel, geschält, Kerngehäuse entfernt, in Spalten geschnitten**
▸ **abgeriebene Zitronenschale**
▸ **2 EL Zitronensaft**
▸ **50 g Sultaninen**

Springform von 26 cm Ø, mit Backpapier ausgelegt
Backen: 40 Minuten bei 200 °C

Den Boden mit den Apfelspalten belegen, die Sultaninen darüber verteilen.

1 Für den Teig das Mehl auf der Arbeitsfläche mit allen Zutaten zusammenhacken und rasch zu einem glatten Teig kneten. Zu einer Kugel formen, in Folie wickeln und mindestens 30 Minuten kalt stellen.

2 Für den Guss die Marzipanrohmasse in einem kleinen Topf mit gut der Hälfte der Milch cremig rühren, mit dem Zucker und Vanillezucker aufkochen. Die Speisestärke mit der restlichen Milch glatt rühren, in die Marzipanmilch einrühren und einmal aufpuffen lassen. Kurz beiseite stellen und die Eier unterrühren.

3 Den Ofen vorheizen. Den Teig etwas größer als die Form rund ausrollen, die Form damit auslegen und einen Rand hochziehen. Den Teigboden mehrmals mit der Gabel einstechen. Den Boden mit den Apfelspalten belegen. Zitronenschale, Zitronensaft und Sultaninen vermischen und darüber verteilen. Mit dem Marzipanguss bedecken. Den Kuchen goldbraun backen.

4 Nach dem Abdämpfen den Formrand entfernen und den Kuchen auf einem Kuchengitter auskühlen lassen. Schlagsahne dazu reichen.

Royal: ein königlicher Guss – für saftige Obstkuchen mit dünnem Boden

Aprikosenkuchen mit Sahneguss

▸ **1 Paket rund ausgerollter Blätterteig (Fertigprodukt aus der Kühltheke)**

Belag

▸ **500 g Aprikosenhälften aus der Dose, abgetropft**

Sahneguss (Royal)

▸ **2 Eier**
▸ **75 g Zucker**
▸ **200 g Sahne**
▸ **1 cl Orangenlikör (nach Belieben)**

Tortenbodenform mit herausnehmbarem Boden von 28 cm Ø
Backpapier und Hülsenfrüchte zum Blindbacken
Blind backen: 25 Minuten bei 220 °C
Fertig backen: 35–40 Minuten bei 170 °C

1 Den Ofen vorheizen. Die Backform bis über den Rand mit dem Blätterteig auslegen. Überstehende Ränder abschneiden. Den Boden mit der Gabel mehrmals einstechen.

2 Den Boden mit Backpapier auslegen und mit Hülsenfrüchten füllen. Blind backen. Nach dem Backen die Hülsenfrüchte mit dem Papier entfernen und die Ofentemperatur reduzieren.

3 Den Blätterteigboden überlappend mit den Aprikosenhälften belegen, die offene Seite nach oben.

4 Für den Guss die Eier mit dem Zucker glatt rühren, die Sahne und den Likör (falls verwendet) untermischen. Gleichmäßig über die Früchte gießen

und den Kuchen fertig backen. Der Guss soll über die gesamte Fläche glatt gestockt sein und möglichst wenig Farbe nehmen. (Prüfen Sie mit einem spitzen Messer, ob der Guss in der Mitte gestockt ist.)

Die Aprikosenhälften in Kreisen überlappend auf den vorgebackenen Boden legen.

5 Den Kuchen nach gutem Abdämpfen mit dem Boden aus der Form heben und auf einem Kuchengitter auskühlen lassen. Möglichst frisch servieren.

Rhabarberkuchen mit Sahneguss

Mürbeteig

▶ **250 g Mehl**
▶ **50 g Zucker**
▶ **1 Prise Salz**
▶ **150 g kalte Butter, in Stückchen**
▶ **1 Ei**

Belag

▶ **500 g Rhabarber, bei Bedarf geschält, in 2 cm breite Stückchen geschnitten**

Sahneguss (Royal)

▶ **2 Eier**
▶ **75–100 g Zucker**
▶ **200 g Sahne**
▶ **abgeriebene Zitronenschale oder 1 TL Vanillezucker**

Tortenbodenform mit herausnehmbarem Boden von 28 cm Ø
Vorbacken: 15 Minuten bei 200 °C
Fertig backen: 30–40 Minuten bei 170 °C

1 Für den Teig das Mehl auf der Arbeitsfläche mit allen Zutaten zusammenhacken und rasch zu einem glatten Teig kneten. Zu einer Kugel formen, in Folie wickeln und mindestens 30 Minuten kalt stellen.

2 Den Ofen vorheizen. Den Mürbeteig etwas größer als die Backform rund ausrollen, die Form damit auslegen und bis über den Rand hochziehen. Überstehenden Teig abschneiden. Den Boden mit der Gabel mehrmals einstechen. Einen Streifen zerknüllte Alufolie an den Rand drücken, damit er nicht zusammenfällt. Den Boden vorbacken. Die Folie entfernen. Die Ofentemperatur reduzieren.

3 Den Rhabarber auf dem Tortenboden verteilen. Für den Guss die Eier mit dem Zucker glatt rühren, die Sahne und Zitronenschale oder Vanillezucker untermischen. Gleichmäßig über den Rhabarber gießen und den Kuchen fertig backen. Der Guss soll über die gesamte Fläche glatt gestockt sein und möglichst wenig Farbe nehmen. (Prüfen Sie mit einem spitzen Messer, ob der Guss in der Mitte gestockt ist.)

4 Den Kuchen nach gutem Abdämpfen mit dem Boden aus der Form heben und auf einem Kuchengitter auskühlen lassen. Möglichst frisch servieren.

Heidelbeerkuchen mit Sahneguss

Mürbeteig

▶ **250 g Mehl**
▶ **50 g Zucker**
▶ **1 EL Vanillezucker**
▶ **1 Prise Salz**
▶ **150 g kalte Butter, in Stückchen**
▶ **4 EL Eiswasser**

Belag

▶ **150–200 g Heidelbeeren**

Sahneguss (Royal)

▶ **2 Eier**
▶ **75 g Zucker**
▶ **200 g Sahne**
▶ **das ausgeschabte Mark von ¹/₂ Vanilleschote**

Tortenbodenform mit herausnehmbarem Boden von 28 cm Ø
Vorbacken: 10–15 Minuten bei 200 °C
Stocken lassen: 5–10 Minuten bei 170 °C
Fertig backen: 30 Minuten bei 170 °C

1 Für den Teig das Mehl auf der Arbeitsfläche mit allen Zutaten zusammenhacken und rasch zu einem glatten Teig kneten. Zu einer Kugel formen, in Folie wickeln und mindestens 30 Minuten kalt stellen.

2 Den Ofen vorheizen. Den Mürbeteig etwas größer als die Backform rund ausrollen, die Form damit auslegen und bis über den Rand hochziehen. Überstehenden Teig abschneiden. Den Boden mit der Gabel mehrmals einstechen. Zerknüllte Alufolie an den Rand drücken und den Boden vorbacken. Die Folie entfernen. Die Ofentemperatur reduzieren.

3 Für den Guss die Eier mit dem Zucker glatt rühren, die Sahne und das Vanillemark untermischen. Etwa ein Drittel der Eiersahne auf den Tortenboden gießen und im Ofen stocken lassen.

4 Die Beeren darauf verteilen, den restlichen Guss gleichmäßig darübergießen und fertig backen (auf diese Weise bleiben die Beeren auf dem Kuchen in dem Guss sichtbar und sinken nicht zu Boden). Der Guss soll über die gesamte Fläche glatt gestockt sein und möglichst wenig Farbe nehmen. (Prüfen Sie mit einem spitzen Messer, ob der Guss in der Mitte gestockt ist.)

5 Den Kuchen nach gutem Abdämpfen mit dem Boden aus der Form heben und auf einem Kuchengitter auskühlen lassen. Möglichst frisch servieren.

Schmand- oder Rahmguss – er hält die Früchte wunderbar zusammen

Aprikosenkuchen mit Schmandguss

Ein schnell zubereiteter »Schüsselteig«, belegt mit Früchten aus der Dose sowie einem Saftpudding und überzogen mit einem zarten Schmandguss – ein attraktiver Kuchen für alle Jahreszeiten.

Rührteig

- ▸ 80 g weiche Butter
- ▸ 100 g Zucker
- ▸ 2 Eier, 200 g Mehl
- ▸ 1 TL Backpulver

Belag

- ▸ 500 g Aprikosenhälften aus der Dose, abgetropft, der Saft aufgefangen
- ▸ 1 Päckchen Vanillepuddingpulver
- ▸ 1 EL Zucker
- ▸ 1 EL Zitronensaft

Schmandguss

- ▸ 3 Eier, getrennt
- ▸ 90 g Zucker
- ▸ 200 g Schmand

- ▸ Puderzucker zum Besieben

Springform von 26 cm Ø, gefettet und mit Semmelbröseln ausgestreut
Vorbacken: 30 Minuten bei 190 °C
Fertig backen: 15 Minuten bei 190 °C

1 Für den Teig alle Zutaten (das Mehl mit dem Backpulver vermischt) in eine Rührschüssel füllen und mit dem Handrührgerät zu einem glatten Teig rühren. In die vorbereitete Backform füllen und glatt streichen. Den Ofen vorheizen.

2 Für den Belag die Aprikosen gleichmäßig auf dem Teig verteilen. Aus dem mit Wasser auf 1/2 l aufgefüllten Aprikosensaft, dem Puddingpulver, Zucker und Zitronensaft nach Packungsanweisung einen Pudding kochen und noch heiß gleichmäßig über die Aprikosen verteilen. Den Kuchen goldgelb vorbacken.

3 Für den Guss die Eigelbe mit dem Zucker und dem Schmand glatt rühren. Die Eiweiße steif schlagen und unter die Eigelbmasse ziehen. Auf dem heißen Kuchen verstreichen und fertig backen.

4 Nach dem Abdämpfen den Formrand entfernen und den Kuchen auf einem Kuchengitter auskühlen lassen. Mit Puderzucker besieben.

Rhabarberkuchen mit Mandel-Rahmguss

Den Kuchen können Sie genauso mit anderen Früchten backen, je nach Saison. Besonders gut schmeckt er mit Äpfeln, Zwetschgen, Sauerkirschen, Aprikosen, Stachelbeeren. Auch Dosenfrüchte können Sie verwenden.

Rührteig

- ▸ 100 g weiche Butter
- ▸ 100 g Zucker
- ▸ 1 EL Vanillezucker
- ▸ 2 Eier
- ▸ 200 g Mehl
- ▸ 1 TL Backpulver
- ▸ etwas Milch (bei Bedarf)

Aprikosenkuchen mit Schmandguss

Belag

- ▸ **750 g Rhabarber, bei Bedarf geschält, in 2 cm breite Stückchen geschnitten**

Mandel-Rahmguss

- ▸ **125 g saure Sahne**
- ▸ **2 Eier**
- ▸ **75 g Zucker**
- ▸ **1 TL Zimt**
- ▸ **50 g gemahlene Mandeln**

Springform von 26–28 cm Ø, gefettet
Vorbacken: 20 Minuten bei 200 °C
Fertig backen: 20 Minuten bei 180 °C

1 Den Ofen vorheizen. Für den Teig die Butter geschmeidig rühren. Nach und nach den Zucker, Vanillezucker und die Eier, eines nach dem anderen, zugeben und schaumig rühren. Das Mehl mit dem Backpulver darübersieben und untermischen. Bei Bedarf etwas Milch zugeben, der Teig soll schwer reißend vom Löffel fallen. In die Form füllen und glatt streichen. Den Teig mit den Rhabarberstückchen belegen und vorbacken. Die Ofentemperatur reduzieren.

2 Für den Guss alle Zutaten gründlich verrühren, gleichmäßig auf dem vorgebackenen Kuchen verteilen und fertig backen.

3 Nach dem Abdämpfen den Formrand entfernen und den Kuchen auf einem Gitter auskühlen lassen.

Birnen- oder Apfelkuchen mit Rahmguss

Ein Eier-Rahmguss bindet die mit Zimtzucker aromatisierten Früchte. Frisch gebacken schmeckt der Kuchen am besten.

Mürbeteig

- ▸ **250 g Mehl**
- ▸ **80 g Zucker**
- ▸ **1 Prise Salz**
- ▸ **160 g kalte Butter, in Stückchen**
- ▸ **1 Ei**

Birnenkuchen mit Rahmguss

Belag

- ▸ **750–1000 g feste Birnen oder säuerliche Äpfel**
- ▸ **2 EL Zitronensaft**
- ▸ **1 EL Zimtzucker**
- ▸ **abgeriebene Zitronenschale**

Rahmguss

- ▸ **300 g saure Sahne**
- ▸ **3 Eier**
- ▸ **100 g Zucker**
- ▸ **1 EL Speisestärke**

Springform von 26–28 cm Ø
Backen: 55–60 Minuten bei 180 °C

1 Für den Teig das Mehl auf der Arbeitsfläche mit allen Zutaten zusammenhacken und rasch zu einem glatten Teig kneten. Zu einer Kugel formen, in Folie wickeln und mindestens 30 Minuten kalt stellen.

2 Die Birnen oder Äpfel schälen, das Kerngehäuse entfernen, grob würfeln. Mit Zitronensaft beträufeln und mit dem Zimtzucker und der Zitronenschale bestreuen.

3 Den Ofen vorheizen. Den Mürbeteig 10 cm größer als die Backform rund ausrollen. Die Form damit auslegen und einen Rand von 5 cm Höhe formen. Den Boden mit der Gabel mehrmals einstechen. Die gewürfelten Früchte darauf verteilen.

4 Für den Guss die saure Sahne mit allen Zutaten glatt rühren und gleichmäßig über die Früchte gießen. Den Kuchen goldgelb backen.

5 Nach dem Abdämpfen den Formrand entfernen und den Kuchen auf einem Kuchengitter auskühlen lassen.

Streusel über alles – knusprig und buttrig sind sie das Tüpfelchen auf dem i.

Birnenkuchen mit Mohnstreuseln

Mohnstreusel sind farblich und geschmacklich eine schöne Ergänzung zu den eher blassen Birnen oder Äpfeln. Falls Sie keinen gemahlenen Mohn bekommen, können Sie ihn auch selber mahlen – und vorher rösten: Einfach auf ein Backpapier streuen, etwa 15 Minuten bei 220 °C im Ofen rösten, abkühlen lassen und im Blitzhacker mahlen. Durch das Rösten wird der Mohn besonders aromatisch.

Mürbeteig
- ▸ **220 g Mehl**
- ▸ **50 g Zucker**
- ▸ **1 Prise Salz**
- ▸ **110 g kalte Butter, in Stückchen**
- ▸ **1 Ei**

Belag
- ▸ **700 g reife, saftige Birnen**

Mohnstreusel
- ▸ **80 g Mehl**
- ▸ **80 g Zucker**
- ▸ **30 g Mohn, gemahlen**
- ▸ **80 g kalte Butter, in Stückchen**

Springform von 26 cm Ø
Backen: 40 Minuten bei 190 °C

1 Für den Teig das Mehl auf der Arbeitsfläche mit allen Zutaten zusammenhacken und rasch zu einem glatten Teig kneten. Zu einer Kugel formen, in Folie wickeln und mindestens 30 Minuten kalt stellen.

2 Die Birnen oder Äpfel schälen, halbieren, das Kerngehäuse entfernen, in Spalten schneiden.

3 Für die Mohnstreusel das Mehl mit allen Zutaten vermengen und mit den Händen krümelig abbröseln.

4 Den Ofen vorheizen. Den Mürbeteig etwas größer als die Form rund ausrollen, die Form damit auslegen, einen Rand hochziehen und andrücken. Den Boden mit der Gabel mehrmals einstechen.

5 Die Birnen- oder Apfelspalten in Kreisen von außen nach innen auf den Boden legen. Die Mohnstreusel darüberstreuen. Den Kuchen hellbraun backen.

6 Nach dem Abdämpfen den Formrand entfernen und den Kuchen auf einem Kuchengitter auskühlen lassen.

Streusel zubereiten: Alle Zutaten auf der Arbeitsfläche vermischen und mit den Händen krümelig abbröseln.

Apfel-Streusel-Kuchen

Verwenden Sie Früchte der Saison, neben Äpfeln zum Beispiel auch Zwetschgen, Aprikosen, Sauerkirschen, Heidelbeeren, Stachelbeeren oder Rhabarber. Die Prise Zimt darf bei den klassischen Streuseln nicht fehlen.

Quarkmürbeteig
- ▸ **125 g Mehl**
- ▸ **1 Päckchen Vanillezucker**
- ▸ **1 Prise Salz**
- ▸ **125 g kalte Butter, in Stückchen**
- ▸ **125 g Magerquark, im Sieb abgetropft**

Belag
- ▸ **750–1000 g säuerliche Äpfel**

Streusel
- ▸ **120 g Mehl**
- ▸ **80 g Zucker**
- ▸ **80 g Butter, in Flöckchen**
- ▸ **1/2 TL Zimt**

Springform von 26–28 cm Ø
Backen: 35 Minuten bei 200 °C

1 Für den Teig das Mehl auf der Arbeitsfläche mit allen Zutaten zusammenhacken und rasch zu einem glatten Teig kneten. Zu einer Kugel formen, in Folie wickeln und mindestens 30 Minuten kalt stellen.

2 Die Äpfel schälen, halbieren, das Kerngehäuse entfernen und in Spalten schneiden.

3 Für die Streusel das Mehl mit allen Zutaten vermengen und mit den Händen krümelig abbröseln.

4 Den Ofen vorheizen. Den Mürbeteig etwas größer als die Backform rund ausrollen, die Form damit auslegen und einen Rand hochziehen. Den Boden mehrmals mit der Gabel einstechen.

5 Die Apfelspalten in Kreisen von außen nach innen und schön dicht auf den Boden legen. Die Streusel darüberstreuen. Den Kuchen goldgelb backen.

6 Nach dem Abdämpfen den Formrand entfernen und den Kuchen auf einem Kuchengitter auskühlen lassen.

Kirschkuchen mit Mandel»streuseln«

Mandelblättchen, gebunden nur mit Zucker, Sahne und Speisestärke, werden über die Kirschen gestreut. Das Ergebnis ist ein sehr feiner Kirschkuchen, den Sie am besten frisch gebacken servieren. Ein echtes Schnellrezept.

Mürbeteig
▸ **200 g Mehl**
▸ **¹/₂ TL Backpulver**
▸ **60 g Zucker**
▸ **1 Päckchen Vanillezucker**
▸ **125 g Butter, in Stückchen**
▸ **1 Ei**

Belag
▸ **Semmelbrösel zum Bestreuen**
▸ **400 g entsteinte Schattenmorellen aus dem Glas, abgetropft**

Mandelstreusel
▸ **1 Eigelb**
▸ **75 g Zucker**
▸ **1 EL Vanillezucker**
▸ **15 g Speisestärke**
▸ **3 EL Sahne**
▸ **100 g Mandelblättchen**

Springform von 26 cm Ø
Backen: 45 Minuten bei 180–190 °C

1 Für den Teig das Mehl auf der Arbeitsfläche mit allen Zutaten zusammenhacken und rasch zu einem glatten Teig kneten. Zu einer Kugel formen, in Folie wickeln und mindestens 30 Minuten kalt stellen.

2 Den Ofen vorheizen. Den Teig etwas größer als die Backform rund ausrollen, in die Form legen und dabei einen Rand hochziehen. Den Boden mehrmals mit der Gabel einstechen und mit Semmelbröseln bestreuen. Die Schattenmorellen auf dem Teigboden verteilen.

3 Für die Streusel das Eigelb mit dem Zucker, Vanillezucker, der Speisestärke und der Sahne glatt rühren, die Mandelblättchen untermischen. Gleichmäßig auf den Schattenmorellen verteilen. Den Kuchen hellbraun backen.

4 Nach dem Abdämpfen den Formrand entfernen und den Kuchen auf einem Kuchengitter auskühlen lassen. Er schmeckt frisch am besten.

Ein saftiger Kirschkuchen, der im Winter eine fruchtige Überraschung bietet.

Baiser – süßer Schaum auf säuerlichen Früchten

Aufgespritzte Garnitur oder Überzug – der Schaum soll nach dem Backen trocken und fest bleiben. Machen Sie sich die Mühe und schlagen Sie das Baiser auf dem Wasserbad warm – und dann kalt. So erzielen Sie das beste Ergebnis. Servieren Sie Obstkuchen mit goldgelb überbackenem Baiser möglichst frisch; denn bei längerem Stehen könnte das Obst den Schaumüberzug aufweichen.

Johannisbeer-Mandelbaiser-Kuchen

Mandelmürbeteig

▷ **220 g Mehl**
▷ **30 g gemahlene Mandeln**
▷ **75 g Zucker**
▷ **1 EL Vanillezucker**
▷ **150 g kalte Butter, in Stückchen**
▷ **1 Ei**

Mandelbaiser

▷ **3 Eigelb**
▷ **100 + 50 g Zucker**
▷ **3 Eiweiß**
▷ **100 g gemahlene Mandeln**

▷ **500 g rote Johannisbeeren (oder mit schwarzen gemischt)**
▷ **Puderzucker zum Besieben**

Springform von 26–28 cm Ø
Backen: 40 Minuten bei 180 °C

1 Für den Teig das Mehl auf der Arbeitsfläche mit allen Zutaten zusammenhacken und rasch zu einem glatten Teig kneten. Zu einer Kugel formen, in Folie wickeln und mindestens 30 Minuten kalt stellen.

2 Für das Mandelbaiser die Eigelbe mit 100 g Zucker zu einer weißschaumigen Masse rühren. Die Eiweiße und 50 g Zucker mit dem Handrührgerät auf dem heißen Wasserbad in 6–8 Minuten cremig schlagen. Vom Wasserbad nehmen, kalt schlagen und auf die Eigelbmasse gleiten lassen. Die Mandeln dazugeben und alles behutsam untermischen. Die Beeren unter die Baisermasse heben.

3 Den Ofen vorheizen. Den Teig etwas größer als die Backform rund ausrollen, die Form damit auslegen und dabei einen Rand hochziehen. Den Boden mit der Gabel mehrmals einstechen. Die Baiser-Beeren-Masse einfüllen. Den Kuchen hellbraun backen, dabei in den letzten 15 Minuten mit Folie abdecken.

4 Nach dem Abdämpfen den Formrand entfernen und den Kuchen auf einem Kuchengitter auskühlen lassen. Vor dem Servieren dick mit Puderzucker besieben.

Johannisbeerkuchen mit Baiserhaube

In Farbe und Geschmack eine ideale Kombination: säuerliche Johannisbeeren und süßer Eiweißschaum.

Mürbeteig

▷ **250 g Mehl**
▷ **75 g Zucker**
▷ **1 Prise Salz**
▷ **abgeriebene Zitronenschale**
▷ **150 g kalte Butter, in Stückchen**
▷ **1 Ei**
▷ **1 EL Rum**

Baiser

▷ **3 Eiweiß**
▷ **1 EL Zitronensaft**
▷ **150 g feiner Zucker**

▷ **500 g Johannisbeeren**
▷ **1 EL Puderzucker zum Besieben**

Springform von 26 cm Ø
Backen: 25 Minuten bei 190 °C
Überbacken: 2–3 Minuten bei starker Oberhitze oder unter dem Grill

1 Für den Teig das Mehl auf der Arbeitsfläche mit allen Zutaten zusammenhacken und rasch zu einem glatten Teig kneten. Zu einer Kugel formen, in Folie wickeln und mindestens 30 Minuten kalt stellen.

2 Den Ofen vorheizen. Den Teig etwas größer als die Form rund ausrollen, die Form damit auslegen und dabei einen Rand hochziehen. Den Boden mit der Gabel mehrmals einstechen. Zerknitterte Alufolie an den Rand drücken, damit er beim Backen nicht zusammenfällt. Den Boden goldbraun backen. Aus dem Ofen nehmen und die Alufolie entfernen.

3 Für das Baiser die Eiweiße mit dem Zitronensaft und Zucker auf dem heißen Wasserbad mit dem Handrührgerät in 6–8 Minuten cremig schlagen. Die Schüssel vom Wasserbad nehmen und die Masse kalt schlagen. Eine Tasse von der Schaummasse in einen Spritzbeutel mit großer Sterntülle füllen. Unter die restliche Schaummasse die Johannisbeeren heben und die Masse auf den gebackenen Kuchenboden streichen. Mit dem Spritzbeutel Rosetten oder Spiralen aufspritzen. Mit Puderzucker besieben. Auf der zweiten Schiene von unten goldgelb überbacken.

4 Nach dem Abdämpfen den Formrand entfernen und den Kuchen auf einem Kuchengitter auskühlen lassen. Frisch gebacken schmeckt er am besten.

Variation

Den Tortenboden backen und erkalten lassen. Ein Päckchen roten Tortenguss nach Packungsanweisung zubereiten, die Beeren daruntermischen und auf den Tortenboden streichen. Mit der Baisermasse überziehen – oder die Schaummasse in einen Spritzbeutel mit großer Sterntülle füllen und Spiralen aufspritzen. Mit Puderzucker besieben und goldgelb überbacken.

Rhabarberkuchen mit Baiserhaube

Mürbeteig

- ▸ **250 g Mehl**
- ▸ **50 g Zucker**
- ▸ **1 TL Vanillezucker**
- ▸ **1 Prise Salz**
- ▸ **150 g kalte Butter, in Stückchen**
- ▸ **1 Ei**
- ▸ **1 EL saure Sahne**

Belag

- ▸ **600 g Rhabarber, bei Bedarf geschält, in 2 cm breite Stückchen geschnitten**
- ▸ **100 g Zucker**
- ▸ **100 ml Weißwein oder Wasser**
- ▸ **40 g Speisestärke (oder 1 Päckchen Vanillepuddingpulver)**

Baiser

- ▸ **3 Eiweiß**
- ▸ **1 EL Zitronensaft**
- ▸ **150 g feiner Zucker**
- ▸ **Puderzucker zum Besieben**

Springform von 28 cm Ø
Backen: 25 Minuten bei 190 °C
Überbacken: 2–3 Minuten bei starker Oberhitze oder unter dem Grill

1 Für den Teig das Mehl auf der Arbeitsfläche mit allen Zutaten zusammenhacken und rasch zu einem glatten Teig kneten. Zu einer Kugel formen, in Folie wickeln und mindestens 30 Minuten kalt stellen.

2 Den Teig etwas größer als die Backform rund ausrollen, die Form damit auslegen und dabei einen Rand hochziehen. Den Boden mit einer Gabel mehrmals einstechen. Zerknitterte Alufolie an den Rand drücken, damit er beim Backen nicht zusammenfällt. Den Boden goldbraun backen. Aus dem Ofen nehmen und die Alufolie entfernen.

3 Für den Belag den Rhabarber mit dem Zucker und 2 EL Wein oder Wasser knapp weich dünsten. Die Speisestärke (oder Puddingpulver) mit dem restlichen Wein oder Wasser glatt rühren, einrühren und einmal aufkochen. Abkühlen lassen.

4 Inzwischen für das Baiser die Eiweiße mit dem Zitronensaft und dem Zucker auf dem heißen Wasserbad mit dem Handrührgerät in 6–8 Minuten cremig schlagen. Vom Wasserbad nehmen und die Masse kalt schlagen. Eine Tasse von der Schaummasse in einen Spritzbeutel mit großer Sterntülle füllen.

Auch ohne aufgespritzte Rosetten, dafür mit Mandelblättchen bestreut, ist der Rhabarberkuchen mit Baiserhaube schon optisch ein Genuss.

5 Den Rhabarber auf dem Kuchenboden verteilen. Die restliche Schaummasse auf den Rhabarber streichen, mit dem Spritzbeutel Rosetten oder Spiralen aufspritzen. Mit Puderzucker besieben. Auf der zweiten Schiene von unten goldgelb überbacken.

6 Nach dem Abdämpfen den Formrand entfernen und den Kuchen auf einem Kuchengitter auskühlen lassen. Frisch gebacken schmeckt er am besten.

Rhabarberkuchen mit Makronenguss

2 Eiweiße mit 100 g Zucker steif schlagen und 100 g gemahlene Haselnüsse untermischen. Den Kuchen anstelle von Baiser mit dem Makronenguss überziehen und in 15–20 Minuten fertig backen.

Quark darunter und darüber – mitgebacken oder als erfrischend sahnige Creme

Quarkcreme-Apfelkuchen

Mit Äpfeln schmeckt dieser Kuchen das ganze Jahr über. Backen Sie ihn im Frühsommer mit frischem Rhabarber. Die Rosinen können Sie weglassen.

Mürbeteig
- 250 g Mehl
- 75 g Zucker
- 1 Prise Salz
- 125 g kalte Butter, in Stückchen
- 1 Ei

Quarkcreme
- 250 g Magerquark, im Sieb abgetropft
- 100 g Zucker
- 1 EL Vanillezucker
- abgeriebene Zitronenschale
- 40 g Speisestärke oder
  1 Päckchen Vanillepuddingpulver
- 4 Eier
- 200 g Sahne, steif geschlagen

Belag
- 600 g dünne Apfelspalten
- 2 EL Zimtzucker
- 30 g Rosinen (nach Belieben)

- 3 EL Aprikosenkonfitüre zum Glasieren
- 20 g Mandelblättchen, trocken geröstet

Springform von 26 cm Ø
Backen: 60 Minuten bei 180 °C

1 Für den Teig das Mehl auf der Arbeitsfläche mit allen Zutaten zusammenhacken und rasch zu einem glatten Teig kneten. Zu einer Kugel formen, in Folie wickeln und mindestens 30 Minuten kalt stellen.

2 Für die Creme den Quark mit dem Zucker, Vanillezucker, Zitronenschale, Speisestärke oder Puddingpulver und den Eiern gründlich verrühren. Die Schlagsahne unterheben. Den Ofen vorheizen.

3 Den Teig auf der Arbeitsfläche etwas größer als die Form rund ausrollen, die Form damit auslegen und dabei einen Rand hochziehen. Den Rand gut andrücken und den Boden mit der Gabel mehrmals einstechen.

4 Die Quarkcreme in die Form füllen und glatt streichen. Mit den Apfelspalten von außen nach innen überlappend belegen, mit dem Zimtzucker und den Rosinen (falls verwendet) bestreuen. Den Kuchen backen. Nach dem Abdämpfen den Formrand entfernen und den Kuchen auf einem Kuchengitter auskühlen lassen.

5 Die Aprikosenkonfitüre erhitzen, durch ein Sieb streichen und mit dem Pinsel auf der Oberfläche und dem Rand des Kuchens auftragen. Den Rand mit den Mandelblättchen bestreuen.

Die lockere Quarkcreme wird dekorativ mit dünn geschnittenen Apfelspalten belegt.

Aprikosenkuchen mit Quarkbelag

Mit dem leicht säuerlichen und cremigen Quark harmonieren viele Früchte. Den saftigen Kuchen können Sie genauso mit Äpfeln, Kirschen oder Rhabarber backen sowie mit fast jedem anderen Teig: Rührteig, Quarkölteig, Hefeteig.

Mürbeteig

- ▸ **250 g Mehl**
- ▸ **75 g Zucker**
- ▸ **1 Prise Salz**
- ▸ **125 g kalte Butter, in Stückchen**
- ▸ **1 Ei**

- ▸ **750 g Aprikosen**

Quarkbelag

- ▸ **40 g weiche Butter**
- ▸ **75 g Zucker**
- ▸ **3 Eier**
- ▸ **500 g Magerquark, im Sieb abgetropft**
- ▸ **3 EL Sahne**
- ▸ **abgeriebene Zitronenschale**

| Springform von 26–28 cm Ø
Backen: 45 Minuten bei 190–200 °C

1 Für den Teig das Mehl auf der Arbeitsfläche mit allen Zutaten zusammenhacken und rasch zu einem glatten Teig kneten. Zu einer Kugel formen, in Folie wickeln und mindestens 30 Minuten kalt stellen.

2 Die Aprikosen waschen, halbieren und entsteinen. Den Ofen vorheizen.

3 Den Teig auf der Arbeitsfläche etwas größer als die Form rund ausrollen, die Form damit auslegen und dabei einen Rand hochziehen. Den Rand gut andrücken und den Boden mit der Gabel mehrmals einstechen.

4 Für den Quarkbelag die Butter mit dem Zucker und den Eiern schaumig rühren, alle übrigen Zutaten daruntermischen.

5 Den Teigboden mit den Aprikosen belegen, die Rundung nach unten. Den Quarkbelag einfüllen und glatt streichen. Den Kuchen hellgelb backen.

6 Nach dem Abdämpfen den Formrand entfernen und den Kuchen auf einem Kuchengitter auskühlen lassen. Frisch gebacken schmeckt er am besten.

Beerentorte mit Quarkcreme

Nussbiskuit

- ▸ **3 Eier, getrennt**
- ▸ **75 g feinster Zucker**
- ▸ **1 EL Vanillezucker**
- ▸ **50 g gemahlene Haselnüsse**
- ▸ **30 g Mehl**

Quarkcreme

- ▸ **375 g Quark, im Sieb abgetropft**
- ▸ **125 g Zucker**
- ▸ **abgeriebene Schale und Saft von 1 Zitrone**
- ▸ **6 Blatt Gelatine, kalt eingeweicht**
- ▸ **400 g Sahne, steif geschlagen**

- ▸ **500 g Beeren (Erdbeeren, Himbeeren, Brombeeren, rote, weiße und schwarze Johannisbeeren)**
- ▸ **1 Päckchen Tortenguss**
- ▸ **2 EL geröstete Mandelblättchen**

| Springform von 26–30 cm Ø,
Boden mit Backpapier ausgelegt
Backen: 35 Minuten bei 180 °C

1 Für den Biskuit die Eiweiße steif, aber nicht schnittfest schlagen, dabei den Zucker einrieseln lassen. Die verrührten Eigelbe, den Vanillezucker und die Nüsse dazugeben, das Mehl darübersieben und alles locker unterheben. Die Masse in die Form füllen, glatt streichen und hellbraun backen. Nach dem Abdämpfen auf ein Kuchengitter stürzen, das Backpapier abziehen und auskühlen lassen.

Die fruchtige Torte mit viel frischen Beeren und Quarkcreme ist genau das Richtige für den Sommer. Verwenden Sie die Beeren der Saison, rote, helle und schwarze bunt gemischt. Wenn Sie wollen, können Sie auch noch geröstete Mandelblättchen darüberstreuen.

2 Für die Creme den Quark mit dem Zucker, der Zitronenschale und dem Zitronensaft glatt rühren. Die Gelatine tropfnass in einem Topf erwärmen und auflösen. Zunächst mit einigen Esslöffeln der Quarkcreme vermischen und dann unter die restliche Creme rühren. Im Kühlschrank kurz anziehen lassen. Sobald die Creme fest zu werden beginnt, die Schlagsahne vorsichtig untermischen.

3 Die Hälfte der Beeren unter die Quarkcreme heben. Den Biskuit mit einem Tortenring umstellen, die Creme einfüllen und glatt streichen. Im Kühlschrank fest werden lassen.

4 Die restlichen Beeren auf die Creme streuen. Den Tortenguss nach Packungsanweisung zubereiten und die Beeren damit überziehen.

Rhabarber – herb, säuerlich, die Nummer eins im Mai und Juni

Schneller Rhabarberkuchen

Mit dem süßen, fettfreien Eischwerteig harmoniert neben Rhabarber auch anderes säuerliches Sommerobst wie Stachelbeeren, Sauerkirschen oder Aprikosen. Der Zeitaufwand für den unkomplizierten Kuchen ist gering.

Eischwerteig ohne Fett
▸ **3 Eier**
▸ **3 Eischwer Zucker (oder etwas weniger)**
▸ **abgeriebene Zitronenschale**
▸ **3 Eischwer Mehl, nach Belieben davon ¹/₃ Speisestärke**

Belag
▸ **500 g Rhabarber, bei Bedarf geschält, in Stückchen geschnitten**
▸ **Puderzucker zum Besieben**

| Springform von 26–28 cm Ø, gefettet und bemehlt
| **Backen:** 40 Minuten bei 180–190 °C

1 Den Ofen vorheizen. Für den Teig die Eier wiegen, gleich viel Zucker und Mehl abwiegen. Die Eier mit dem Zucker auf höchster Schaltstufe zu einer sehr lockeren, weißschaumigen Masse rühren, die Zitronenschale zugeben. Das Mehl, eventuell mit Speisestärke vermischt, auf die Schaummasse sieben und locker untermischen. Den Teig in die vorbereitete Form füllen, glatt streichen und mit den Rhabarberstückchen belegen. Den Kuchen hellbraun backen.

2 Nach dem Abdämpfen den Formrand entfernen und den Kuchen auf einem Kuchengitter auskühlen lassen. Mit Puderzucker besieben.

Rhabarberkuchen mit Karamellkruste

Das Besondere an diesem feinen Rhabarberkuchen, der mit zwei Teigen gebacken wird, ist die goldbraune Karamellkruste. Servieren Sie ihn möglichst frisch gebacken. Halb steif geschlagene Sahne, nach Belieben mit Rum abgeschmeckt, passt gut dazu.

Mürbeteig
▸ **150 g Mehl, 75 g Zucker**
▸ **1 TL Vanillezucker**
▸ **1 Prise Salz**
▸ **100 g kalte Butter, in Stückchen**
▸ **2 EL Eiswasser**

Rührteig
▸ **100 g Butter**
▸ **75 + 25 g Zucker**
▸ **2 Eier, getrennt**
▸ **abgeriebene Zitronenschale**
▸ **1 EL Rum (nach Belieben)**
▸ **100 g Mehl**

Belag und Karamell
▸ **250 g Rhabarber, bei Bedarf geschält, in 2 cm breite Stückchen geschnitten**
▸ **2–3 EL brauner Zucker**
▸ **1 TL Zimtzucker**

| Springform von 26–28 Ø
| **Vorbacken:** 10–12 Minuten bei 210 °C
| **Fertig backen:** 40 Minuten bei 180 °C
| **Karamellisieren:** etwa 1 Minute unter dem Grill

1 Für den Teig das Mehl auf der Arbeitsfläche mit allen Zutaten zusammenhacken und rasch zu einem glatten Teig kneten. Zu einer Kugel formen, in Folie wickeln und mindestens 30 Minuten kalt stellen.

2 Den Ofen vorheizen. Den Mürbeteig in Größe der Backform rund ausrollen, auf den Formboden legen, mit der Gabel mehrmals einstechen und vorbacken. In der Form abkühlen lassen. Die Ofentemperatur reduzieren.

3 Für den Rührteig die Butter mit 75 g Zucker und den Eigelben schaumig rühren, die Zitronenschale und den Rum (falls verwendet) zugeben. Die Eiweiße mit dem restlichen Zucker steif schlagen, auf die Schaummasse gleiten lassen, das Mehl darübersieben und beides untermischen.

4 Den Rührteig auf den vorgebackenen Mürbeteigboden streichen, mit den Rhabarberstückchen belegen und fertig backen. Kurz vor Ende der Backzeit den Kuchen mit dem braunen Zucker und Zimtzucker bestreuen und unter dem Grill goldbraun karamellisieren.

5 Nach dem Abdämpfen den Formrand entfernen und den Kuchen auf einem Kuchengitter auskühlen lassen.

Umgedrehter Rhabarberkuchen

Der umgedrehte Obstkuchen überrascht mit einer hellbraunen Zuckerkruste. Das Tüpfelchen auf dem i sind die karamellisierten Walnusshälften am Rand.

Eischwerteig
▸ **3 Eier**
▸ **3 Eischwer Puderzucker**
▸ **3 Eischwer Butter, zerlassen**
▸ **3 Eischwer Mehl, davon ¹/₃ Speisestärke**
▸ **1 TL Backpulver**
▸ **abgeriebene Zitronenschale**

Belag
▸ **50 g Butter, zerlassen**
▸ **80 g Zucker**
▸ **50 g Walnusshälften**
▸ **500 g Rhabarber, bei Bedarf geschält, in 2 cm breite Stückchen geschnitten**

Springform von 26 cm Ø, Boden mit
Backpapier ausgelegt
Backen: 45 Minuten bei 190 °C

1 Für den Teig die Eier wiegen. Gleich
viel Puderzucker, Butter sowie Mehl plus
Speisestärke abwiegen. Das Mehl mit
der Speisestärke und dem Backpulver
mischen und sieben. Die Eier mit dem
Puderzucker schaumig rühren. Mit dem
Rührlöffel einige Esslöffel der Mehlmischung und die Zitronenschale unterrühren. Das restliche Mehl, abwechselnd
mit der lauwarmen Butter, nach und
nach unterrühren.

2 Den Ofen vorheizen. Für den Belag
die Butter in die vorbereitete Springform
träufeln und den Zucker gleichmäßig
einstreuen. Den Boden am Rand entlang mit einer Reihe Walnusshälften
belegen, Rundung nach unten. Die
Rhabarberstückchen auf dem Boden
verteilen. Den Teig einfüllen und glatt
streichen. Goldgelb backen.

3 Den Kuchen in der Form
kurz abdämpfen lassen, auf
eine Platte stürzen und
das Backpapier
vorsichtig
abziehen.

Umgedrehter Apfelkuchen

Wählen Sie säuerlich-aromatische
Äpfel für den Kuchen. Die Äpfel
schälen, das Kerngehäuse entfernen,
in dicke Scheiben oder Spalten schneiden. Den Formboden mit Butter beträufeln, zuckern und mit den Äpfeln
auslegen. Den Teig darüberfüllen und
backen.

Umgedrehter Aprikosenkuchen

Vollreife Aprikosen halbieren und
den Stein entfernen. Den Formboden
mit Butter beträufeln, zuckern, mit
den Walnusshälften und Aprikosen
(Rundung nach unten) in Kreisen
auslegen. Den Teig darüberfüllen
und backen.

Umgedrehter Kirschkuchen

Sauerkirschen oder Schattenmorellen
können Sie mit oder ohne Stein verwenden. Den Formboden mit Butter
beträufeln, zuckern und mit den Walnusshälften und Kirschen auslegen.
Sehr schön sieht es aus, wenn Sie die
Kirschen in Kreisen von außen nach
innen in die Form legen. Den Teig
darüberfüllen und backen.

Wer mag, kann auch bei diesem um-
gedrehten Apfelkuchen den Rand des
Formbodens mit einer Reihe Walnusshälften belegen und den fertigen
Kuchen mit Puderzucker besieben.

Beeren – im Sommer frisch, im Winter auch gefroren

Beeren-Quarkcreme-Schnitten

Der Kuchen wird in einem verstellbaren Backrahmen gebacken, so können Sie ihn in gleichmäßige Schnitten teilen. Natürlich können Sie ihn auch in der Springform backen und in Tortenstücke schneiden.

Wasserbiskuit

▸ **3 Eiweiß, 3 EL kaltes Wasser**
▸ **150 g Zucker**
▸ **3 Eigelb, verrührt**
▸ **100 g Mehl, 1 TL Backpulver**
▸ **50 g gemahlene Haselnüsse**

Quarkcreme

▸ **4 Eigelb, 180 g Zucker**
▸ **125 ml Milch**
▸ **abgeriebene Zitronenschale**
▸ **8 Blatt Gelatine, kalt eingeweicht**
▸ **500 g Quark, im Sieb abgetropft**
▸ **400 g Sahne, steif geschlagen**

Belag und Guss

▸ **750 g gemischte Beeren (Himbeeren, Heidelbeeren, Johannisbeeren, Erdbeeren)**
▸ **1 Päckchen Tortenguss**
▸ **250 ml Weißwein, 2 EL Zucker**

Verstellbarer Backrahmen, 28 × 20 cm
Backblech, mit Backpapier ausgelegt
Backen: 20 Minuten bei 180 °C

1 Den Ofen vorheizen. Für den Biskuit die Eiweiße mit dem Wasser zu steifem Schnee schlagen, dabei den Zucker einrieseln lassen. Die Eigelbe unterrühren. Das Mehl mit dem Backpulver darübersieben, die Nüsse einstreuen und beides locker unterheben. Den Backrahmen auf das vorbereitete Blech setzen, die Masse einfüllen, glatt streichen und backen.

2 Nach dem Abdämpfen den Backrahmen mit einem Messer vom Rand lösen und abnehmen. Den Biskuit auf eine Unterlage stürzen und das Papier abziehen. Auskühlen lassen.

1 Aus den Eigelben, Zucker und Milch auf dem Herd eine Creme rühren.

2 Die ausgedrückte Gelatine in der heißen Creme auflösen.

3 Den passierten Quark in die Creme einrühren, kalt stellen.

3 Für die Quarkcreme in einer Kasserolle die Eigelbe mit dem Zucker und der Milch glatt rühren, die Zitronenschale zugeben. Unter beständigem Rühren mit dem Schneebesen erhitzen und einmal aufpuffen lassen. Den Topf vom Herd nehmen. Die Gelatine ausdrücken und in der heißen Creme auflösen. Den Quark durch das Sieb streichen, unter die Creme mischen und diese etwa 10 Minuten kalt stellen, bis sie zu stocken beginnt. Die Schlagsahne unterziehen.

4 Die geschlagene Sahne unter die Quarkcreme ziehen.

5 Die Creme auf den Biskuit (im verstellbaren Backrahmen) streichen.

6 Die Beeren in einem hübschen Muster auf der Creme anordnen.

4 Zum Fertigstellen den Biskuit wieder mit dem Backrahmen umschließen. Die Creme einfüllen, glatt streichen und die Beeren in einem hübschen Muster auf der Creme verteilen. Den Tortenguss nach Packungsanweisung mit dem Wein und Zucker zubereiten und die Beeren damit überglänzen. Kalt stellen, bis die Creme und der Tortenguss fest geworden sind.

5 Den Backrahmen mit einem in heißes Wasser getauchten Messer ablösen. Die Torte in Schnitten teilen.

Schneller Beerenkuchen mit Joghurtcreme

Keksboden
▸ **175 g Löffelbiskuits**
▸ **125 g Butter, zerlassen**

Joghurtcreme
▸ **450 g Joghurt**
▸ **300 g saure Sahne**
▸ **120 g Zucker**
▸ **7 Blatt Gelatine, kalt eingeweicht**
▸ **200 g Sahne, steif geschlagen**

Belag und Guss
▸ **300 g Waldbeeren (Himbeeren, Brombeeren und Heidelbeeren)**
▸ **1 Päckchen Tortenguss**
▸ **250 ml Fruchtsaft**
▸ **2 EL Zucker**

▮ Tortenring von 26 cm Ø

1 Für den Boden die Löffelbiskuits in einen Gefrierbeutel krümeln, verschließen und mit dem Teigroller zerdrücken. Die Brösel in einer Schüssel mit der Butter vermischen. Den Tortenring auf eine Kuchenplatte setzen, die Bröselmasse darin verteilen und gut festdrücken.

2 Für die Creme den Joghurt mit der sauren Sahne und dem Zucker glatt rühren. Die Gelatine tropfnass in einem Topf erwärmen, auflösen und gründlich untermischen. Kalt stellen. Sobald die Creme zu gelieren beginnt, die Schlagsahne unterziehen. Die Joghurtcreme auf den Biskuitboden füllen und glatt streichen.

3 Die vorbereiteten Beeren auf der noch geschmeidigen Joghurtcreme verteilen. Den Tortenguss nach Packungsanweisung mit dem Fruchtsaft und Zucker zubereiten und gleichmäßig auf den Früchten verteilen. Einige Stunden kalt stellen.

Erdbeeren – aromatisch, süß und saftig

Feiner Erdbeerkuchen mit Tortenguss

Oben ein saftiger Guss mit Beeren, unter dem Biskuit ein krosser Mürbeteig-Unterboden – das ist die edle Form des klassischen Beerenkuchens.

Mürbeteig-Unterboden

▸ 55 g weiche Butter
▸ 35 g Zucker
▸ 1 Eigelb
▸ 70 g Mehl

Biskuit

▸ 3 Eier, getrennt
▸ 75 g Zucker
▸ 75 g Mehl

▸ Konfitüre zum Bestreichen

Belag und Guss

▸ 500–600 g Erdbeeren (oder andere Beeren der Saison)
▸ 1 Päckchen Tortenguss
▸ 250 ml Fruchtsaft
▸ 2 EL Zucker

Springform von 26–28 cm Ø
Unterboden backen: 15 Minuten bei 180 °C
Biskuit backen: 20–30 Minuten bei 180 °C

1 Den Ofen vorheizen. Für den Unterboden die Butter mit dem Zucker und dem Eigelb schaumig rühren, das Mehl untermischen. Mit der Teigkarte oder dem Spatel auf den Formboden streichen und hellgelb backen.

2 Für den Biskuit die Eiweiße steif, aber nicht schnittfest schlagen, dabei den Zucker einrieseln lassen. Die verrührten Eigelbe untermischen, das Mehl darübersieben und unterziehen.

3 Den vorgebackenen Unterboden aus dem Ofen nehmen und kurz abdämpfen lassen. Mit Konfitüre bestreichen. Die Biskuitmasse einfüllen, glatt streichen und goldgelb backen. Den Tortenboden nach kurzem Abdämpfen aus der Form nehmen und auf einer Unterlage auskühlen lassen.

4 Den Biskuit mit Konfitüre bestreichen und mit einem Tortenring umschließen. Dicht und dekorativ mit den geputzten ganzen Beeren belegen.

5 Den Tortenguss nach Packungsanweisung mit dem Fruchtsaft und Zucker zubereiten und die Früchte damit überziehen.

Erdbeer-Makronen-Kuchen

Mürbeteig

▸ 125 g Mehl
▸ 1 EL Zucker
▸ ½ Päckchen Vanillezucker
▸ 1 Prise Salz
▸ 80 g kalte Butter, in Stückchen

Makronenmasse

▸ 3 Eiweiß
▸ 1 TL Zitronensaft
▸ 120 g Zucker
▸ 175 g gemahlene Mandeln

Belag

▸ 500 g Erdbeeren
▸ 100 g Sahne
▸ 1 EL Zucker

Springform von 26 cm Ø
Vorbacken: 15 Minuten bei 180 °C
Fertig backen: 20–25 Minuten bei 180 °C

1 Für den Teig das Mehl auf der Arbeitsfläche mit allen Zutaten zusammenhacken und rasch zu einem glatten Teig kneten. Zu einer Kugel formen, in Folie wickeln und mindestens 30 Minuten kalt stellen.

2 Den Ofen vorheizen. Den Teig in Größe der Backform rund ausrollen und die Form damit auslegen. Mit der Gabel mehrmals einstechen und hellgelb vorbacken.

Erdbeer-Makronen-Kuchen

3 Für die Makronenmasse die Eiweiße mit dem Zitronensaft steif, aber nicht schnittfest schlagen, dabei den Zucker einrieseln lassen und fest aufschlagen. Die Mandeln untermischen. Die Masse auf den vorgebackenen Boden streichen und goldgelb fertig backen. Nach dem Abdämpfen den Formrand entfernen, den Kuchen auf einem Kuchengitter auskühlen lassen, dann auf eine Tortenunterlage legen.

4 Für den Belag die Erdbeeren waschen, putzen, große Beeren halbieren und den Kuchen mit den Erdbeeren belegen. Die Sahne mit dem Zucker steif schlagen und die Oberfläche damit überziehen oder spritzen.

Erdbeertarte mit Marzipancreme

Mürbeteig
- ▸ **220 g Mehl**
- ▸ **80 g Puderzucker**
- ▸ **1 Prise Salz**
- ▸ **100 g kalte Butter, in Scheiben**
- ▸ **1 Ei**

Marzipancreme
- ▸ **2 Eier, getrennt**
- ▸ **30 g Speisestärke**
- ▸ **300 ml Milch**
- ▸ **20 + 40 g Zucker**
- ▸ **1 Prise Salz**
- ▸ **150 g Marzipanrohmasse**
- ▸ **80 g geschälte, gemahlene Mandeln**

Belag
- ▸ **600 g möglichst gleich große Erdbeeren**
- ▸ **Puderzucker zum Bestauben**

Tortenbodenform mit herausnehmbarem Boden von 26–28 cm Ø
Backpapier und Hülsenfrüchte zum Blindbacken
Blind backen: 10–15 Minuten bei 200 °C
Fertig backen: 10–15 Minuten bei 190 °C

Statt Puderzucker kann man die Erdbeeren auch mit Tortenguss überglänzen.

1 Für den Teig das Mehl auf der Arbeitsfläche mit allen Zutaten zusammenhacken und rasch zu einem glatten Teig kneten. Zu einer Kugel formen, in Folie wickeln und mindestens 30 Minuten kalt stellen.

2 Den Ofen vorheizen. Auf der bemehlten Arbeitsfläche den Teig rund ausrollen, die Form damit auslegen, dabei den Teig an den Formrand drücken und den überstehenden Teig mit einem Messer gerade abschneiden. Den Boden mit der Gabel mehrmals einstechen, mit Backpapier auslegen und mit Hülsenfrüchten füllen. Blind backen. Die Ofentemperatur reduzieren. Die Hülsenfrüchte mit dem Papier entfernen und den Boden fertig backen. Nach dem Abdämpfen aus der Form heben und auf einem Kuchengitter auskühlen lassen.

3 Für die Creme die Eigelbe mit der Speisestärke und etwas Milch glatt rühren. Die restliche Milch mit 20 g Zucker und dem Salz zum Kochen bringen. Die angerührte Mischung mit dem Schneebesen in die Milch einrühren und einmal aufpuffen lassen. Den Topf vom Herd nehmen. Die Eiweiße mit dem restlichen Zucker steif schlagen und unter die Creme mischen. Die Marzipanrohmasse mit 2–3 EL der heißen Creme geschmeidig rühren, nach und nach mit der restlichen Creme verarbeiten. Zuletzt die Mandeln unterziehen. Die Creme auf den Kuchenboden füllen, glatt streichen und abkühlen lassen.

4 Die Erdbeeren (ganze Früchte) in Kreisen von außen nach innen auf die Creme setzen und mit Puderzucker besieben. Wenn Sie mögen, verzieren Sie den Kuchen mit Zitronenmelisse.

Kirschen aus dem Glas –
das ganze Jahr ein Renner

Kirschkuchen mit Joghurtcreme

Ein Kirschkuchen aus feinem Nussbiskuit, darüber eine weiße Joghurtcreme, überzogen mit einem rot glänzenden Tortenguss – das ist optisch und geschmacklich ein Genuss.

Nussbiskuit

▸ **5 Eier, getrennt**
▸ **150 g Zucker**
▸ **300 g gemahlene Haselnüsse**
▸ **1 TL Backpulver**

Joghurtcreme

▸ **300 g Joghurt**
▸ **200 g saure Sahne**
▸ **1 EL Zitronensaft**
▸ **100 g Zucker**
▸ **5 Blatt Gelatine, kalt eingeweicht**
▸ **200 g Sahne, steif geschlagen**

Belag und Guss

▸ **350 g entsteinte Sauerkirschen aus dem Glas, abgetropft, Saft aufgefangen**
▸ **1 Päckchen roter Tortenguss**

Springform von 26 cm Ø, Boden mit Backpapier ausgelegt
Backen: 35–40 Minuten bei 180 °C

1 Für den Biskuit die Eiweiße steif, aber nicht schnittfest schlagen, dabei den Zucker einrieseln lassen. Die verrührten Eigelbe und die Nüsse, mit dem Backpulver vermischt, vorsichtig unterheben. Die Masse in die Form füllen, glatt streichen und hellbraun backen. Nach dem Abdämpfen den Formrand entfernen und den Kuchen auf einem Kuchengitter auskühlen lassen.

2 Für die Creme den Joghurt mit der sauren Sahne, Zitronensaft und Zucker glatt rühren. Die Gelatine tropfnass in einem Topf erwärmen, auflösen und untermischen. Kalt stellen. Sobald die Creme zu gelieren beginnt, die Schlagsahne unterziehen.

3 Den Biskuit auf eine Tortenplatte legen und mit einem Tortenring umschließen. Die Sauerkirschen darauf verteilen, möglichst in Kreisen von außen nach innen. Die Creme auf die Kirschen füllen und glatt streichen.

4 Den Tortenguss mit dem aufgefangenen Kirschsaft nach Packungsanweisung zubereiten und auf der Torte verteilen. Einige Stunden kalt stellen.

Schneller Kirschkuchen

Der unkomplizierte Kirschkuchen aus feinem Wiener Biskuit macht nur wenig Mühe. Sie können ihn auch mit Äpfeln, Zwetschgen, Aprikosen und Stachelbeeren backen.

Wiener Biskuit

▸ **3 Eier, getrennt**
▸ **75 g feinster Zucker**
▸ **50 g Mehl**
▸ **30 g Speisestärke**
▸ **45 g Butter, zerlassen**

Belag

▸ **350 g entsteinte Schattenmorellen aus dem Glas, abgetropft**
▸ **Puderzucker zum Besieben**

Springform von 26 cm Ø, gefettet
Backen: 45 Minuten bei 190 °C

1 Den Ofen vorheizen. Die Eiweiße steif, aber nicht schnittfest schlagen, dabei den Zucker einrieseln lassen. Die verrührten Eigelbe untermischen. Das Mehl mit der Speisestärke sieben und abwechselnd mit der lauwarmen Butter mit dem Spatel unter den Eischnee mischen. Die Masse in die Backform füllen, glatt streichen und möglichst gleichmäßig mit den Kirschen belegen. In den Ofen schieben und hellbraun backen.

2 Nach dem Abdämpfen den Formrand entfernen und den Kuchen auf einem Kuchengitter auskühlen lassen. Mit Puderzucker besieben. Man reicht Schlagsahne dazu (sehr gut mit etwas Zimt aromatisiert).

Schokoladen-Kirschkuchen

Den edlen Kuchen mit feiner Schokolade, Mandeln und Kirschen hat uns ein Hobbybäcker aus dem Freundeskreis verraten. Die Kirschen sinken in den zarten Teig ein.

Rührteig

▸ **140 g weiche Butter**
▸ **100 + 40 g Zucker**
▸ **1 Prise Salz**
▸ **4 Eigelb**
▸ **100 g dunkle Kuvertüre, geschmolzen**
▸ **1 cl Kirschlikör**
▸ **4 Eiweiß**
▸ **150 g gemahlene Mandeln**
▸ **60 g Mehl**
▸ **1/2 TL Backpulver**

▸ **350 g entsteinte Schattenmorellen aus dem Glas, abgetropft**
▸ **Puderzucker zum Besieben**

Springform von 26 cm Ø, gefettet und bemehlt
Backen: 45 Minuten bei 180 °C

1 Den Ofen vorheizen. Für den Teig die Butter geschmeidig rühren. Nach und nach 100 g Zucker, das Salz und die

Schnell gerührt und sofort gebacken – das macht diesen Schokoladen-Kirschkuchen so beliebt.

Eigelbe, eines nach dem anderen, zugeben und zu einer sehr schönen Schaummasse rühren. Die Kuvertüre und den Kirschlikör unterrühren. Die Eiweiße mit 40 g Zucker steif schlagen und auf die Schaummasse gleiten lassen. Die Mandeln zugeben, das Mehl mit dem Backpulver darübersieben und alles leicht und locker vermischen. In die Backform füllen und glatt streichen. Die Kirschen gleichmäßig auf der Oberfläche verteilen. Hellbraun backen.

2 Nach dem Abdämpfen den Formrand entfernen und den Kuchen auf einem Gitter auskühlen lassen. Vor dem Servieren mit Puderzucker besieben. Man reicht Schlagsahne dazu, die gern mit Zimt aromatisiert wird.

Gleich ein ganzes Blech – für die große Familie und für Gäste

Zwetschgenkuchen

Zwetschgendatschi

Hefeteig
- ▸ **400 g Mehl**
- ▸ **30 g Hefe**
- ▸ **50 g Zucker**
- ▸ **etwa 150 ml lauwarme Milch**
- ▸ **50 g Butter, zerlassen**
- ▸ **1 Ei**
- ▸ **½ TL Salz**

Belag und Streusel
- ▸ **1,5 kg Zwetschgen**
- ▸ **150 g Mehl**
- ▸ **100 g Zucker**
- ▸ **½ TL Zimt**
- ▸ **100 g Butterflöckchen**

Backblech, gefettet
Backen: 40 Minuten
bei 190 °C

1 Für den Teig das Mehl in die Rührschüssel füllen und in die Mitte eine Mulde drücken. Die zerbröckelte Hefe mit 1 EL Zucker und 3 EL von der Milch in die Mulde geben und mit etwas Mehl vom Rand zu einem weichen Vorteig anrühren. Mit etwas Mehl bestreuen und zugedeckt im warmen Raum kurz gehen lassen, bis die Oberfläche Risse zeigt. Die restlichen Zutaten hinzufügen und mit den Knethaken des Rührgerätes zu einem geschmeidigen, glatten Teig verarbeiten. Zugedeckt gehen lassen, bis er das Doppelte seines Volumens erreicht hat.

2 Den Hefeteig auf der bemehlten Arbeitsfläche in Blechgröße ausrollen, mit dem Teigroller aufnehmen und auf dem Blech wieder abrollen. Nachformen und die Ränder leicht hochdrücken.

3 Die Zwetschgen halbieren, aber nicht durchtrennen, und entsteinen; schnell und einfach geht das mit dem Zwetschgenentsteiner, der die Früchte gleichzeitig entsteint und einschneidet. Den Teig in sehr dichten Reihen und leicht überlappend mit den Zwetschgen belegen. Zugedeckt noch einmal gehen lassen. Den Ofen vorheizen.

4 Für die Streusel das Mehl mit dem Zucker, Zimt und den Butterflöckchen vermengen und zwischen den Fingern krümelig abbröseln. Die Streusel auf die Zwetschgen streuen. Sobald der Kuchen genügend gegangen ist, in den Ofen schieben und hellbraun backen. Nach kurzem Abdämpfen auf einem Gitter auskühlen lassen.

Zwetschgen-Krümelkuchen

Krümelteig ist doppelt praktisch: ein Teil wird in die Form gedrückt als Boden und der Rest als Brösel darübergestreut. Den feinen Kuchen können Sie auch mit Rhabarberstückchen oder mit Apfelspalten backen.

Krümelteig
▸ **250 g weiche Butter**
▸ **250 g Zucker, 1 Ei**
▸ **1 Päckchen Vanillezucker**
▸ **1 Prise Salz**
▸ **500 g Mehl, mit**
  1 Päckchen Backpulver vermischt

Belag
▸ **250 g Magerquark, im Sieb**
  abgetropft
▸ **30 g Butter, zerlassen**
▸ **75 g Zucker**
▸ **1 Päckchen Vanillezucker**
▸ **1 EL Speisestärke**
▸ **1,5 kg Zwetschgen**

▍ Backblech, gefettet
▍ **Backen:** 50 Minuten bei 175 °C

1 Für den Teig die Butter mit dem Zucker und dem Ei schaumig rühren, den Vanillezucker und das Salz unterrühren. Die Hälfte des mit dem Backpulver vermischten Mehles unterrühren. Das restliche Mehl zugeben und den Teig mit den Händen krümelig abbröseln. Zwei Drittel des Teiges auf das Backblech drücken. Den Ofen vorheizen.

2 Für den Belag den Quark mit allen Zutaten (ohne die Zwetschgen) glatt rühren und auf den Krümelteig streichen. Die Zwetschgen halbieren, aber nicht durchschneiden, entsteinen (verwenden Sie dazu einen Zwetschgenentsteiner) und in dichten Reihen auf dem Quarkbelag anordnen. Den restlichen Krümelteig über die Zwetschgen bröseln und backen. Den Kuchen auf dem Blech auskühlen lassen.

Johannisbeer-Schoko-Kuchen

Rührteig
▸ **250 g weiche Butter**
▸ **250 g Zucker**
▸ **1 Prise Salz**
▸ **4 Eier**
▸ **150 g Mehl**
▸ **150 g Speisestärke**
▸ **1 TL Backpulver**
▸ **2 EL Kakaopulver**
▸ **100 g Vollmilch-Schokostreusel**

Belag
▸ **100 g gemahlene Haselnüsse**
▸ **1 kg Johannisbeeren**
▸ **100 g Hagelzucker**

▍ Backblech, mit Backpapier ausgelegt
▍ **Backen:** 45 Minuten bei 180 °C

1 Die Butter geschmeidig rühren. Nach und nach den Zucker, Salz und die Eier, eines nach dem anderen, zugeben und schaumig rühren. Das Mehl mit der Speisestärke, dem Backpulver und dem Kakao vermischen und auf die Schaummasse sieben. Die Schokostreusel darüberstreuen und alles mit dem Gummispatel unterheben.

2 Den Ofen vorheizen. Den Teig auf das Backblech streichen. Die Haselnüsse auf den Teig streuen und die Johannisbeeren schön gleichmäßig darauf verteilen. Den Kuchen backen. Nach kurzem Abdämpfen auf ein Kuchengitter oder Schneidbrett schieben, sofort mit dem Hagelzucker bestreuen und auskühlen lassen.

Apfelkuchen mit Quarkbelag

▸ **Hefeteig wie Zwetschgenkuchen (links)**
▸ **1,5–2 kg Äpfel**

Quarkbelag
▸ **60 g weiche Butter**
▸ **150 g Zucker, 4 Eier**
▸ **750 g Quark, im Sieb abgetropft**
▸ **4 EL saure Sahne**
▸ **abgeriebene Zitronenschale**

▍ Backblech, gefettet
▍ **Backen:** 40–50 Minuten bei 190 °C

1 Den Hefeteig zubereiten, wie links in Schritt 1 beschrieben, und zugedeckt gehen lassen.

2 Den Hefeteig auf der bemehlten Arbeitsfläche in Blechgröße ausrollen, mit dem Teigroller aufnehmen und auf dem Blech wieder abrollen. Nachformen und die Ränder leicht hochdrücken.

3 Die Äpfel schälen, das Kerngehäuse entfernen, in Spalten schneiden. Den Teig in gleichmäßigen Reihen sehr dicht mit den Apfelspalten belegen. Zugedeckt gehen lassen. Den Ofen vorheizen.

4 Für den Belag die Butter mit dem Zucker und den Eiern schaumig rühren. Den Quark, die Sahne und die Zitronenschale gründlich untermischen. Die Masse auf den Äpfeln verteilen und glatt streichen. Sobald der Kuchen genug gegangen ist, in den Ofen schieben und goldgelb backen. Nach kurzem Abdämpfen auf einem Kuchengitter auskühlen lassen.

Apfelkuchen mit Zimtzucker und Korinthen

Den Apfelkuchen zubereiten wie im Hauptrezept, aber ohne Quarkbelag. Stattdessen die Äpfel mit Butterflöckchen besetzen, mit Zimtzucker bestreuen und 2 Hand voll Korinthen darüber verteilen.

Äpfel unter Gittern – einmal ein gelegtes und einmal ein aufgespritztes Gitter

Apfel-Mandel-Kuchen mit Gitter

Mürbeteig

- ▸ **400 g Mehl, ½ TL Backpulver**
- ▸ **150 g Zucker, 1 Prise Salz**
- ▸ **abgeriebene Zitronenschale**
- ▸ **200 g kalte Butter, in Stückchen**
- ▸ **2 Eier**
- ▸ **2 EL Rum oder saure Sahne**

- ▸ **1 Eiweiß und 1 Eigelb zum Bestreichen**

Belag

- ▸ **1,5 kg säuerliche Äpfel**
- ▸ **2 EL Zitronensaft**
- ▸ **100 g Zucker, 1 TL Zimt**
- ▸ **50 g Rosinen**
- ▸ **100 g gestiftelte Mandeln**

Backblech, leicht gefettet
Backen: 45 Minuten bei 190 °C

1 Für den Teig das Mehl auf der Arbeitsfläche mit allen Zutaten zusammenhacken und zu einem glatten Teig kneten. Zu einer Kugel formen, in Folie wickeln und mindestens 30 Minuten kalt stellen.

2 Den Ofen vorheizen. Zwei Drittel des Teiges auf der bemehlten Arbeitsfläche in Größe des Backbleches ausrollen, mit dem Teigroller aufnehmen und auf dem Backblech wieder abrollen. Die Teigränder egalisieren, den Boden mit der Gabel mehrmals einstechen und mit Eiweiß bestreichen.

3 Für den Belag die Äpfel schälen und grob raspeln. Mit allen Zutaten vermischen und gleichmäßig auf dem Teigboden verteilen.

4 Den restlichen Teig dünn ausrollen, mit dem Teigrädchen schmale Streifen ausradeln und diagonal als Gitter auf die Apfelfüllung legen – abwechselnd in beide Richtungen, damit ein schönes Darüber-darunter-Geflecht entsteht. Mit dem verrührten Eigelb bestreichen. Den Kuchen goldgelb backen.

5 Nach dem Abdämpfen auf einem Kuchengitter auskühlen lassen und möglichst frisch verzehren.

Apfelkuchen mit Marzipangitter

Dieses Rezept stammt von einer guten Freundin. Es ist der Lieblingskuchen der ganzen Familie.

Mürbeteig

- ▸ **300 g Mehl**
- ▸ **½ TL Backpulver**
- ▸ **125 g Puderzucker**
- ▸ **175 g kalte Butter, in Stückchen**
- ▸ **1 Ei**

Belag

- ▸ **1,5 kg säuerliche Äpfel**
- ▸ **50 g Butter**
- ▸ **75 g Zucker**
- ▸ **2 Päckchen Vanillezucker**
- ▸ **1 TL Zimt**
- ▸ **Saft von 1 Zitrone**

Das Gitter wird noch dekorativer, wenn Sie die Teigstreifen mit dem gewellten Teigrädchen ausschneiden.

Marzipangitter

▸ **200 g Marzipanrohmasse**
▸ **140 g Puderzucker**
▸ **3 Eiweiß**

Backblech, leicht gefettet
Vorbacken: 15 Minuten bei 180 °C
Fertig backen: 30 Minuten

1 Für den Teig das Mehl auf der Arbeitsfläche mit allen Zutaten zusammenhacken und rasch zu einem glatten Teig kneten. Zu einer Kugel formen, in Folie wickeln und mindestens 30 Minuten kalt stellen.

2 Für den Belag die Äpfel schälen, das Kerngehäuse entfernen, in Spalten schneiden. In einem Topf die Butter zerlassen und die Äpfel mit allen Zutaten darin halb weich dünsten. Abkühlen lassen.

3 Für das Gitter die Marzipanrohmasse mit dem Puderzucker und den Eiweißen zu einer glatten, spritzbaren Masse verarbeiten.

4 Den Ofen vorheizen. Den Mürbeteig in Blechgröße ausrollen, mit dem Rollholz aufnehmen und auf dem Backblech wieder abrollen. Die Ränder egalisieren und den Teig mit der Gabel mehrmals einstechen. Die Teigplatte vorbacken.

5 Die abgekühlten Äpfel auf dem vorgebackenen Mürbeteig verteilen. Die Marzipanmasse in einen Spritzbeutel mit großer Sterntülle füllen und gitterförmig aufspritzen – abwechselnd in beide Richtungen, damit ein schönes Darüber-darunter-Geflecht entsteht. Fertig backen.

6 Nach dem Abdämpfen auf einem Kuchengitter auskühlen lassen und möglichst frisch verzehren.

Das aufgespritzte Marzipangitter ist nicht nur Verzierung, sondern bringt zusätzlichen Geschmack mit.

1 Die Apfelspalten in der zerlassenen Butter halb weich dünsten.

2 Die Marzipanrohmasse glatt und spritzbar verarbeiten.

3 Die Äpfel auf dem vorgebackenen Mürbeteigboden verteilen.

4 Das Marzipangitter mit der großen Sterntülle aufspritzen.

Versteckte Früchte – entweder im Teig versunken oder unter einer Kruste verborgen

Versunkener Traubenkuchen

Diesen Kuchen können Sie auch mit anderen Früchten zubereiten und je nach Saison abwandeln. Entsteinte Kirschen, Zwetschgen oder Aprikosen, Stachelbeeren, Rhabarber- oder Apfelstückchen sind eine gute Wahl.

Rührteig

- ▸ **250 g weiche Butter**
- ▸ **200 g Zucker**
- ▸ **1 Prise Salz**
- ▸ **abgeriebene Zitronenschale**
- ▸ **4 Eier**
- ▸ **400 g Mehl**
- ▸ **2 TL Backpulver**
- ▸ **einige EL Milch (bei Bedarf)**

Belag

- ▸ **1–1,2 kg kernlose Weintrauben, helle oder dunkle oder gemischt**

Backblech, gefettet
Backen: 45–60 Minuten bei 180 °C

1 Die Butter geschmeidig rühren. Nach und nach den Zucker, Salz, Zitronenschale und die Eier, eines nach dem anderen, zugeben und schaumig rühren. Das Mehl mit dem Backpulver auf die Schaummasse sieben und unterrühren. Bei Bedarf etwas Milch zugeben, der Teig soll weich vom Löffel fallen.

2 Den Ofen vorheizen. Den Teig auf das Backblech streichen und gleichmäßig mit den Weintrauben belegen. Den Kuchen goldgelb backen. Nach kurzem Abdämpfen auf ein Kuchengitter oder Schneidbrett schieben und auskühlen lassen.

Im Rührteig versunkene dunkle und helle Weintrauben.

Birnenkuchen mit Amarenakirschen

Dieser feine Birnenkuchen erhält durch Amarenakirschen eine dekorative Optik. Er schmeckt auch gut mit Äpfeln.

Mürbeteig

- ▸ **250 g Mehl**
- ▸ **50 g Zucker**
- ▸ **1 Prise Salz**
- ▸ **150 g kalte Butter, in Stückchen**
- ▸ **1 Ei**
- ▸ **1 EL Rum (nach Belieben)**

Belag

- ▸ **4–5 Birnen (oder Birnenhälften aus der Dose)**
- ▸ **Zitronensaft, 1/2 TL Zimt**
- ▸ **etwa 20 Amarenakirschen (Glas)**

Mandelkruste

- ▸ **4 Eier, 150 g Zucker**
- ▸ **abgeriebene Zitronenschale**
- ▸ **50 g Speisestärke**
- ▸ **150 g gemahlene Mandeln**

Springform von 26 cm Ø
Vorbacken: 15 Minuten bei 200 °C
Fertig backen: 60 Minuten bei 160 °C

1 Für den Teig das Mehl auf der Arbeitsfläche mit allen Zutaten zusammenhacken und rasch zu einem glatten Teig kneten. Zu einer Kugel formen, in Folie wickeln und mindestens 30 Minuten kalt stellen.

2 Den Ofen vorheizen. Den Teig etwas größer als die Backform rund ausrollen, die Form damit auslegen und dabei einen Rand hochziehen. Zerknitterte Alufolie an den Rand drücken, damit er beim Backen nicht zusammenfällt. Den Boden mit der Gabel mehrmals einstechen und vorbacken. Die Alufolie entfernen. Die Ofentemperatur reduzieren.

3 Frische Birnen schälen, halbieren und das Kerngehäuse entfernen. Die Birnenhälften mit Zitronensaft beträufeln und mit Zimt besieben.

4 Für die Mandelkruste die Eier mit dem Zucker schaumig rühren, die restlichen Zutaten untermischen.

5 Den vorgebackenen Boden mit den Birnenhälften belegen, Rundung nach oben. Unter jede Birnenhälfte 1 Amarenakirsche legen. Die restlichen Kirschen grob hacken und zwischen die Birnen streuen. Die Mandelmasse gleichmäßig über den Birnen verteilen. Fertig backen.

6 Nach dem Abdämpfen den Formrand entfernen und den Kuchen auf einem Kuchengitter auskühlen lassen.

Krümelkuchen mit Früchten

Obstkuchen aus Streusel- oder Krümelteig sind zu Recht in der Familienbäckerei beliebt. Sie sind rasch und unkompliziert herzustellen und gelingen immer. Alle Früchte der Saison sind geeignet, auch abgetropfte Kompottfrüchte. Für einen reinen Krümelteig lassen Sie die Mandeln weg und erhöhen die Mehlmenge auf 400 g.

Mandelkrümelteig

▸ **200 g weiche Butter**
▸ **175 g Zucker**
▸ **1 EL Vanillezucker**
▸ **1 Prise Salz**
▸ **1 Ei**
▸ **300 g Mehl**
▸ **2 TL Backpulver**
▸ **100 g gemahlene Mandeln**

▸ **1 Eiweiß zum Bestreichen**
▸ **Semmelbrösel zum Bestreuen**

Belag

▸ **750 g Früchte (Apfelspalten, Aprikosen, Zwetschgen, Johannisbeeren oder Stachelbeeren)**
▸ **Puderzucker zum Besieben**

Springform von 26–28 cm Ø, leicht gefettet
Backen: 50 Minuten bei 190 °C

1 Den Ofen vorheizen. Für den Teig die Butter mit dem Zucker, Vanillezucker, Salz und Ei schaumig rühren. Das Mehl mit dem Backpulver vermischen und sieben, die Hälfte unter die Schaummasse rühren. Das restliche Mehl und die Mandeln dazugeben und mit den Händen krümelig abbröseln.

2 Gut die Hälfte der Krümel in die Backform streuen, mit der Hand glatt drücken und dabei einen Rand hochziehen. Mit Eiweiß bestreichen und mit Semmelbröseln bestreuen. Den Kuchenboden mit den Beeren belegen. Den Rest der Krümel auf den Beeren verteilen. Den Kuchen hellbraun backen.

3 Nach dem Abdämpfen den Formrand entfernen und den Kuchen auf einem Kuchengitter auskühlen lassen. Mit Puderzucker besieben.

Krümelteig als Kuchenboden und als Streuselbelag – ein mürbes Kuchenvergnügen mit weichen, saftigen Früchten.

Mit Creme – mal mitgebacken, mal nachträglich aufgestrichen

Himbeertorte mit Mascarponecreme

Keksboden

▸ **175 g Vollkorn-Butterkekse**
▸ **125 g Butter, zerlassen**

Mascarponecreme

▸ **500 g Mascarpone (ersatzweise Sahnequark, im Sieb abgetropft)**
▸ **100 g Zucker**
▸ **1 Päckchen Vanillepuddingpulver**
▸ **Saft von 1 Zitrone**
▸ **3 Eier, getrennt**

Belag und Guss

▸ **500 g Himbeeren**
▸ **1 Päckchen Tortenguss**
▸ **2 EL Zucker**
▸ **250 ml Weißwein**
▸ **2 EL Aprikosenkonfitüre, erwärmt**
▸ **30 g Mandelblättchen, trocken geröstet**

Springform von 26 cm Ø
Backen: 35 Minuten bei 170 °C

1 Für den Keksboden die Kekse in einen Gefrierbeutel krümeln, den Beutel verschließen und die Kekse mit dem Teigroller gleichmäßig zerdrücken. Die Brösel in einer Schüssel mit der Butter vermischen. In die Backform drücken und kurz kalt stellen. Den Ofen vorheizen.

2 Für die Creme den Mascarpone mit dem Zucker, Puddingpulver, Zitronensaft und den Eigelben glatt rühren. Die Eiweiße steif schlagen und unterziehen. Die Creme auf den Keksboden füllen, glatt streichen und hellgelb backen. Die Torte nach dem Abdämpfen mit einem Messer vom Rand lösen, den Formrand aber geschlossen halten. Auskühlen lassen.

3 Für den Belag die Himbeeren auf die Torte legen. Den Tortenguss nach Packungsanweisung mit dem Zucker und dem Wein zubereiten und die Himbeeren von der Mitte aus damit überglänzen. Den Formrand entfernen. Die Aprikosenkonfitüre glatt rühren, den Rand dünn damit bestreichen und mit den Mandelblättchen bestreuen (nehmen Sie eine Teigkarte zu Hilfe).

Aprikosenkuchen mit Mascarponecreme

Mürbeteig

▸ **250 g Mehl**
▸ **1 EL Zucker**
▸ **1 Prise Salz**
▸ **125 g kalte Butter, in Stückchen**
▸ **4 EL sehr kaltes Wasser (Eiswasser)**

Mascarponecreme

▸ **450 g Aprikosenhälften aus der Dose, abgetropft**
▸ **1 EL Speisestärke, 2 Eier**
▸ **250 g Mascarpone, 80 g Zucker**
▸ **1 Päckchen Vanillezucker**
▸ **Saft von ¹/₂ Zitrone**
▸ **abgeriebene Zitronenschale**

Tortenbodenform mit herausnehmbarem Boden von 28 cm Ø, leicht gefettet
Backen: 25 + 25 Minuten bei 200 °C

1 Für den Teig das Mehl auf der Arbeitsfläche mit allen Zutaten zusammenhacken und rasch zu einem glatten Teig kneten. Zu einer Kugel formen, in Folie wickeln und mindestens 30 Minuten kalt stellen.

2 Den Ofen vorheizen. Den Teig etwas größer als die Form ausrollen, die Form damit auslegen, den Rand sorgfältig hochziehen, überstehende Teigränder abschneiden. Den Boden mit einer Gabel mehrmals einstechen.

3 Für die Mascarponecreme die Aprikosenhälften pürieren. Alle anderen Zutaten dazugeben und zu einer glatten Creme vermischen.

4 Die Creme auf den Teigboden füllen, glatt streichen, mit Alufolie abdecken und 25 Minuten backen. Die Alufolie abnehmen und in weiteren 25 Minuten goldgelb backen.

5 Den Kuchen nach dem Abdämpfen mit dem Boden aus der Form heben und auf einem Gitter auskühlen lassen.

Aprikosen-Himbeer-Torte mit Vanillecreme

Diese festliche Obsttorte wird mit einer Vanillecreme bestrichen und dekorativ mit weichen Früchten belegt.

Mandelmürbeteig

- ▸ **100 g Mehl**
- ▸ **50 g gemahlene Mandeln**
- ▸ **50 g Zucker**
- ▸ **1 Prise Salz**
- ▸ **abgeriebene Zitronenschale**
- ▸ **100 g kalte Butter, in Stückchen**
- ▸ **1 Ei**

- ▸ **3 EL Himbeerkonfitüre zum Bestreichen, erwärmt**

Biskuit

- ▸ **3 Eier, getrennt**
- ▸ **75 g Zucker**
- ▸ **75 g Mehl**

Vanillecreme

- ▸ **300 ml Milch**
- ▸ **1 Päckchen Vanillepuddingpulver**
- ▸ **200 g Sahne**
- ▸ **50 g Zucker**
- ▸ **1 Blatt Gelatine, kalt eingeweicht**

Belag und Guss

- ▸ **500 g Aprikosenhälften aus der Dose, abgetropft, Saft aufgefangen**
- ▸ **250 g frische Himbeeren**
- ▸ **1 Päckchen Tortenguss**

- ▸ **200 g Sahne zum Garnieren**

Springform von 26 cm Ø, für den Biskuit Boden mit Backpapier ausgelegt
Backen (Mürbeteig und Biskuit):
je 20 Minuten bei 180 °C

1 Für den Mürbeteig das Mehl auf der Arbeitsfläche mit allen Zutaten zusammenhacken und rasch zu einem glatten Teig kneten. Zu einer Kugel formen, in Folie wickeln und mindestens 30 Minuten kalt stellen.

1 Die Konfitüre auf den Boden streichen.

2 Den Biskuitboden auflegen.

3 Die Vanillecreme einfüllen.

4 Mit den Früchten belegen.

5 Mit Tortenguss überglänzen.

2 Den Ofen vorheizen. Den Teig rund ausrollen, den Boden der Form damit auslegen, mit der Gabel mehrmals einstechen und goldgelb backen. Den Formrand entfernen und den Boden auf einem Kuchengitter auskühlen lassen. Auf eine Tortenunterlage legen und mit der Himbeerkonfitüre (nach Belieben passiert, um die Kernchen zu entfernen) bestreichen.

3 Für den Biskuit die Eiweiße steif, aber nicht schnittfest schlagen, dabei den Zucker einrieseln lassen. Die verrührten Eigelbe einrühren, das gesiebte Mehl untermischen und in die vorbereitete Form füllen. Goldgelb backen. Auf einem Kuchengitter auskühlen lassen. Den Biskuitboden auf den Mürbeteigboden legen und mit einem Tortenring umschließen.

4 Für die Vanillecreme 6 EL von der Milch abnehmen und das Puddingpulver damit glatt rühren. Die restliche Milch mit der Sahne und dem Zucker aufkochen, das angerührte Puddingpulver einlaufen und unter Rühren einige Male aufpuffen lassen. Den Topf vom Herd nehmen. Die Gelatine ausdrücken und in der Creme unter kräftigem Rühren auflösen. Leicht abkühlen lassen.

5 Die Vanillecreme auf den Biskuit füllen und glatt streichen. Die Aprikosen abwechselnd mit den Himbeeren auf der Vanillecreme verteilen (12 Himbeeren zum Garnieren beiseite stellen). Den Tortenguss nach Packungsanweisung mit dem aufgefangenen Aprikosensaft zubereiten und die Früchte damit überglänzen. Den Kuchen kalt stellen.

6 Vor dem Servieren die Sahne steif schlagen, den Tortenrand dünn damit bestreichen. Die restliche Sahne in einen Spritzbeutel mit großer Sterntülle füllen, 12 Rosetten (Stückeinteilung) auf die Torte spritzen und mit je 1 Himbeere garnieren.

Torten

Torten sind traditionelle Konditoreikunst und zeugen von handwerklichem Können. Doch keine Angst, hier werden keine Kunststücke verlangt. Schon die Teigschichten und Farben der Füllungen sorgen für eine attraktive Optik, und die Dekorationen sind mit ein wenig Übung leicht zu erlernen.

Ein gutes Beispiel ist die abgebildete Käsesahnetorte mit Sauerkirschen, eine fruchtige Variante des Rezepts auf Seite 124. Dafür wird ein Wasserbiskuit gebacken, wie auf Seite 31 beschrieben, und nach dem Auskühlen zweimal horizontal durchgeschnitten. Der Boden wird mit gut abgetropften Sauerkirschen aus dem Glas belegt und mit einem guten Drittel der Käsesahnecreme bestrichen. Den zweiten Boden auflegen, mit der restlichen Creme bestreichen, das Deckblatt darauflegen und mit Puderzucker besieben. Aufgespritzte Sahnerosetten, mit je einer Sauerkirsche dekoriert, vermitteln einen festlichen Charakter.

Noble Klassiker – festliche Torten mit langer Tradition

Prinzregententorte

Dem Prinzregenten Luitpold zu Ehren kreierte der Münchner Hofkonditor Julius Rottenhöfer diese feine Torte. Außen überzogen mit einer Schokoladenglasur, verbergen sich in ihrem Inneren sechs Schichten feiner Biskuit mit Schokoladencreme.

Biskuit

▸ **8 Eier, getrennt**
▸ **250 g Puderzucker**
▸ **200 g Mehl**

Schokoladen-Buttercreme

▸ **3 Eigelb**
▸ **100 g Zucker**
▸ **50 g Speisestärke**
▸ **¹⁄₂ l Milch**
▸ **¹⁄₂ Vanilleschote, aufgeschlitzt**
▸ **30 g Kakaopulver**
▸ **150 g dunkle Kuvertüre, geschmolzen**
▸ **300 g Butter, raumtemperiert**
▸ **150 g Puderzucker**

Schokoladenglasur

▸ **150 g dunkle Kuvertüre, geschmolzen**
▸ **10–20 g Kokosfett, zerlassen**

▎ Backblech und Backpapier
▎ **Backen:** je Boden 5–7 Minuten bei 210 °C

1 Auf Backpapier 6 Kreise von 26 cm Ø aufzeichnen (nehmen Sie eine Springform als Schablone).

2 Den Ofen vorheizen. Für den Biskuit die Eiweiße mit dem Handrührgerät steif, aber nicht schnittfest schlagen, dabei nach und nach den Puderzucker einrieseln lassen. Die verrührten Eigelbe untermischen, das Mehl darübersieben und vorsichtig unterziehen.

3 Die Biskuitmasse auf die vorgezeichneten Kreise streichen. Nacheinander die 6 Tortenböden auf Sicht hellbraun backen. Sofort auf eine glatte Unterlage stürzen und das Backpapier abziehen.

Wenn nötig, können Sie ungleiche Ränder glatt schneiden, indem Sie einen Tortenring um den gebackenen Biskuitboden legen und durchdrücken.

4 Für die Buttercreme die Eigelbe in einer Kasserolle mit dem Zucker, der Speisestärke und etwas von der Milch glatt rühren. In einem zweiten Topf die restliche Milch mit der Vanilleschote und dem Kakao aufkochen. 5 Minuten ziehen lassen. Die heiße Schokoladenmilch langsam in die angerührte Eigelbmischung einlaufen lassen und unter beständigem Rühren mit dem Schneebesen einmal aufpuffen lassen. Den Topf vom Herd nehmen, die Vanilleschote entfernen, die geschmolzene Kuvertüre untermischen. Im kalten Wasserbad auf Raumtemperatur erkalten lassen und dabei gelegentlich umrühren, damit sich keine Haut bildet (oder Klarsichtfolie auflegen). Die Creme durch ein Sieb streichen. Die Butter mit dem Puderzucker schaumig rühren, die Creme löffelweise unterrühren.

5 Die Torte fertig stellen: Die Böden mit der Schokoladen-Buttercreme bestreichen und zu einer Torte zusammensetzen, auch die Deckplatte und den Rand mit Creme bestreichen. 20 Minuten kalt stellen.

6 Für die Glasur die geschmolzene Kuvertüre mit dem Kokosfett glatt rühren und die Torte damit dünn überziehen.

Dobostorte

Die berühmte Torte besteht – wie die Prinzregententorte – aus sechs einzeln gebackenen Tortenböden, die mit Schokoladen-Buttercreme zusammengesetzt werden. Das Besondere an der Dobostorte ist jedoch die hellbraune, glatte Karamellglasur. Kreiert wurde sie Ende des 19. Jahrhunderts von dem berühmten Budapester Konditormeister Jozsef C. Dobos, der auch als Erfinder der Buttercreme gilt.

▸ **Biskuitmasse und Schokoladen-Buttercreme wie für Prinzregententorte**

Karamellglasur

▸ **10 g Butter**
▸ **150 g feiner Zucker**
▸ **1/2 TL Zitronensaft**

Backblech und Backpapier
Backen: je Boden 5–7 Minuten bei 210 °C

1 Auf Backpapier nacheinander 6 hellbraune Biskuitböden backen wie für die Prinzregententorte und abkühlen lassen. Wenn nötig, die Ränder glatt schneiden.

2 Auch die Schokoladen-Buttercreme wird genauso zubereitet wie für die Prinzregententorte.

3 Die Torte fertig stellen: Einen Boden mit der glatten Seite nach oben auf eine leicht geölte Unterlage legen; er wird als Deckplatte und für die Karamellglasur gebraucht. Die anderen 5 Böden mit Schokoladen-Buttercreme bestreichen und auf einer zweiten Unterlage zu einer Torte zusammensetzen. Die Oberfläche und den Rand ebenfalls mit Creme bestreichen. Kurz kalt stellen.

4 Für die Karamellglasur in einem Topf die Butter zerlassen, den Zucker und den Zitronensaft zugeben und unter beständigem Rühren hell karamellisieren. Rasch über den bereitgestellten Biskuitboden gießen und die Masse mit einer durch ein Butterstück gezogenen Palette glatt streichen. Übergelaufene Ränder abschneiden. Die glasierte Platte in 12 oder 16 Tortenstücke schneiden, dabei das Messer immer wieder durch ein Butterstück ziehen, damit der Karamell nicht anklebt. Die Tortenstücke nebeneinander als Deckplatte auf die fertige Torte legen. Frisch sieht die Karamellglasur am schönsten aus; sobald sie Feuchtigkeit aufnimmt, verliert sie an Glanz.

Holländer Kirschtorte

Die klassische Sahnetorte mit knusprigen Böden und fruchtiger Sahnefüllung gehört zum Angebot jeder feinen Konditorei in Deutschland.

▸ **400 g TK-Blätterteig, aufgetaut**

Füllung

▸ **1 EL Speisestärke**
▸ **300 g Sauerkirschen aus dem Glas, abgetropft, Saft aufgefangen**
▸ **1 Messerspitze Zimt**
▸ **750 g Sahne**
▸ **3 EL Puderzucker**

Glasur

▸ **2 EL Johannisbeergelee, erwärmt**
▸ **100 g Puderzucker**
▸ **etwa 2 EL Wasser**

Backblech, mit Backpapier ausgelegt
Backen: je Boden 10–12 Minuten bei 220 °C

1 Den Blätterteig in 3 Teile teilen. Auf der bemehlten Arbeitsfläche zu 3 runden Böden von etwa 28 cm Ø ausrollen. Auf Backpapier legen, mit der Gabel mehrmals einstechen und 30 Minuten kalt stellen.

2 Den Ofen vorheizen. Der Blätterteig soll beim Backen nicht zu stark aufgehen, und das erreichen Sie mit einem Trick: Beschweren Sie die Böden mit einem Kuchengitter aus Metall; sie gehen dann nicht so blättrig auf und kommen trotzdem hellbraun gebacken aus dem Ofen. Die Böden nacheinander backen. Die Ränder mithilfe eines Tortenringes auf etwa 26 cm Durchmesser glatt schneiden und egalisieren.

3 Für die Füllung die Speisestärke mit 250 ml Kirschsaft und dem Zimt glatt rühren und unter beständigem Rühren aufkochen. Nach dem Abkühlen die Kirschen untermischen. Die Sahne mit dem Puderzucker steif schlagen.

4 Die Torte fertig stellen: Einen Blätterteigboden auf eine Unterlage legen. Dünn mit Schlagsahne bestreichen. Die gebundenen Kirschen nicht ganz bis zum Rand auflegen. Mit einer dicken Sahneschicht bedecken. Den zweiten Boden auflegen, leicht andrücken. Die restliche Schlagsahne aufstreichen, jedoch etwas Sahne zurückbehalten für den Rand. Kalt stellen.

5 Der dritte Boden wird glasiert und dient als Deckplatte. Dafür den Boden auf der glatten Unterseite mit dem Johannisbeergelee bestreichen und antrocknen lassen. Den Puderzucker mit Wasser glatt rühren, auf die Deckplatte gießen und mit einem Messer glatt streichen. Die Glasur antrocknen lassen. Die glasierte Deckplatte mit einem angefeuchteten Messer in 16 Tortenstücke schneiden.

6 Die Torte aus dem Kühlschrank nehmen, den Rand mit der restlichen Sahne bestreichen. Die vorgeschnittenen, glasierten Deckstücke auflegen. Bis zum baldigen Verzehr kalt stellen.

Beliebte Sahnetorten – wenig Teig mit einer leichten, luftigen Füllcreme

Käsesahnetorte

Wasserbiskuit

- 2 Eier, getrennt, 2 EL kaltes Wasser
- 100 g Zucker, 1 EL Vanillezucker
- 100 g Mehl, gut 1/2 TL Backpulver

Käsesahnecreme

- 500 g Magerquark oder Schichtkäse, im Sieb abgetropft
- 150 g Zucker
- abgeriebene Schale und Saft von 1 Zitrone
- 1 Päckchen gemahlene Gelatine, mit 6 EL kaltem Wasser angerührt
- 400 g Sahne, steif geschlagen

Zitronenglasur

- 125 g Puderzucker
- 2–3 EL Zitronensaft

> Springform von 26 cm Ø, Boden mit Backpapier ausgelegt
> **Backen:** 15–20 Minuten bei 180 °C

1 Den Biskuitboden können Sie schon am Vortag backen.

2 Den Ofen vorheizen. Für den Biskuit die Eiweiße mit dem Wasser steif, aber nicht schnittfest schlagen, dabei den Zucker und Vanillezucker einrieseln lassen. Die verrührten Eigelbe unterziehen. Das Mehl mit dem Backpulver darübersieben und vorsichtig untermischen. Die Masse in die Form füllen und goldgelb backen. Nach dem Abdämpfen auf ein Kuchengitter stürzen, das Backpapier abziehen, auskühlen lassen.

3 Für die Käsesahnecreme den Quark glatt rühren, den Zucker, Zitronenschale und -saft unterrühren. Die gequollene Gelatine erwärmen, auflösen und unter die Käsemasse rühren, kalt stellen. Sobald die Masse zu stocken beginnt, die Schlagsahne unterziehen.

4 Die Torte fertig stellen: Den Biskuit einmal horizontal durchschneiden. Den Boden auf eine Unterlage legen und mit einem Tortenring umschließen. Die Käsesahnecreme darauffüllen und glatt streichen. Das Deckblatt auflegen und leicht andrücken.

5 Für die Zitronenglasur aus Puderzucker und Zitronensaft eine streichfähige, leicht fließende Masse rühren und die Tortendecke damit überziehen (oder einfach mit Puderzucker besieben). Einige Stunden kalt stellen.

Erdbeersahnetorte

Mandelbiskuit

- 5 Eier, getrennt
- 50 + 50 g Zucker
- 1 Prise Salz
- abgeriebene Zitronenschale
- 80 g Mehl
- 100 gemahlene Mandeln

Erdbeersahne

- 200 g Erdbeeren
- 100 g Zucker
- 5 Blatt Gelatine, kalt eingeweicht
- 300 g Sahne, steif geschlagen

Zum Fertigstellen

- 150 ml Sahne, steif geschlagen
- 25 g Mandelblättchen, trocken geröstet
- 300 g Erdbeeren, halbiert

> Springform von 26 cm Ø, Boden mit Backpapier ausgelegt
> **Backen:** 30 Minuten bei 190 °C

1 Den Ofen vorheizen. Für den Mandelbiskuit die Eigelbe mit 50 g Zucker, Salz und abgeriebener Zitronenschale schaumig rühren. Die Eiweiße mit dem restlichen Zucker steif schlagen und unter die Schaummasse heben. Das Mehl darübersieben, darauf die Mandeln streuen und beides untermischen. Die Masse in die Backform füllen, glatt streichen und goldgelb backen. Nach dem Abdämpfen auf ein Kuchengitter stürzen, das Backpapier abziehen, auskühlen lassen, am besten über Nacht.

2 Für die Erdbeersahne die Früchte mit dem Zucker mit dem Stabmixer pürieren. Die Gelatine tropfnass in einer kleinen Kasserolle erwärmen, auflösen und unter die Erdbeeren mischen. Die Schlagsahne unterheben.

3 Die Torte fertig stellen: Den Biskuit einmal durchschneiden. Einen Boden auf eine Unterlage legen. Mit einem Tortenring umschließen und mit der Erdbeersahne bestreichen. Den zweiten Boden auflegen und leicht andrücken. 2–3 Stunden kalt stellen.

4 Vor dem Servieren den Tortenring mit einem in kaltes Wasser getauchten Messer ablösen. Die Oberfläche und den Tortenrand mit Schlagsahne bestreichen. Den Rand mit den Mandelblättchen garnieren (nehmen Sie eine Teigkarte zu Hilfe), die Erdbeerhälften auf der Oberfläche verteilen und leicht andrücken.

Himbeersahnetorte

Für die Füllcreme dieser sehr fruchtigen Torte können Sie gut tiefgefrorene Himbeeren verwenden. Zum Belegen sind jedoch frische Früchte besser geeignet, da sie trocken sind und in Form bleiben.

Wiener Biskuit
▸ **5 Eier, 150 g Zucker**
▸ **abgeriebene Zitronenschale**
▸ **100 g Mehl, 50 g Speisestärke**
▸ **75 g Butter, zerlassen**

Himbeersahne mit Joghurt
▸ **250 g Himbeeren, püriert**
▸ **150 g Zucker, 3 EL Zitronensaft**
▸ **300 g Joghurt**
▸ **8 Blatt Gelatine, kalt eingeweicht**
▸ **400 g Sahne, steif geschlagen**

Außerdem
▸ **500 g Himbeeren**
▸ **1 Päckchen Tortenguss**
▸ **gehackte Pistazien zum Bestreuen**

Springform von 26–28 cm Ø, Boden mit Backpapier ausgelegt
Backen: 30 Minuten bei 180 °C

1 Den Ofen vorheizen. Für den Biskuit die Eier und den Zucker mit dem Handrührgerät zu einer weißschaumigen Masse rühren, die Zitronenschale zugeben. Das Mehl mit der Speisestärke vermischen, sieben und abwechselnd mit der lauwarmen Butter mit dem Holzlöffel unter den Eischaum ziehen. Die Masse in die Form füllen, glatt streichen und hellbraun backen. Nach dem Abdämpfen auf ein Kuchengitter stürzen, das Backpapier abziehen, auskühlen lassen.

2 Für die Himbeersahne die pürierten Himbeeren mit dem Zucker, Zitronensaft und Joghurt vermischen. Die Gelatine tropfnass in einem kleinen Topf erwärmen und auflösen. Zunächst mit etwas von der Himbeermasse vermischen, dann unter die gesamte Masse rühren. Die Schlagsahne vorsichtig unterziehen.

3 Die Torte fertig stellen: Den Biskuit einmal horizontal durchschneiden. Den Tortenboden auf eine Unterlage legen und so mit einem Tortenreifen umschließen, dass rundum ein 1 cm breiter Rand frei bleibt. Etwa die Hälfte der Sahnecreme einfüllen, glatt streichen und dabei auch den freien Rand ausfüllen. Den zweiten Biskuitboden auflegen, leicht andrücken und die restliche Creme wiederum so darauf verstreichen, dass auch der Zwischenraum zum Rand vollständig ausgefüllt ist.

4 Die Torte mit den Himbeeren belegen. Den Tortenguss nach Packungsanweisung zubereiten und die Himbeeren von der Mitte aus überglänzen. Mit den Pistazien bestreuen. Einige Stunden kalt stellen.

5 Vor dem Servieren den Tortenring mit einem in heißes Wasser getauchten Messer ablösen und entfernen. Die Torte auf eine Tortenplatte heben.

Weincremetorten – besonders sahnig und fruchtig

Apfel-Weincreme-Torte

Apfelspalten und Weincreme, gebacken auf krossem Mürbeteig, verbinden sich zu einer attraktiven, saftigen Sahnetorte. Die Rezepte für diese Weincreme-Torte sind Legion. In der Frankfurter Gegend verwendet man Apfelwein für die Creme.

Mürbeteig
- 250 g Mehl, 1 TL Backpulver
- 100 g Zucker
- 1 EL Vanillezucker, 1 Prise Salz
- 125 g kalte Butter, in Stückchen
- 1 Ei, 1 EL Eiswasser

Belag
- 2 EL Semmelbrösel
- 1 kg Äpfel, geschält, Kerngehäuse entfernt, in dünne Spalten geschnitten
- 1 TL Zimt

Weincreme
- 2 Päckchen Vanillepuddingpulver
- 200 g Zucker
- 750 ml Weißwein oder Apfelwein

Zum Fertigstellen
- 400 g Sahne, steif geschlagen
- 40 g Mandelblättchen, geröstet

> Springform von 28 cm Ø, leicht gefettet
> **Backen:** 60 Minuten bei 180 °C

1 Für den Teig das Mehl, mit dem Backpulver vermischt, auf der Arbeitsfläche mit allen anderen Zutaten zusammenhacken und rasch zu einem glatten Teig kneten. Zu einer Kugel formen, in Folie wickeln und mindestens 30 Minuten kalt stellen.

2 Den Ofen vorheizen. Den Teig etwas größer als die Backform rund ausrollen, die Form damit auslegen und dabei einen Rand hochziehen. Den Boden mit der Gabel mehrmals einstechen.

3 Den Teigboden mit Semmelbröseln bestreuen. Mit den Apfelspalten belegen und mit dem Zimt besieben.

4 Für die Weincreme aus dem Puddingpulver, Zucker und Wein nach Packungsanweisung einen Pudding kochen und heiß über die Apfelspalten gießen. Die Torte backen. Nach dem Backen im geöffneten Ofen etwa 1 Stunde abdämpfen, dann über Nacht in der Form auskühlen lassen.

5 Die Torte vorsichtig vom Rand lösen und auf eine Tortenplatte heben. Mit der Schlagsahne bestreichen und mit den Mandelblättchen bestreuen.

Spiralentorte

Interessant und bestechend schön sehen die Spiralen bei den angeschnittenen Tortenstücken aus. Es gibt kaum eine Torte, die zarter, luftiger und lockerer gelingt als diese.

Mürbeteig
- 120 g Mehl
- 40 g Zucker
- 1 Prise Salz
- 80 g kalte Butter, in Stückchen
- 1 Ei

Biskuit
- 5 Eier, getrennt
- 125 g Zucker
- abgeriebene Zitronenschale
- 125 g Mehl

Weincreme
- 2 Eigelb, 100 g Zucker
- 1 EL Speisestärke
- 125 ml Weißwein
- 1 EL Zitronensaft
- 6 Blatt Gelatine, kalt eingeweicht
- 400 g Sahne, steif geschlagen

Zum Fertigstellen
- 1 Glas Johannisbeergelee (225 g)
- 400–500 g Himbeeren oder Johannisbeeren
- 100 g Sahne, steif geschlagen

> Springform von 26 cm Ø
> Backblech, mit Backpapier ausgelegt
> **Backen:** Mürbeteig 10–12 Minuten bei 210 °C
> Biskuit 8–10 Minuten bei 220 °C

1 Für den Mürbeteig das Mehl auf der Arbeitsfläche mit allen Zutaten zusammenhacken und rasch zu einem glatten Teig kneten. Zu einer Kugel formen, in Folie wickeln und mindestens 30 Minuten kalt stellen.

2 Den Ofen vorheizen. Den Mürbeteig in Formgröße rund ausrollen, den Rand egalisieren, in die Backform legen und mit der Gabel mehrmals einstechen. Goldgelb backen und auf einem Kuchengitter auskühlen lassen.

3 Vorab die Weincreme zubereiten: Dafür die Eigelbe mit dem Zucker und der Speisestärke in einem Topf glatt rühren. Den Wein und Zitronensaft langsam dazugießen, unter Rühren erhitzen und aufpuffen lassen. Den Topf vom Herd nehmen. Die Gelatine ausdrücken und in der heißen Creme auflösen. Kalt stellen. Sobald die Creme zu stocken beginnt, die Schlagsahne unterziehen.

4 Für den Biskuit die Eiweiße steif, aber nicht schnittfest schlagen, dabei den Zucker einrieseln lassen. Die verrührten Eigelbe und die Zitronenschale unterrühren. Das Mehl darübersieben und unterheben. Die Masse auf das Backblech streichen. Goldgelb backen.

5 Die gebackene Biskuitplatte sofort auf ein frisches Backpapier stürzen, das mitgebackene Backpapier abziehen. Die Biskuitplatte mit dem frischen Backpapier von der Längsseite aus aufrollen und auskühlen lassen.

6 Die Torte fertig stellen: Den gebackenen Mürbeteig mit 2 EL Johannisbeergelee bestreichen und mit einem Tortenring umschließen. Das restliche Johannisbeergelee erwärmen. Die Biskuitplatte abrollen, dünn mit Johannisbeergelee bestreichen, drei Viertel der Weincreme darauf glatt streichen, dabei an den Längsseiten etwa 2 cm frei lassen.

7 Die bestrichene Biskuitplatte quer in 4 cm breite Streifen schneiden. Einen Streifen zur Spirale aufrollen und aufrecht in die Mitte des Mürbeteigbodens setzen. Die weiteren Streifen als Fortsetzung der Spirale dicht an dicht ansetzen, bis alle Streifen verbraucht sind und der Tortenrand erreicht ist. Die restliche Creme auf die Spiralen streichen. Die Beeren auflegen und mit dem verbliebenen warmen Johannisbeergelee überglänzen. Kalt stellen.

8 Vor dem Servieren den Tortenring mit einem in heißes Wasser getauchten Messer ablösen und den Tortenrand mit Schlagsahne bestreichen.

Weincremetorte mit Himbeerguss

Helle Weincreme und roter Guss, mit dem Aroma reifer Himbeeren auf leichtem Biskuit – eine erfrischende Festtagstorte. Sie können die Torte schon am Vortag fertig stellen und direkt aus dem Kühlschrank auf den Tisch bringen.

Wasserbiskuit

▸ **3 Eier, getrennt**
▸ **3 EL kaltes Wasser**
▸ **150 g Zucker**
▸ **1 EL Vanillezucker**
▸ **150 g Mehl, ¹/₂ TL Backpulver**

Weincreme

▸ **40 g Speisestärke**
▸ **125 g Zucker**
▸ **¹/₂ l Weißwein**
▸ **2 EL Zitronensaft**
▸ **6 Blatt Gelatine, kalt eingeweicht**
▸ **250 g Sahne, steif geschlagen**

Spiralentorte

Himbeerguss

▸ **250 g Himbeeren (TK-Beeren angetaut)**
▸ **3 EL Wasser**
▸ **3 EL Zucker**
▸ **1 Päckchen roter Tortenguss**

Springform von 26–28 cm Ø, Boden mit Backpapier ausgelegt
Backen: 30 Minuten bei 180 °C

1 Den Ofen vorheizen. Für den Biskuit die Eiweiße mit dem Wasser und dem Zucker steif, aber nicht schnittfest schlagen. Die verrührten Eigelbe und den Vanillezucker untermischen. Das Mehl mit dem Backpulver darübersieben und vorsichtig unterheben. Die Masse in die Backform füllen, glatt streichen und goldgelb backen. Nach dem Abdämpfen auf ein Kuchengitter stürzen, das Backpapier abziehen, über Nacht auskühlen lassen.

2 Für die Weincreme in einem Topf die Speisestärke mit dem Zucker, Wein und Zitronensaft glatt rühren, unter beständigem Rühren erhitzen und aufkochen. Vom Herd nehmen, die Gelatine ausdrücken und in der heißen Creme auflösen. Kalt stellen. Sobald die Creme zu stocken beginnt, die Schlagsahne unterziehen.

3 Die Torte fertig stellen: Den Biskuit einmal durchschneiden, die Deckplatte sollte etwas dünner sein. Den Boden auf eine Unterlage legen und mit einem Tortenring umschließen. Die Weincreme (sie soll noch weich und geschmeidig sein) einfüllen, glatt streichen, mit dem zweiten Tortenboden bedecken und leicht andrücken.

4 Für den Guss die Himbeeren mit dem Wasser, Zucker und dem Tortengusspulver unter Rühren aufkochen und die Torte damit überziehen. Einige Stunden oder über Nacht kalt stellen.

Für Schokoladenfans – drei feine Torten, gefüllt mit Schokocreme oder Schokosahne

Schokoladen-Buttercreme-Torte

Für die Torte mit dem vollen Geschmack von Schokolade und Mandeln wird eine einfache Schokoladen-Buttercreme zubereitet. Wahlweise können Sie auch die feinere Schokoladen-Buttercreme von Seite 122 nehmen oder die Schokoladen-Sahnecreme von Seite 35. Lassen Sie die Torte, mit einer Haube bedeckt, über Nacht im Kühlschrank durchziehen, dann entfaltet sie ihren vollen Geschmack.

Rührteig
▸ **150 g weiche Butter**
▸ **100 g Puderzucker**
▸ **6 Eigelb**
▸ **100 g dunkle Kuvertüre, geschmolzen**
▸ **125 g gemahlene Mandeln**
▸ **6 Eiweiß**
▸ **75 g Zucker**
▸ **100 g Mehl**
▸ **30 g Speisestärke**
▸ **2 TL Backpulver**

Schokoladen-Buttercreme
▸ **1/2 l Milch**
▸ **1 Päckchen Schokoladenpuddingpulver**
▸ **2 EL Zucker**
▸ **300 g Butter, raumtemperiert**
▸ **100 g Puderzucker**
▸ **etwa 2 EL Kakaopulver**

Zum Tränken
▸ **4 EL Rotwein**
▸ **2 EL Rum**

| Springform von 26 cm Ø, gefettet und bemehlt
Backen: 1 Stunde bei 175 °C

1 Backen Sie die Torte schon am Vortag, dann lässt sie sich besser schneiden.

2 Für den Teig die Butter geschmeidig rühren, nach und nach den Puderzucker und die Eigelbe, eines nach dem anderen, zugeben und schaumig rühren. Die lauwarme Kuvertüre einrühren und die Mandeln untermischen. Die Eiweiße mit dem Zucker steif schlagen und auf die Schaummasse gleiten lassen. Das Mehl mit der Speisestärke und dem Backpulver darübersieben und locker untermischen. Den Teig in die Form füllen, glatt streichen und backen. Die Torte nach dem Abdämpfen auf ein Kuchengitter stürzen und auskühlen lassen.

3 Für die Buttercreme aus Milch, Zucker und dem Puddingpulver nach Packungsangabe einen Pudding kochen. Auf Raumtemperatur abkühlen lassen und dabei gelegentlich umrühren, damit sich keine Haut bildet (oder Klarsichtfolie dicht auflegen). Bei Bedarf durch ein Sieb streichen. Die Butter mit dem Puderzucker schaumig rühren, löffelweise den Pudding untermischen und mit dem Kakao abschmecken.

4 Die Torte fertig stellen: Die Torte zweimal durchschneiden. 2 der Böden leicht mit dem Rotwein, vermischt mit dem Rum, tränken, mit Buttercreme bestreichen und zu einer Torte zusammensetzen. Das Deckblatt auflegen und leicht andrücken. Die Oberfläche und den Rand ebenfalls mit Buttercreme bestreichen. Die restliche Creme in einen Spritzbeutel füllen und die Torte hübsch verzieren. Kalt stellen.

Schokosahnetorte

Die attraktive und doch einfache Schokosahnetorte können Sie im Voraus herstellen und ohne Weiteres einfrieren.

Nussbiskuit
▸ **6 Eigelb**
▸ **90 + 90 g Zucker**
▸ **6 Eiweiß**
▸ **180 g gemahlene Haselnüsse**

Schokosahne
▸ **200 + 400 g Sahne**
▸ **150 g dunkle Kuvertüre, zerkleinert**
▸ **4 Blatt Gelatine, kalt eingeweicht**

| Springform von 26 cm Ø, Boden mit Backpapier ausgelegt
Backen: 25–30 Minuten bei 180 °C

1 Den Ofen vorheizen. Für den Biskuit die Eigelbe mit 90 g Zucker weißschaumig rühren. Die Eiweiße steif, aber nicht schnittfest schlagen, dabei den restlichen Zucker einrieseln lassen. Den Eischnee auf die Schaummasse gleiten lassen, die Nüsse darübergeben und alles vorsichtig vermischen. In die Backform füllen, glatt streichen und backen. Nach dem Abdämpfen auf ein Kuchengitter stürzen, das Backpapier abziehen, über Nacht auskühlen lassen.

2 Für die Schokosahne 200 g Sahne erhitzen und die Kuvertüre bei milder Hitze darin schmelzen, vom Herd nehmen. Die Gelatine ausdrücken und in der heißen Schokosahne auflösen. Kalt stellen, bis sie leicht zu stocken beginnt. Die 400 g Sahne steif schlagen und die Schokosahne nach und nach unterziehen.

3 Die Torte fertig stellen: Den Biskuit einmal durchschneiden. Den Boden auf eine Unterlage legen und so mit einem Tortenring umschließen, dass rundum ein 1 cm breiter Rand frei bleibt. Etwa zwei Drittel der Schokosahne auf den Tortenboden füllen, glatt streichen und dabei auch den freien Rand ausfüllen. Den zweiten Biskuitboden auflegen, leicht andrücken, mit dem Rest der Schokosahne wiederum so bestreichen, dass auch der Zwischenraum vollständig ausgefüllt ist. Die Oberfläche glatt streichen und mit dem Garnierkamm Kreise durchziehen. Kalt stellen.

Schokoladentorte

Schokoladenbiskuit

▸ **8 Eier, getrennt**
▸ **75 + 75 g Zucker**
▸ **1 Päckchen Vanillezucker**
▸ **50 g dunkle Kuvertüre, geschmolzen**
▸ **1 TL Backpulver, 75 g Mehl**
▸ **60 g Butter, zerlassen**
▸ **50 g Biskuit- oder Semmelbrösel**
▸ **75 g gemahlene Haselnüsse**

Füllung

▸ **500 g Sahne**
▸ **je 60 g helle und dunkle Kuvertüre, zerkleinert**
▸ **1 EL Rum (nach Belieben)**

Zum Tränken und Verzieren

▸ **50 ml Rotwein**
▸ **50 ml frisch gepresster Orangensaft**
▸ **2 cl Rum (nach Belieben)**
▸ **geraspelte Schokolade zum Bestreuen**

> Springform von 26 cm Ø, Boden mit Backpapier ausgelegt
> **Backen:** 50 Minuten bei 190 °C

1 Die Schokoladensahne für die Füllung muss über Nacht im Kühlschrank ruhen. Auch die Torte können Sie schon am Vortag backen.

2 Den Ofen vorheizen. Für den Biskuit die Eigelbe mit 75 g Zucker und dem Vanillezucker mit dem Handrührgerät weißschaumig rühren. Löffelweise die Kuvertüre, das mit Backpulver gesiebte Mehl und die Butter mit dem Holzlöffel unterrühren. Die Eiweiße steif, aber nicht schnittfest schlagen, dabei die restlichen 75 g Zucker einrieseln lassen. Den Eischnee auf die Schaummasse gleiten lassen, die Brösel und die Nüsse darübergeben und alles untermischen. Die Masse in die Form füllen und backen. Nach dem Abdämpfen auf ein Kuchengitter stürzen, das Backpapier abziehen, über Nacht auskühlen lassen.

3 Für die Füllung die Sahne aufkochen und die Kuvertüre unter beständigem Rühren darin schmelzen. Vom Herd nehmen, mit Rum (falls verwendet) abschmecken und mit dem Stabmixer 1 Minute rühren (wichtig!). Im Kühlschrank über Nacht ruhen lassen.

Schokoladenbiskuit und eine leichte Schokoladencreme als Füllung: Das ist die ideale Geburtstagstorte für Schokoladenliebhaber.

4 Für die Tränkflüssigkeit den Rotwein mit dem Orangensaft und dem Rum vermischen.

5 Die Torte fertig stellen: Die Schokoladensahne aus dem Kühlschrank nehmen und aufschlagen wie Schlagsahne. Den Biskuit zweimal durchschneiden. 2 Tortenböden leicht tränken, mit der Schokoladensahne bestreichen und aufeinander setzen. Den dritten Boden auflegen, leicht andrücken und die Oberfläche sowie den Rand der Torte mit der restlichen Schokoladensahne bestreichen. Die Oberfläche mit dem Garnierkamm durchziehen und mit geraspelter Schokolade bestreuen. Kalt stellen und 1 Tag durchziehen lassen.

Haselnüsse und Nugat –
zwei festliche Torten

Nusstorte

Einziges Bindemittel für die feine Torte sind gemahlene Haselnüsse, Mehl wird nicht verwendet. Eine festliche Torte – und trotzdem ein Schnellrezept. Die Füllung, die erst kurz vor dem Servieren hergestellt wird, besteht nur aus geschlagener Sahne.

Nussbiskuit

- ▸ **6 Eier**
- ▸ **250 g Zucker**
- ▸ **1 Päckchen Vanillezucker**
- ▸ **1 EL Zitronensaft**
- ▸ **250 g gemahlene Haselnüsse**

Füllung

- ▸ **600 g Sahne, steif geschlagen**

Springform von 26 cm Ø, Boden mit Backpapier ausgelegt
Backen: 45 Minuten bei 175 °C

1 Den Biskuit sollten Sie schon am Vortag backen.

2 Den Ofen vorheizen. Die Eier mit dem Zucker, Vanillezucker und Zitronensaft mit dem Handrührgerät etwa 8 Minuten schaumig rühren, anschließend die Nüsse untermischen. Die Masse in die Backform füllen, glatt streichen und backen. Nach dem Abdämpfen auf ein Kuchengitter stürzen, das Backpapier abziehen und den Biskuit über Nacht auskühlen lassen.

3 Die Torte fertig stellen: Den Biskuit einmal durchschneiden. Zwei Drittel der Schlagsahne auf dem Boden glatt streichen. Den zweiten Boden auflegen, leicht andrücken, die gesamte Torte mit der restlichen Sahne überziehen. Kalt stellen und möglichst bald verzehren.

Nugattorte

Die Nugatcreme gibt der leichten Biskuittorte ihren vollen Geschmack von nussiger Schokolade und Butter. Wie alle Cremetorten sollte sie, alle Schichten leicht getränkt, im Kühlschrank durchziehen. Für Kinder nehmen Sie statt Wein einen hellen Fruchtsaft oder Sirup zum Tränken.

Biskuit

- ▸ **6 Eier, getrennt**
- ▸ **150 g feiner Zucker**
- ▸ **abgeriebene Zitronenschale oder 1 Päckchen Vanillezucker**
- ▸ **180 g Mehl**

Nugat-Buttercreme

- ▸ **2 Eigelb**
- ▸ **50 g Zucker**
- ▸ **20 g Speisestärke**
- ▸ **250 ml Milch**
- ▸ **½ Vanilleschote, aufgeschlitzt**
- ▸ **200 g Nussnugat, bei sanfter Hitze im Wasserbad geschmolzen**
- ▸ **200 g Butter, raumtemperiert**
- ▸ **100 g Puderzucker**

Zum Tränken und Verzieren

- ▸ **4 EL Weißwein**
- ▸ **Saft von ½ Zitrone**
- ▸ **1 EL Rum**
- ▸ **16 Haselnusskerne, im Ofen trocken geröstet, die Haut abgerieben**

Springform von 26–28 cm Ø, Boden mit Backpapier ausgelegt
Backen: 35 Minuten bei 180 °C

1 Den Biskuit können Sie schon am Vortag backen, dann lässt er sich besser durchschneiden.

2 Die Eiweiße steif, aber nicht schnittfest schlagen, dabei den Zucker einrieseln lassen. Abgeriebene Zitronenschale, die verrührten Eigelbe und das gesiebte Mehl unterziehen. Die Masse in die Springform füllen, glatt streichen und backen. Nach dem Abdämpfen auf ein Gitter stürzen, das Backpapier abziehen. Auskühlen lassen.

3 Für die Buttercreme die Eigelbe in einer Kasserolle mit dem Zucker, der Speisestärke und etwas von der Milch glatt rühren. Die restliche Milch in einem zweiten Topf mit der Vanilleschote aufkochen, 5 Minuten ziehen lassen, die Vanilleschote entfernen. Die Vanillemilch langsam in die angerührte Eigelbmischung gießen und unter beständigem Rühren mit dem Schneebesen aufpuffen lassen. Den geschmolzenen Nugat unterrühren. Die Creme kalt rühren und durch ein feines Sieb streichen. Die Butter mit dem Puderzucker schaumig rühren und die raumtemperierte Creme löffelweise untermischen.

4 Den Biskuit zwei- bis dreimal horizontal durchschneiden, sodass 3 oder 4 Böden entstehen. Für die Tränkflüssigkeit den Wein mit dem Zitronensaft und Rum vermischen.

5 Die Torte fertig stellen: Die Tortenböden leicht tränken, mit der Buttercreme bestreichen und zu einer Torte zusammensetzen. Auch die Tortenoberfläche und den Rand mit Creme bestreichen. Die restliche Creme in einen Spritzbeutel mit Sterntülle füllen, 16 Rosetten aufspritzen und auf jede Rosette einen Haselnusskern setzen.

Nugattorte ▸

Meisterliche Torten – selbst gebacken und schön wie vom Konditor

Japonaisetorte mit Mokka-Buttercreme

Die zarte Japonaisemasse besteht nur aus Eiweiß, Zucker und Mandeln oder Haselnüssen, ähnlich wie Makronenmasse. Man backt daraus dünne Böden für festliche Buttercremetorten. Die beliebte Agnes-Bernauer-Torte einer Konditorei in Straubing ist zum Beispiel mit Japonaiseböden und einer Mokka-Buttercreme zusammengesetzt.

Japonaisemasse
▸ **6 Eiweiß**
▸ **160 g Zucker**
▸ **130 g gemahlene Mandeln**
▸ **1 EL Speisestärke**

▸ **100 g Mandelblättchen zum Bestreuen**

Mokka-Buttercreme
▸ **4 Eigelb**
▸ **100 g Zucker**
▸ **50 g Speisestärke**
▸ **3 EL lösliches Kaffeepulver**
▸ **1/2 l Milch**
▸ **300 g Butter, raumtemperiert**
▸ **100 g Puderzucker**
▸ **4 cl Kaffeelikör**

▸ **60 g geröstete Mandelblättchen zum Garnieren**

┃ 2 Backbleche und Backpapier
┃ **Backen:** 30 Minuten bei 150 °C Umluft

1 Den Ofen vorheizen. Für die Japonaisemasse die Eiweiße steif schlagen, dabei den Zucker einrieseln lassen. Die Mandeln mit der Speisestärke vermischen und vorsichtig unter den Eischnee heben.

2 Auf mehrere Bögen Backpapier 4 Kreise von 26 cm Ø vorzeichnen und leicht mit Öl bestreichen. Die Japonaisemasse darauf verteilen und zu möglichst glatten Böden verstreichen. Mit den Mandelblättchen bestreuen. 2 Bleche mit je 1 Boden in den Ofen schieben, die Backofentür einen Spalt offen lassen, damit die Feuchtigkeit abziehen kann. (Beim Ofen mit Ober- und Unterhitze können Sie nur 1 Blech einschieben und müssen die Böden nacheinander backen; dafür die Ofentemperatur um 20 °C höher schalten.) Die Böden auf Sicht hellbraun backen. Vorsichtig vom Backpapier lösen. Auskühlen lassen. Die beiden anderen Böden ebenso backen.

3 Für die Buttercreme die Eigelbe mit dem Zucker, der Speisestärke, dem Kaffeepulver und etwas von der Milch in einem Topf glatt rühren. Die restliche Milch langsam einrühren, zum Kochen bringen und einmal aufpuffen lassen. Vom Herd nehmen und auf Raumtemperatur abkühlen lassen, dabei die Creme immer wieder durchrühren, damit sich keine Haut bildet (oder Klarsichtfolie auflegen). Die Butter mit dem Puderzucker schaumig rühren und die Creme löffelweise unterrühren. Mit dem Kaffeelikör parfümieren.

4 Die Torte zusammensetzen: Von der Creme einige Esslöffel für den Tortenrand beiseite stellen. Die restliche Creme auf den Japonaiseböden verstreichen und alle Böden zu einer Torte zusammensetzen, mit dem schönsten Boden abdecken. Den Tortenrand mit einem scharfen Messer begradigen und mit der zurückbehaltenen Creme bestreichen. Geröstete Mandelblättchen an den Rand drücken (nehmen Sie eine Teigkarte zu Hilfe). Kalt stellen.

Baumkuchentorte

Baumkuchen erinnert an die Jahresringe eines Baumes. Konditoren erzeugen die vielen Schichten mithilfe einer Walze. Auch im eigenen Herd können Sie Baumkuchen leicht herstellen – vorausgesetzt, Sie verfügen über einen Backofen mit Grill. Andernfalls ist die Prozedur des schichtweisen Backens langwierig und mühsam. Baumkuchen bleibt längere Zeit frisch. Schneiden Sie nur sehr kleine Stücke davon ab. Wer einmal einen Baumkuchen gebacken hat, traut sich bestimmt beim nächsten Mal zu, mit der doppelten Menge für zwei Kuchen abwechselnd zwei Backformen in den Ofen zu schieben – zum Einfrieren oder Verschenken.

Baumkuchenteig

▸ **5 Eier**
▸ **220 g Puderzucker**
▸ **1 Päckchen Vanillezucker**
▸ **1 Prise Salz**
▸ **abgeriebene Zitronenschale**
▸ **125 g Mehl**
▸ **125 g Speisestärke**
▸ **2 TL Backpulver**
▸ **75 g gemahlene Mandeln**
▸ **250 g Butter, zerlassen**
▸ **1–2 EL Weinbrand**
▸ **etwa 2 EL Sahne**

Aprikotur und Glasur

▸ **60 g Aprikosenkonfitüre**
▸ **1 EL Zitronensaft**
▸ **150 g dunkle Kuvertüre, zerkleinert**
▸ **10–20 g Kokosfett**

Springform von 26 cm Ø, Boden mit Backpapier ausgelegt
Backen: jeweils etwa 1 Minute unter dem Grill

1 Die Eier mit dem Puderzucker, Vanillezucker und Salz schaumig rühren, die Zitronenschale zugeben. Das Mehl mit der Speisestärke und dem Backpulver vermischen und sieben. Die Mehlmischung und die Mandeln abwechselnd mit der lauwarmen Butter löffelweise unter die Schaummasse rühren. Den Weinbrand und die Sahne einrühren – der Teig soll leicht fließend und streichfähig sein.

2 Den Grill einschalten. Für den ersten Boden etwa 4 EL Teig in die Form füllen und mit einem Pinsel verstreichen. Auf der vorletzten Einschubleiste nach Sicht hellgelb grillen. Für die nächsten Schichten jeweils nur 2 EL Teig aufpinseln, da die Hitze des bereits gebackenen Bodens den frischen Teig sehr schön verlaufen lässt; ebenfalls hellgelb grillen. So verfahren, bis der Teig aufgebraucht ist. Je nach Beschaffenheit des Teiges ergeben sich 8–15 Schichten. Die Torte bei ausgeschaltetem Grill und geöffneter Backofentür 10 Minuten trocknen lassen, dann auf ein Küchengitter stürzen, das Backpapier abziehen, auskühlen lassen.

3 Für die Aprikotur die Aprikosenkonfitüre mit dem Zitronensaft aufkochen, durch ein Sieb streichen und die Torte sehr dünn damit überziehen. Mindestens 2 Stunden antrocknen lassen.

4 Für die Glasur die Kuvertüre mit dem Kokosfett im Wasserbad schmelzen und temperieren (siehe Seite 40). Lippenwarm auf die angetrocknete Aprikotur streichen.

»Beschwipste« Torten –
mit Eierlikör

Filzmooser Schokoladentorte

Rührteig

- ▸ **160 g weiche Butter**
- ▸ **100 g Puderzucker**
- ▸ **1 Päckchen Vanillezucker**
- ▸ **8 Eier, getrennt**
- ▸ **200 g Schokolade, gerieben**
- ▸ **30 g Sultaninen**
- ▸ **1 EL Rum**
- ▸ **50 g Zucker**
- ▸ **400 g gemahlene Haselnüsse**
- ▸ **1 TL Backpulver**

Zum Überziehen

- ▸ **300 g Sahne**
- ▸ **100 ml Eierlikör**

Backform von 26 cm Ø, gefettet
Backen: 60 Minuten bei 160 °C

1 Den Ofen vorheizen. Die Butter geschmeidig rühren. Nach und nach den Puderzucker, Vanillezucker und die Eigelbe, eines nach dem anderen, zugeben und schaumig rühren. Die Schokolade, Sultaninen und den Rum unterrühren. Die Eiweiße mit dem Zucker steif schlagen und auf die Schaummasse gleiten lassen. Die Nüsse mit dem Backpulver vermischen, auf den Eischnee streuen und alles vorsichtig unterziehen. In die Form füllen, glatt streichen und backen. Nach dem Abdämpfen auf ein Gitter stürzen und auskühlen lassen.

2 Vor dem Servieren die Sahne steif schlagen, ein Drittel davon in einen Spritzbeutel mit Sterntülle füllen. Die Torte mit der restlichen Schlagsahne überziehen und einen dekorativen Rand aufspritzen. Mit dem Eierlikör gleichmäßig beträufeln.

Eierlikörtorte

Rührteig

- ▸ **80 g weiche Butter**
- ▸ **50 + 30 g Zucker**
- ▸ **5 Eier, getrennt**
- ▸ **200 g gemahlene Mandeln**
- ▸ **1 TL Backpulver**
- ▸ **100 g dunkle Kuvertüre, geraspelt**
- ▸ **1 EL Rum**

Belag und Verzierung

- ▸ **400 g Sahne**
- ▸ **1 TL Zucker**
- ▸ **6 cl Eierlikör**
- ▸ **Schokoflocken für den Rand**

Springform von 26 cm Ø , gefettet
Backen: 50–60 Minuten bei 180 °C

1 Den Ofen vorheizen. Für den Teig die Butter geschmeidig rühren. Nach und nach 50 g Zucker und die Eigelbe, eines nach dem anderen, zugeben und schaumig rühren. Die Mandeln, mit dem Backpulver vermischt, die Kuvertüre und den Rum untermischen. Die Eiweiße mit 30 g Zucker steif schlagen, auf die Schaummasse gleiten lassen und unterziehen. In die Form füllen und backen. Nach dem Abdämpfen auf ein Kuchengitter stürzen und auskühlen lassen.

2 Für den Belag die Sahne mit dem Zucker steif schlagen. Zwei Drittel davon üppig auf dem Kuchenboden und dem Rand verstreichen. Den Rand mit Schokoflocken bestreuen (nehmen Sie eine Teigkarte zu Hilfe). Mit einem spitzen Messer etwa 2 cm vom Rand entfernt einen tiefen Kreis durch die Sahne ziehen und den Eierlikör hineingießen. Den Rest der Schlagsahne in einen Spritzbeutel mit großer Sterntülle füllen und Rosetten auf den Rand spritzen.

Kirschtorte Helga

Rührteig

- ▸ **65 g weiche Butter**
- ▸ **75 g Zucker, 1 Prise Salz**
- ▸ **2 Eier**
- ▸ **50 g Biskuitbrösel**
- ▸ **65 g gemahlene Mandeln**
- ▸ **¹/₂ TL Backpulver**

Kirschbelag

- ▸ **1 EL Speisestärke**
- ▸ **250 ml Kirschsaft**
- ▸ **1 EL Zucker**
- ▸ **400 g Schattenmorellen aus dem Glas, abgetropft, mit 3 EL Kirschwasser mariniert**

Zum Überziehen

- ▸ **400 g Sahne**
- ▸ **1 EL Zucker**
- ▸ **100 ml Eierlikör**

Springform von 26 cm Ø, gefettet
Backen: 30 Minuten bei 180–190 °C

1 Den Ofen vorheizen. Für den Teig die Butter geschmeidig rühren. Nach und nach Zucker, Salz und die Eier, eines nach dem anderen, zugeben und schaumig rühren. Alle übrigen Zutaten hinzufügen und mit der Schaummasse vermischen. In die Form füllen, glatt streichen und backen. Nach dem Abdämpfen auf ein Kuchengitter stürzen und auskühlen lassen.

2 Für den Belag die Speisestärke mit 2 EL Kirschsaft glatt rühren. Den restlichen Kirschsaft mit dem Zucker aufkochen, die angerührte Speisestärke einrühren und aufkochen. Die marinierten Schattenmorellen daruntermischen und auf den Tortenboden streichen.

3 Erst kurz vor dem Servieren die Sahne mit dem Zucker steif schlagen und die Torte damit überziehen. Mit dem Eierlikör beträufeln.

Kirschtorte Helga ▸

Bröselsahnetorten – Kuchenbrösel mit Sahne als Füllung oder als Belag

Birnen-Bröselsahnetorte

Wasserbiskuit

- 3 Eier, getrennt
- 3 EL kaltes Wasser
- 150 g Zucker
- 1 Päckchen Vanillezucker
- 80 g Mehl
- 1 TL Backpulver
- 20 g Kakaopulver
- 50 g gemahlene oder im Blitzhacker zerkleinerte Walnüsse

Belag

- 200 g Sahne
- 200 g saure Sahne
- 50 g Walnüsse, gehackt
- 450 g Birnenhälften aus der Dose, abgetropft
- 1 Päckchen Vanillezucker
- Saft von 1/2 Zitrone
- 1 EL Zimtzucker

Springform von 26 cm Ø, Boden mit Backpapier ausgelegt
Backen: etwa 25 Minuten bei 180 °C

1 Den Ofen vorheizen. Für den Biskuit die Eiweiße mit dem Wasser steif, aber nicht schnittfest schlagen, dabei den Zucker und Vanillezucker einrieseln lassen. Die verrührten Eigelbe unterziehen. Das Mehl mit dem Backpulver und dem Kakaopulver darübersieben, die Nüsse einstreuen und alles locker unterheben. In die Form füllen und backen. Nach dem Abdämpfen auf ein Kuchengitter stürzen, das Backpapier abziehen, auskühlen lassen.

2 Von dem Biskuit einen etwa 1/2 cm dicken Deckel abschneiden und grob zerbröseln.

3 Für den Belag die Sahne steif schlagen und mit der sauren Sahne, den Walnüssen und den Biskuitbröseln vermischen. 3 EL davon auf den Kuchen streichen. Die Birnenhälften darauf verteilen und mit dem Zitronensaft beträufeln. Die restliche Bröselsahne darüberstreichen und mit dem Zimtzucker bestreuen.

Schoko-Bröselsahnetorte

Eine Schokoladentorte, die es »in sich« hat. Die Torte, am Vortag gebacken, wird mit dem Löffel ausgehöhlt. Die Kuchenbrösel vermischt man mit Schlagsahne und füllt sie wieder in den ausgehöhlten Kuchen. Puderzucker darüber und fertig. »Maulwurftorte« ist die übliche und treffende Bezeichnung für diese Torten.

Rührteig

- 200 g weiche Butter
- 250 g Zucker
- 1 Päckchen Vanillezucker
- 6 Eigelb
- 100 g Mehl
- 25 g Speisestärke
- 2 TL Backpulver
- 100 g gemahlene Haselnüsse
- 100 g geriebene Schokolade

Zum Fertigstellen

- 200 g Sahne
- 2 Päckchen Vanillezucker
- 2 cl Rum
- 1 EL Kakaopulver
- 2 EL Puderzucker zum Bestauben

Springform von 26 cm Ø, gefettet
Backen: 30 Minuten bei 170 °C

1 Den Ofen vorheizen. Für den Teig die Butter geschmeidig rühren. Nach und nach den Zucker, Vanillezucker und die Eigelbe, eines nach dem anderen, zugeben und schaumig rühren. Das Mehl mit der Speisestärke und dem Backpulver darübersieben, die Haselnüsse und die Schokolade dazugeben und alles untermischen. In die Form füllen und backen. Nach dem Abdämpfen den Formrand entfernen und den Kuchen auf einem Kuchengitter auskühlen lassen, am besten über Nacht.

2 Die Torte fertig stellen: Den gebackenen Boden mit einem Esslöffel aushöhlen, dabei an Boden und Rand 2 cm stehen lassen. Die Sahne steif schlagen, den Vanillezucker, Rum und das Kakaopulver unterziehen. Von den Bröseln eine Hand voll beiseite stellen, die anderen unter die Schlagsahne mischen und in die ausgehöhlte Torte streichen. Die restlichen Brösel auf der Oberfläche verteilen und mit Puderzucker bestauben. Kalt stellen und möglichst bald verzehren.

Den gebackenen Boden aushöhlen, dabei einen Rand stehen lassen.

Bröselsahnetorte mit Früchten

Bei den Früchten für die Füllung können Sie variieren. Abgetropfte Früchte aus Dose und Glas, etwa Schattenmorellen oder Mandarinen, sind genauso geeignet wie Beeren aller Art, Mangostreifen oder auch Orangenfilets.

Rührteig

- ▸ **140 g weiche Butter**
- ▸ **150 g Zucker**
- ▸ **1 Päckchen Vanillezucker**
- ▸ **6 Eigelb**
- ▸ **100 g Mehl**
- ▸ **1¹/₂ TL Backpulver**
- ▸ **100 g Schokoraspel**
- ▸ **6 Eiweiß, steif geschlagen**

Zum Fertigstellen

- ▸ **2 Bananen, in Scheiben geschnitten**
- ▸ **Saft von 1 Zitrone**
- ▸ **175 g Preiselbeeren (Glas)**
- ▸ **400 g Sahne, steif geschlagen**
- ▸ **Kakaopulver zum Besieben**

Springform von 26 cm Ø, gefettet
Backen: 45 Minuten bei 175 °C

1 Den Rührteig möglichst schon am Vortag backen.

2 Den Ofen vorheizen. Die Butter geschmeidig rühren. Nach und nach den Zucker, Vanillezucker und die Eigelbe, eines nach dem anderen, zugeben und schaumig rühren. Das Mehl mit dem Backpulver darübersieben und zusammen mit den Schokoraspeln untermischen. Zuletzt den Eischnee unterheben. In die Form füllen und backen. Nach dem Abdämpfen den Formrand entfernen und den Kuchen auf einem Kuchengitter auskühlen lassen, am besten über Nacht.

3 Die Torte fertig stellen: Den gebackenen Boden mit einem Esslöffel aushöhlen, dabei an Rand und Boden 2 cm stehen lassen. Die Bananenscheiben einlegen, mit dem Zitronensaft beträufeln und mit einem kleinen Löffel Preiselbeerhäufchen dazwischensetzen. Die Kuchenbrösel unter die Schlagsahne mischen, eine Hand voll Brösel jedoch beiseite stellen. Die Bröselsahne kuppelförmig in die ausgehöhlte Torte streichen, mit den beiseite gestellten Bröseln bestreuen und mit Kakao besieben.

Preiselbeeren – mild-herber Kontrast zu süßem Gebäck

Schokolade-Preiselbeer-Torte

Die Preiselbeeren sollen über Nacht einziehen, damit die Torte auch richtig saftig wird. Schlagsahne darüber und Raspelschokolade – schon ist die Torte fertig. Ein feines Rezept, das nur wenig Mühe macht.

Rührteig
▸ **200 g weiche Butter**
▸ **200 g Zucker, 4 Eier**
▸ **200 g gemahlene Haselnüsse**
▸ **50 g Kakaopulver, 2 TL Backpulver**

Zum Fertigstellen
▸ **600 g Preiselbeeren (Glas)**
▸ **300 g Sahne**
▸ **geraspelte Schokolade zum Bestreuen**

| Springform von 26 cm Ø, gefettet
| **Backen:** 25–30 Minuten bei 200 °C

1 Den Ofen vorheizen. Die Butter geschmeidig rühren. Nach und nach den Zucker und die Eier, eines nach dem anderen, zugeben und schaumig rühren. Die Nüsse mit dem Kakaopulver und dem Backpulver vermischen und unterrühren. Den Teig in die Form füllen, glatt streichen und backen. Nach dem Abdämpfen den Formrand entfernen und den Kuchen auf einem Kuchengitter auskühlen lassen.

2 Den Kuchen auf eine Unterlage legen und mit einem Tortenring umschließen. Mit dem Kochlöffelstiel mehrmals in den Kuchen stechen (damit das saftige Preiselbeerkompott eindringen kann). Die Preiselbeeren durchrühren, auf den Kuchenboden streichen und über Nacht einziehen lassen.

3 Vor dem Servieren die Sahne steif schlagen und die Torte damit überziehen. Mit geraspelter Schokolade bestreuen.

Buchweizen-Preiselbeer-Torte

Diese Torte ist die Spezialität meiner Freundin Rosmarie. Sie backt selten; aber wenn sie backt, dann nur diese feine Torte.

Biskuit
▸ **6 Eier, getrennt**
▸ **150 + 50 g Zucker**
▸ **100 g Buchweizenmehl**
▸ **2 TL Backpulver**

Preiselbeer-Sahnefüllung
▸ **400 g Sahne**
▸ **2 Päckchen Vanillezucker**
▸ **500 g Preiselbeeren (Glas)**

▸ **geraspelte Schokolade zum Bestreuen**

| Springform von 26 cm Ø, Boden mit
| Backpapier ausgelegt
| **Backen:** 30–40 Minuten bei 175 °C

1 Den Ofen vorheizen. Für den Biskuit die Eigelbe mit 150 g Zucker schaumig rühren. Die Eiweiße steif, aber nicht schnittfest schlagen, dabei 50 g Zucker einrieseln lassen. Den Eischnee auf die Schaummasse gleiten lassen. Das Buchweizenmehl mit dem Backpulver darübersieben und alles vorsichtig vermischen. Die Masse in die Form füllen, glatt streichen und backen. Nach dem Abdämpfen auf ein Kuchengitter stürzen, das Backpapier abziehen, über Nacht auskühlen lassen.

2 Für die Füllung die Sahne mit dem Vanillezucker steif schlagen. Von den Preiselbeeren 2 EL abnehmen und beiseite stellen, die restlichen Preiselbeeren unter die Schlagsahne mischen.

3 Die Torte fertig stellen: Den Biskuit zweimal durchschneiden. 2 Tortenböden mit der Preiselbeersahne bestreichen und aufeinander setzen. Das Deckblatt auflegen, leicht andrücken und mit den beiseite gestellten Preiselbeeren bestreichen. Mit geraspelter Schokolade bestreuen.

Preiselbeer-Sahne-Torte

Eine attraktive Preiselbeertorte, die den höheren Zeitaufwand lohnt. Nach dem Füllen kann sie sofort serviert werden oder, mit einer Haube bedeckt, im Kühlschrank einige Stunden durchziehen.

Wasserbiskuit
▸ **4 Eier**
▸ **4 EL heißes Wasser**
▸ **150 g Zucker**
▸ **100 g Mehl**
▸ **2 TL Backpulver**
▸ **150 g Walnüsse, gemahlen**
▸ **50 g Schokoladenstreusel**

Preiselbeerfüllung
▸ **150 ml Rotwein**
▸ **250 ml Orangensaft, frisch gepresst**
▸ **abgeriebene Schale von 1 Orange**
▸ **½ Zimtstange**
▸ **75 g Zucker**
▸ **40 g Speisestärke, mit 4 EL Orangensaft angerührt**
▸ **4 Blatt Gelatine, kalt eingeweicht**
▸ **400 g Preiselbeeren (Glas)**

Sahnefüllung
▸ **500 g Sahne**
▸ **1 EL Vanillezucker**
▸ **3 Blatt Gelatine, kalt eingeweicht**

| Springform von 26 cm Ø, Boden mit
| Backpapier ausgelegt
| **Backen:** 35 Minuten bei 180 °C

1 Den Ofen vorheizen. Für den Biskuit die Eier mit dem heißen Wasser und dem Zucker mit dem Rührgerät weißschaumig schlagen. Das Mehl mit dem Backpulver darübersieben, die Walnüsse und Schokoladenstreusel zugeben und alles locker unterheben. Die Masse in die Form füllen und backen. Nach dem Abdämpfen auf ein Kuchengitter stürzen, das Backpapier abziehen, über Nacht auskühlen lassen.

2 Für die Preiselbeerfüllung alle Zutaten von Rotwein bis einschließlich Zucker

aufkochen, die Zimtstange entfernen. Die angerührte Speisestärke einrühren und erneut aufkochen. Die Gelatine ausdrücken und in der heißen Masse auflösen. Die Preiselbeeren untermischen, beiseite stellen.

3 Für die Sahnefüllung die Sahne mit dem Vanillezucker nicht ganz steif schlagen. Die Gelatine tropfnass in einem kleinen Topf erwärmen und auflösen. Lauwarm bei laufendem Gerät in die Sahne rühren und weiterschlagen, bis sie steif ist.

4 Die Torte fertig stellen: Den Biskuit einmal durchschneiden. Den Boden mit zwei Drittel der Preiselbeerfüllung bestreichen. Fingerdick Sahnefüllung daraufstreichen und mit dem zweiten Tortenboden bedecken. Die restliche Preiselbeermasse auf die Torte füllen und glatt streichen. Den Tortenrand mit Sahne bestreichen. Die restliche Sahne in einen Spritzbeutel mit Sterntülle füllen und die Torte hübsch verzieren. Einige Stunden oder über Nacht kalt stellen und durchziehen lassen.

Ungefüllte Torten – so edel und doch so einfach

Orangentorte

- ▶ 2 Eier
- ▶ 8 Eigelb
- ▶ 280 g Puderzucker
- ▶ 200 g gemahlene Mandeln
- ▶ 70 g Semmelbrösel
- ▶ abgeriebene Schale von 2 Orangen
- ▶ Saft von 1 Orange
- ▶ 8 Eiweiß, mit 1 Prise Salz steif geschlagen

Orangenglasur

- ▶ 200 g Puderzucker
- ▶ 4–5 EL Orangensaft

| Springform von 26 cm Ø, Boden mit Backpapier ausgelegt
| **Backen:** 50 Minuten bei 160 °C

1 Den Ofen vorheizen. Die ganzen Eier und die Eigelbe mit dem Puderzucker dickschaumig rühren. Alle anderen Zutaten bis auf den Eischnee unterrühren. Ein Drittel des Eischnees untermischen, den restlichen Eischnee unterziehen. Die Masse in die Form füllen, glatt streichen und backen. Nach dem Abdämpfen auf ein Kuchengitter stürzen, das Backpapier abziehen und die Torte auskühlen lassen.

2 Für die Glasur den Puderzucker mit dem Orangensaft verrühren. Die Torte rundum damit bestreichen.

Dies ist eine zarte Orangentorte, ohne Füllung und trotzdem saftig. Sie bleibt lange frisch.

Wachauer Mohntorte

Die interessante, sehr feine Torte haben wir in einem ländlichen Lokal in der Wachau kennen gelernt. Die freundliche Wirtin hat uns das Rezept aufgeschrieben. Schlagsahne dazu darf nicht fehlen.

- ▶ 5 Eigelb
- ▶ 150 g Puderzucker
- ▶ 125 ml neutrales Öl
- ▶ 125 ml Wasser
- ▶ 150 g gemahlener Mohn
- ▶ 1 EL Rum
- ▶ 5 Eiweiß
- ▶ 150 g feiner Zucker
- ▶ 100 g Mehl
- ▶ 150 g Speisestärke

Aprikosenglasur

- ▶ 50 g Zucker
- ▶ 50 ml Wasser
- ▶ 1 EL Zitronensaft
- ▶ 120 g Aprikosenkonfitüre

| Springform von 26–28 cm Ø, gefettet und bemehlt
| **Backen:** 45 Minuten bei 180 °C

1 Den Ofen vorheizen. Die Eigelbe mit dem Puderzucker schaumig rühren. Das Öl abwechselnd mit dem Wasser bei laufendem Gerät löffelweise zugeben. Den Mohn und den Rum unterrühren. Die Eiweiße mit dem Zucker steif schlagen und auf die Mohnmasse gleiten lassen. Das Mehl mit der Speisestärke auf den Eischnee sieben und alles vorsichtig unterziehen. Die Masse in die Form füllen und backen. Nach dem Abdämpfen auf ein Kuchengitter stürzen und auskühlen lassen.

2 Für die Aprikosenglasur den Zucker mit dem Wasser und Zitronensaft aufkochen, die Aprikosenkonfitüre einrühren und um ein Drittel einkochen. Die Glasur durch ein Sieb streichen und die Torte sehr dünn damit bestreichen. Einige Stunden antrocknen lassen. Frisch schmeckt die Torte am besten.

Sachertorte

Rührteig

- **150 g weiche Butter**
- **150 g Puderzucker**
- **1 EL Vanillezucker**
- **7 Eigelb**
- **150 g dunkle Kuvertüre, geschmolzen**
- **7 Eiweiß**
- **30 g Zucker**
- **150 g Mehl**
- **1 TL Backpulver**

- **350 g Aprikosenkonfitüre zum Füllen und Aprikotieren**

Sacherguss

- **200 g Zucker**
- **125 ml Wasser**
- **150 g dunkle Kuvertüre, geschmolzen**

Springform von 26 cm Ø, Boden mit Backpapier ausgelegt
Backen: 60–75 Minuten bei 170 °C

1 Für den Teig die Butter geschmeidig rühren. Nach und nach den Puderzucker, Vanillezucker und die Eigelbe, eines nach dem anderen, zugeben und zu einer guten Schaummasse rühren. Die lauwarme Kuvertüre langsam unterrühren. Die Eiweiße mit dem Zucker steif, aber nicht schnittfest schlagen und auf die Schaummasse gleiten lassen. Das Mehl mit dem Backpulver vermischen, darübersieben und alles mit dem Rührlöffel locker untermischen. Die Masse in die Backform füllen, glatt streichen und backen. Machen Sie die Stäbchenprobe!

2 Nach dem Abdämpfen den Formrand vorsichtig lösen und abnehmen. Die Torte auf ein Kuchengitter stürzen, das Backpapier abziehen, am besten über Nacht auskühlen lassen.

3 Die Torte auf eine glatte Unterlage setzen und horizontal einmal durchschneiden. Mit etwa 100 g Aprikosenkonfitüre bestreichen und wieder zusammensetzen.

4 Die restliche Konfitüre aufkochen, durchpassieren und die Torte rundum dünn damit bestreichen. Gut antrocknen lassen.

5 Für den Sacherguss den Zucker mit dem Wasser 5 Minuten kochen, etwas abkühlen lassen. Die Kuvertüre langsam in die Zuckerlösung rühren. Unter öfterem Umrühren abkühlen lassen, bis die Masse eine cremig-flüssige Konsistenz erreicht hat. Auf die Mitte der Torte gießen und durch leichtes Schräghalten von der Mitte aus gleichmäßig über die Oberfläche sowie den Rand verlaufen lassen. Den am Rand ablaufenden Guss kann man mit einem Messer verstreichen. Nach dem Erstarren mithilfe einer Palette oder mit dem Tortenheber von der Unterlege abheben und auf eine Tortenplatte setzen.

Hübsch sieht es aus, wenn Sie mit dem Spritztütchen (siehe Seite 39) das »S« für Sacher aufspritzen.

Linzer Torte – ein Thema, zwei Varianten

Die Linzer Torte besteht aus Mürbeteig mit einem hohen Anteil an Nüssen. Ob Haselnüsse oder Mandeln – die ewige Streitfrage der Zuckerbäcker ist letztlich müßig. Wichtig als Kontrast zum süßen Teig ist jedoch die säuerliche Füllung, die bei der echten Linzer Torte immer aus Johannisbeerkonfitüre besteht.
Die folgenden beiden Rezepte sind Lieblingsrezepte aus dem Freundeskreis – auf klassische Art, mit einem Gitter versehen das eine; aus vier Teigschichten gebacken das andere.

Linzer Torte

Mürbeteig
- ▸ 250 g Mehl
- ▸ 1 TL Backpulver
- ▸ 100 g brauner Zucker
- ▸ 100 g weißer Zucker
- ▸ 1 TL Kakaopulver
- ▸ $\frac{1}{2}$ TL Zimt
- ▸ 1 Messerspitze Nelken
- ▸ 125 g gehackte Mandeln
- ▸ 125 gemahlene Haselnüsse
- ▸ 250 g kalte Butter, in Stückchen
- ▸ 1 Ei, 1 Eiweiß
- ▸ 1 EL Zwetschgenwasser

1 Den Teigboden bis dicht an den Rand mit Konfitüre bestreichen.

2 Aus dünnen Teigrollen ein gleichmäßiges Gitter auflegen.

3 Das Teiggitter mit der angerührten Eigelbsahne bestreichen.

Außerdem
- ▸ 300 g Johannisbeerkonfitüre
- ▸ 1 Eigelb, mit 1 EL Sahne verrührt

❘ Springform von 28 cm Ø
❘ **Backen:** 30–40 Minuten bei 180 °C

1 Für den Teig das Mehl auf der Arbeitsfläche mit allen Zutaten zusammenhacken und rasch zu einem glatten Teig kneten. Zu einer Kugel formen, in Folie wickeln und mindestens 30 Minuten kalt stellen.

2 Den Ofen vorheizen. Gut die Hälfte des Teiges rund ausrollen und den Formboden damit auslegen. Aus den Teigabschnitten eine Rolle formen und an den Rand drücken. Den Boden mit der Gabel mehrmals einstechen. Aus dem restlichen Teig dünne Rollen formen; oder den Teig ausrollen und schmale Streifen ausradeln. Den Boden mit der Johannisbeerkonfitüre bestreichen. Die Torte gitterartig mit den Teigrollen oder -streifen belegen. Den Rand und das Gitter mit der Eigelbsahne bestreichen.

3 Die Torte hellbraun backen. Nach dem Abdämpfen den Formrand entfernen und die Torte auf einem Kuchengitter auskühlen lassen.

Linzer Johannisbeertorte

Mürbeteig
▸ **200 g Mehl**
▸ **1 Prise Salz**
▸ **150 g gemahlene Haselnüsse**
▸ **150 g Puderzucker**
▸ **1/2 TL Zimt**
▸ **abgeriebene Zitronenschale**
▸ **200 g kalte Butter, in Stückchen**
▸ **1 Ei**

Füllung und Überzug
▸ **etwa 4 EL Johannisbeerkonfitüre**
▸ **200 g Puderzucker**
▸ **4 EL Zitronensaft, durchgeseiht**
▸ **30 g gehobelte Mandeln, geröstet**

> Springform von 24–26 cm Ø oder Backpapier
> **Backen:** je Boden 12–15 Minuten bei 180 °C

1 Für den Teig das Mehl auf der Arbeitsfläche mit allen Zutaten zusammenhacken und rasch zu einem glatten Teig kneten. Zu einer Kugel formen, in Folie wickeln und mindestens 30 Minuten kalt stellen.

2 Den Ofen vorheizen. Den Teig in 4 gleiche Teile teilen, jedes Teigstück in Größe der Backform rund ausrollen. Die Böden nacheinander in der Form hellbraun backen, jeweils vorher mit der Gabel mehrmals einstechen. Oder: Mithilfe der Backform 4 Kreise auf Backpapier aufzeichnen und die Böden nacheinander auf dem Papier backen.

3 Zum Füllen 3 Böden mit der Konfitüre bestreichen und aufeinander setzen, den vierten Tortenboden als Deckplatte auflegen, leicht andrücken.

4 Aus dem Puderzucker und Zitronensaft eine dickflüssige Glasur anrühren und die Torte damit überziehen. Die Oberfläche und den Rand mit Mandelblättchen bestreuen. Die Torte mindestens 1 Tag durchziehen lassen.

Italienisch »angehaucht« – die beliebten Dessertcremes als Tortenfüllung

Panna-Cotta-Torte mit Beeren

Eine schnelle Torte, die Sie gut auch als Dessert servieren können.

Mürbeteig

▸ **300 g Mehl**
▸ **60 g Zucker**
▸ **150 g kalte Butter, in Stückchen**
▸ **1 Ei**
▸ **1 EL Rum**

Panna-Cotta-Creme

▸ **800 ml Sahne**
▸ **2 Vanilleschoten, aufgeschlitzt**
▸ **150 g Zucker**
▸ **Saft und abgeriebene Schale von 1 Zitrone**
▸ **6 Blatt Gelatine, kalt eingeweicht**

Zum Fertigstellen

▸ **200 g rote Beeren (Erdbeeren, Himbeeren, Johannisbeeren)**

▌ Springform von 26 cm Ø
▌ **Blind backen:** 25 Minuten bei 210 °C

1 Für den Teig das Mehl auf der Arbeitsfläche mit allen Zutaten zusammenhacken und rasch zu einem glatten Teig kneten. Zu einer Kugel formen, in Folie wickeln und mindestens 30 Minuten kalt stellen.

2 Den Ofen vorheizen. Den Teig etwas größer als die Backform rund ausrollen, die Form damit auslegen und einen Rand hochziehen. Zerknüllte Alufolie an den Rand drücken, damit er nicht zusammenfällt. Den Boden mehrmals mit der Gabel einstechen. Blind backen.

3 Für die Panna-Cotta-Creme die Sahne mit dem Zucker und den Vanilleschoten aufkochen, 3 Minuten köcheln lassen. Vom Herd nehmen, die Vanilleschoten entfernen. Zitronensaft und -schale zugeben. Die Gelatine ausdrücken und in der Sahne auflösen. Die Creme abkühlen lassen. Sobald sie zu stocken beginnt, kräftig durchschlagen.

4 Die Torte fertig stellen: Die Früchte locker auf dem Tortenboden verteilen. Die Panna-Cotta-Creme darüberstreichen. Kalt stellen.

Espressotorte

Wiener Biskuit

▸ **3 Eier, getrennt**
▸ **75 g Zucker**
▸ **abgeriebene Zitronenschale**
▸ **60 g Mehl**
▸ **30 g Speisestärke**
▸ **45 g Butter, zerlassen**

Espressocreme

▸ **4 Eigelb**
▸ **120 g Zucker**
▸ **20 g Speisestärke**
▸ **400 ml Milch**
▸ **3–4 TL Instant-Espressopulver**
▸ **2 TL Kakaopulver**
▸ **5 Blatt Gelatine, kalt eingeweicht**
▸ **2 cl Kaffeelikör**
▸ **400 g Sahne**

Zum Fertigstellen

▸ **4 EL kalter Espresso, mit 6 cl Kaffeelikör vermischt**
▸ **300 g Sahne**
▸ **16 Schokoladen-Mokkabohnen**

▌ Springform von 26–28 cm Ø, gefettet
▌ **Backen:** 30 Minuten bei 180 °C

1 Den Ofen vorheizen. Für den Biskuit die Eiweiße steif, aber nicht schnittfest schlagen, dabei den Zucker einrieseln lassen. Die verrührten Eigelbe und Zitronenschale behutsam unterrühren. Das mit Speisestärke vermischte, gesiebte Mehl abwechselnd mit der lauwarmen Butter vorsichtig mit dem Holzlöffel unterziehen. In die Form füllen, glatt streichen und backen. Nach dem Abdämpfen auf ein Kuchengitter stürzen und auskühlen lassen.

2 Für die Creme die Eigelbe in einer Kasserolle mit dem Zucker, der Speisestärke und etwas von der Milch glatt rühren. Die restliche Milch in einem zweiten Topf erhitzen, das Espresso- und Kakaopulver darin auflösen. Die Espressomilch langsam in die angerührte Eigelbmischung gießen und unter beständigem Rühren mit dem Schneebesen einmal aufpuffen lassen. Vom Herd nehmen. Die Gelatine ausdrücken und in der heißen Creme auflösen. Den Kaffeelikör untermischen. Die Creme im eiskalten Wasserbad rasch kalt rühren. Im Kühlschrank ruhen lassen, bis sie zu stocken beginnt. Die Sahne steif schlagen und untermischen.

3 Die Torte fertig stellen: Den Biskuitboden auf eine Unterlage legen und mit einem Tortenring umschließen. Den Biskuit mit der Espresso-Likör-Mischung tränken. Die Espressocreme darauffüllen, glatt streichen und kalt stellen. Vor dem Servieren den Tortenring entfernen und die Sahne steif schlagen. Ein Drittel der Schlagsahne in einen Spritzbeutel mit Sterntülle füllen. Die Torte mit der restlichen Sahne einstreichen. 16 Rosetten aufspritzen und in jede Rosette eine Schokoladen-Mokkabohne setzen.

Tiramisu-Torte

Tira mi su – »zieh mich hoch« – weist auf die belebende Wirkung des reichlich enthaltenen Espressos hin. Hier finden Sie die Tortenvariante zu der beliebten Dessertspezialität.

Wasserbiskuit

- ▸ **4 Eier, getrennt**
- ▸ **4 EL kaltes Wasser**
- ▸ **200 g Zucker**
- ▸ **abgeriebene Zitronenschale**
- ▸ **200 g Mehl**
- ▸ **2 EL Kakaopulver**
- ▸ **1 TL Backpulver**

Mascarponecreme

- ▸ **500 g Mascarpone**
- ▸ **1 Päckchen Vanillezucker**
- ▸ **100 g Puderzucker**
- ▸ **4 EL Amaretto**
- ▸ **100 g Sahne**

Zum Fertigstellen

- ▸ **200 ml kalter Espresso**
- ▸ **4 EL Amaretto**
- ▸ **Kakaopulver zum Besieben**

Springform von 26 cm Ø, Boden mit Backpapier ausgelegt
Backen: 20 Minuten bei 180 °C

1 Backen Sie den Biskuit schon am Vortag, dann lässt er sich besser schneiden.

2 Den Ofen vorheizen. Für den Biskuit die Eiweiße mit dem Wasser mit dem Handrührgerät steif, aber nicht schnittfest schlagen, dabei den Zucker einrieseln lassen. Die Eigelbe verrühren und mit der Zitronenschale unterrühren. Das Mehl mit dem Kakaopulver und dem Backpulver vermischen, darübersieben und locker unterheben. Die Masse in die Form füllen, glatt streichen und goldgelb backen. Nach dem Abdämpfen den Formrand lösen und abnehmen, auf einem Kuchengitter auskühlen lassen.

3 Für die Creme den Mascarpone glatt rühren, mit dem Vanillezucker, Puderzucker und Amaretto abschmecken. Die Sahne steif schlagen und unterziehen.

4 Die Torte fertig stellen: Den Biskuit auf eine Unterlage legen und zweimal durchschneiden. Den Espresso mit dem Amaretto vermischen und die Biskuitblätter damit saftig tränken. Anschließend mit der Mascarponecreme zu einer Torte zusammensetzen.

5 Die Sahne steif schlagen und die Torte rundum damit bestreichen. Die Oberfläche dick mit Kakaopulver besieben. Die Torte kalt gestellt durchziehen lassen und möglichst frisch verzehren.

Ohne Backen – das kann wirklich jeder

Pischingertorte

Der Wiener Zuckerbäcker Oskar Pischinger hat die Torte erfunden. Sie ist die böhmische Verwandte der ungarischen Dobos- und der bayerischen Prinzregententorte – und doch ganz anders. Man braucht dafür Karlsbader Oblaten (mit einer Mandel-Haselnuss-Masse dünn gefüllte runde Waffeln) und setzt sie mit einer Schokoladencreme zusammen. Ein Schnellrezept ohne Backen.

▸ **5 Karlsbader Oblaten**

Schokoladen-Buttercreme
▸ **150 g dunkle Kuvertüre**
▸ **150 g weiche Butter**
▸ **1 Päckchen Vanillezucker**
▸ **2 EL Puderzucker, 2 Eigelb**

1 Für die Schokoladen-Buttercreme die Kuvertüre im Wasserbad schmelzen, lauwarm abkühlen lassen. Die Butter mit dem Vanillezucker und dem Puderzucker schaumig rühren, nach und nach die Eigelbe und löffelweise die Kuvertüre unterrühren.

2 Die Oblaten auf der Arbeitsfläche auslegen. 4 davon nicht zu dick mit Creme bestreichen und zu einer Torte zusammensetzen, etwas Creme zurückbehalten für die Deckplatte und den Rand. Die letzte Oblate auflegen, die Torte leicht beschweren, im Kühlschrank anziehen lassen.

3 Die Oberfläche und den Rand der Torte mit der restlichen Creme bestreichen und wieder kalt stellen.

Mangotorte

Seit exotische Früchte bei uns quasi heimisch geworden sind, gibt es auch entsprechende Tortenkreationen. Diese feine Mangotorte braucht nicht einmal einen Backofen.

Keksboden
▸ **175 g Butterkekse oder Löffelbiskuits**
▸ **125 g Butter, zerlassen**

Mangocreme
▸ **3 Eigelb**
▸ **100 g Zucker**
▸ **150 ml Zitronensaft**
▸ **6 Blatt Gelatine, kalt eingeweicht**
▸ **250 g Magerquark, im Sieb abgetropft**
▸ **abgeriebene Zitronenschale**
▸ **200 g Sahne, steif geschlagen**
▸ **3 Eiweiß, mit 1 Prise Salz steif geschlagen**
▸ **1 Mango, geschält, klein gewürfelt**
▸ **Zitronenlikör (nach Belieben)**

Springform von 26 cm Ø, Boden mit Backpapier ausgelegt

1 Für den Keksboden die Kekse grob zerbröseln oder Löffelbiskuits in einem Gefrierbeutel mit dem Rollholz zerdrücken. In eine Schüssel füllen, mit der lauwarmen Butter vermischen und in die Backform drücken. Kalt stellen.

2 Für die Mangocreme die Eigelbe mit dem Zucker und Zitronensaft auf dem heißen Wasserbad dickschaumig rühren. Die Gelatine ausdrücken und in der Eigelbcreme auflösen, vom Wasserbad nehmen. Den Quark und die Zitronenschale unterrühren. Kalt stellen, bis die Creme leicht zu stocken beginnt.

Wer mag, kann die gesamte Pischingertorte zusätzlich mit einer Schokoladenglasur überziehen.

3 Nacheinander die Schlagsahne, den Eischnee und die Mangowürfelchen unter die Quarkcreme mischen, auf den Keksboden füllen, glatt streichen und einige Stunden oder über Nacht kalt stellen. Nach Belieben mit Zitronenlikör beträufeln.

Frischkäse-Pfirsich-Torte

Frischkäsecreme mit klein geschnittenen Pfirsichen aus der Dose – sahnig und fruchtig und zugleich ein Schnellrezept, denn der Boden wird nicht gebacken.

Keksboden

▸ **150 g Löffelbiskuits**
▸ **100 g Butter, zerlassen**

Frischkäsecreme

▸ **250 g Pfirsiche aus der Dose, abgetropft**
▸ **300 g Doppelrahmfrischkäse (Philadelphia)**
▸ **300 g Joghurt**
▸ **120 g Zucker**
▸ **1 Päckchen Vanillezucker**
▸ **Saft von 1 Zitrone**
▸ **6 Blatt Gelatine, kalt eingeweicht**
▸ **200 g Sahne, steif geschlagen**

▪ Springform von 26 cm Ø

1 Für den Keksboden die Löffelbiskuits in einen Gefrierbeutel krümeln, den Beutel verschließen und die Biskuits mit dem Teigroller gleichmäßig zerdrücken. Die Brösel in einer Schüssel mit der Butter vermischen, in die Form drücken und kurz kalt stellen.

2 Die Pfirsiche klein würfeln, 1 Pfirsichhälfte für die Dekoration in Spalten schneiden.

3 Für die Creme den Frischkäse mit dem Joghurt, Zucker, Vanillezucker und Zitronensaft glatt rühren, die Pfirsichwürfel untermischen. Die Gelatine tropfnass in einem kleinen Topf erwärmen und auflösen; zuerst mit einigen Esslöffeln der Creme vermischen, anschließend unter die Creme rühren. Die Schlagsahne unterziehen. Die Creme auf den Keksboden füllen, glatt streichen und einige Stunden kalt stellen. Mit den Pfirsichspalten garnieren.

Eine wunderbare Sommertorte, die sich auch mit anderen Früchten der Jahreszeit zubereiten lässt.

Rouladen und

Schnitten

Rouladen und Schnitten sind festlich wie eine Torte und doch ganz anders. Sie sind vor allem einfacher und damit schneller herzustellen. Eine Creme ist praktisch immer dabei – eingerollt bei den Rouladen, aufgestrichen bei den Schnitten. Oft werden auch Früchte eingelegt. Bei Schnitten wird gern der verstellbare Backrahmen verwendet.

Die abgebildete Biskuitroulade ist die Nummer eins unter den Schnellrezepten. Frisch aus dem Ofen wird die Platte sofort mit Konfitüre bestrichen und aufgerollt. Sie darf gleich verzehrt werden, solange sie noch nach »frisch gebacken« duftet. Das Rezept für diese traditionelle Roulade finden Sie auf der nächsten Seite.

Kuchen von der Rolle – die klassische Biskuitroulade mit verschiedenen Füllungen

Biskuit in allen seinen Abwandlungen ist die bevorzugte Masse für Rouladen. Er ist zart und geschmeidig, lässt sich gut aufrollen und bricht nicht. Außerdem ist er blitzschnell gerührt und ebenso schnell gebacken. Für ein gutes Gelingen sind einige Regeln zu beachten.
Backen: Den Biskuit auf einem mit Backpapier ausgelegten Blech bei starker Hitze rasch hell- bis goldgelb backen. Auf Sicht backen! Nur hell gebackener, weicher Biskuit lässt sich gut aufrollen und bricht nicht.
Nach dem Backen: Es gibt mehrere Methoden, die gebackene Biskuitplatte geschmeidig zu halten, damit sie beim Auf- und späteren Abrollen nicht bricht. Wir haben sie alle probiert und uns für die einfachste und sicherste Methode entschieden: Die gebackene Biskuitplatte auf ein frisches Backpapier stürzen, das obere (»mitgebackene«) Backpapier abziehen, die Roulade mit dem frischen Papier aufrollen und auskühlen lassen. Zum Füllen die erkaltete Roulade abrollen, mit Füllcreme bestreichen, wieder aufrollen, beliebig garnieren und kalt stellen.

Biskuitroulade

Ihre Gäste kommen schon in einer Stunde? Kein Problem mit diesem Schnellrezept: Die Biskuitmasse rühren, 10 Minuten backen, noch heiß mit Konfitüre bestreichen, aufrollen und auskühlen lassen.

Biskuit
▹ 5 Eier, getrennt
▹ 125 g Zucker
▹ abgeriebene Zitronenschale
▹ 125 g Mehl

Außerdem
▹ 2 EL Zucker für das Tuch
▹ 250 g Konfitüre (Aprikosen, Himbeer), glatt gerührt
▹ Puderzucker zum Besieben

❙ Backblech, mit Backpapier ausgelegt
❙ **Backen:** 8–10 Minuten bei 220 °C

1 Den Ofen vorheizen. Für den Biskuit die Eiweiße steif, aber nicht schnittfest schlagen, dabei den Zucker einrieseln lassen. Die verrührten Eigelbe untermischen. Das Mehl darübersieben und locker unterheben. Die Masse sofort auf das Blech streichen und hell- bis goldgelb backen.

2 Die Biskuitplatte sofort auf ein mit Zucker bestreutes Tuch (oder auf frisches Backpapier) stürzen. Das obere Backpapier abziehen. Die heiße Biskuitplatte rasch mit der Konfitüre bestreichen und sofort aufrollen. Auskühlen lassen.

3 Die Roulade mit Puderzucker besieben und leicht schräg in 2 1/2 cm dicke Stücke schneiden.

Zitronenroulade

▹ Biskuit wie für Biskuitroulade (links)

Zitronencreme
▹ 250 ml Wasser
▹ 20 g Speisestärke
▹ abgeriebene Schale von 1 Zitrone
▹ 6 EL Zitronensaft
▹ 100 g Zucker
▹ 4 Blatt Gelatine, kalt eingeweicht
▹ 200 g Sahne

▹ Puderzucker zum Besieben

1 Die Biskuitmasse auf das mit Backpapier ausgelegte Blech geben, mit der Palette glatt streichen und backen.

2 Auf ein mit Zucker bestreutes Tuch oder frisches Backpapier stürzen, das obere Papier abziehen.

3 Die heiße Biskuitplatte mit Konfitüre bestreichen und sofort mithilfe des Tuches oder Papiers aufrollen.

Die Linien auf dem Puderzucker der Zitronenroulade hat der Fotograf mit einer glühenden Fleischgabel eingebrannt.

Backblech, mit Backpapier ausgelegt
Backen: 8–10 Minuten bei 220 °C
Backpapier zum Aufrollen

1 Die Biskuitmasse zubereiten und backen, wie bei Biskuitroulade beschrieben. Auf ein frisches Backpapier stürzen, das obere Backpapier abziehen. Die Biskuitplatte mit dem frischen Papier aufrollen und erkalten lassen.

2 Für die Creme das Wasser mit der Speisestärke, Zitronenschale, Zitronensaft und Zucker glatt rühren und unter beständigem Rühren aufkochen. Die Gelatine ausdrücken, in der heißen Creme auflösen und kalt stellen, bis sie zu stocken beginnt. Die Sahne steif schlagen und unter die Zitronencreme mischen.

3 Die Roulade abrollen und mit der Creme bestreichen. Mithilfe des Papiers aufrollen, straff in das Papier einwickeln und einige Stunden oder über Nacht kalt stellen. Vor dem Servieren mit Puderzucker besieben und in 2 cm dicke Scheiben schneiden.

Ananasroulade

▸ **Biskuit wie für Biskuitroulade (links)**

Ananascreme

▸ **150 g Ananasstückchen aus der Dose**
▸ **2 EL Zitronensaft**
▸ **5 Blatt Gelatine, kalt eingeweicht**
▸ **300 g Sahne**
▸ **50 g Puderzucker**

▸ **Puderzucker zum Besieben**

Backblech, mit Backpapier ausgelegt
Backen: 8–10 Minuten bei 220 °C
Backpapier zum Aufrollen

1 Die Biskuitmasse zubereiten und backen, wie bei Biskuitroulade beschrieben. Auf ein frisches Backpapier stürzen, das obere Backpapier abziehen. Die Biskuitplatte mit dem frischen Papier aufrollen und erkalten lassen.

2 Für die Creme die Ananasstückchen mit dem Ananassaft und Zitronensaft fein pürieren. Die Gelatine tropfnass in einem kleinen Topf erwärmen, auflösen und mit dem Schneebesen in das Ananaspüree rühren. Im Kühlschrank erkalten lassen, bis die Masse leicht zu stocken beginnt. Die Sahne mit dem Puderzucker steif schlagen. Das Ananaspüree mit dem Schneebesen durchziehen und die Schlagsahne untermischen.

3 Die Roulade abrollen und mit der Creme gleichmäßig bestreichen. Mithilfe des Papiers aufrollen, straff in das Papier einrollen und einige Stunden oder über Nacht kalt stellen. Vor dem Servieren mit Puderzucker besieben.

Eingerollte Erdbeeren – der Sommer lockt mit süßen Früchtchen

Erdbeer-Schokoroulade

Schokoladenbiskuit

- ▸ 6 Eier, getrennt
- ▸ 70 + 30 g Zucker
- ▸ 100 g gemahlene Mandeln
- ▸ 100 g dunkle Kuvertüre, geschmolzen

Füllung und Garnitur

- ▸ 300 g Erdbeeren zum Pürieren
- ▸ 1 EL Zitronensaft
- ▸ 80 g Zucker
- ▸ 6 Blatt Gelatine, kalt eingeweicht
- ▸ 300 g Sahne
- ▸ 1 Päckchen Vanillezucker
- ▸ 200 g Erdbeeren, in kleine Stücke geschnitten

Backblech, mit Backpapier ausgelegt
Backen: 8–10 Minuten bei 220 °C
Backpapier zum Aufrollen

1 Den Ofen vorheizen. Für den Biskuit die Eigelbe mit 70 g Zucker weißschaumig rühren. Die Mandeln und die Kuvertüre untermischen. Die Eiweiße steif, aber nicht schnittfest schlagen, dabei 30 g Zucker einrieseln lassen.

1 Zum Füllen die Roulade abrollen und die Creme daraufgeben.

2 Die Erdbeercreme mit der Palette verteilen und glatt streichen.

3 Die Erdbeerstückchen auf der Creme verteilen, die Roulade aufrollen.

4 Mit aufgespritzten Rosetten aus der restlichen Creme verzieren.

Den Eischnee auf die Schaummasse gleiten lassen und locker unterheben. Die Masse auf das Backblech streichen und backen.

2 Nach dem Backen sofort auf frisches Backpapier stürzen, das obere Backpapier abziehen, mit dem frischen Papier aufrollen und auskühlen lassen.

3 Für die Füllung die Erdbeeren mit dem Zitronensaft pürieren und den Zucker untermischen. Die Gelatine tropfnass in einer Kasserolle bei schwacher Hitze erwärmen und auflösen, unter das Erdbeerpüree rühren und im Kühlschrank kurz anziehen lassen. Die Sahne mit dem Vanillezucker steif schlagen und unterheben.

4 Die Roulade abrollen. Mit drei Vierteln der Erdbeercreme bestreichen und die Erdbeerstückchen darauf verteilen

(2 EL davon beiseite stellen zum Garnieren). Die Roulade aufrollen.

5 Die restliche Creme in einen Spritzbeutel mit Sterntülle füllen und Rosetten aufspritzen. Mit den zurückbehaltenen Erdbeerstückchen garnieren. Kalt stellen.

Erdbeer-Nussroulade

Innen eine Füllung aus Schlagsahne und frischen Beeren, außen bestreut mit goldbraunem Krokant, das ist unsere absolute Lieblingsroulade. Wird die Roulade nicht alsbald verzehrt, sollten Sie die Sahne mit 3 Blatt Gelatine binden.

Nussbiskuit
▸ **6 Eier, getrennt**
▸ **150 g Zucker**
▸ **50 g Mehl**
▸ **100 g gemahlene Haselnüsse**

Füllung
▸ **600 g Sahne, 2 EL Zucker**
▸ **1 EL Vanillezucker**
▸ **250 g Erdbeeren, klein geschnitten**

Krokant
▸ **10 g Butter, 1 EL Zucker**
▸ **50 g Mandelblättchen**

▸ **12 kleine Erdbeeren zum Garnieren**

Backblech, mit Backpapier ausgelegt
Backen: 8–10 Minuten bei 220 °C
Backpapier zum Aufrollen

1 Den Ofen vorheizen. Für den Nussbiskuit die Eiweiße steif, aber nicht schnittfest schlagen, dabei den Zucker einrieseln lassen. Die verrührten Eigelbe untermischen. Das Mehl darübersieben und die Nüsse dazugeben. Alles locker unterheben. Die Masse auf das Backblech streichen und hell- bis goldgelb backen.

2 Die Biskuitplatte sofort auf ein frisches Backpapier stürzen. Das obere Backpapier abziehen. Die Biskuitplatte mit dem frischen Papier aufrollen und auskühlen lassen.

3 Zum Füllen die Roulade abrollen. Die Sahne mit dem Zucker und Vanillezucker steif schlagen. Knapp zwei Drittel davon auf die Biskuitplatte streichen. Die zerkleinerten Erdbeeren darauf verteilen. Die Roulade wieder zusammenrollen. Von der restlichen Schlagsahne einen kleinen Teil in einen Spritzbeutel mit Sterntülle füllen. Die Roulade mit der übrigen Sahne überziehen und glatt streichen.

4 Für den Krokant in einem kleinen Topf die Butter mit dem Zucker erhitzen und die Mandelblättchen darin hellbraun karamellisieren. Auf einem Teller auskühlen lassen, anschließend zersplittern. Die Roulade mit dem Krokant gleichmäßig bestreuen. 12 Rosetten aufspritzen und in jede Rosette 1 Erdbeere setzen. Kalt stellen.

Feinste Schokolade – einmal in der Biskuitmasse, einmal in der Füllcreme

Schokosahne-roulade

Die Schokosahne muss nach dem Erhitzen kräftig gerührt (homogenisiert) werden. Nur dann lässt sie sich – nach einer Ruhephase von mindestens 12 Stunden im Kühlschrank – richtig steif schlagen. Sie können, je nach Geschmack, dunkle (Zartbitter-) oder helle (Vollmilch-) Kuvertüre nehmen oder eine Mischung aus beiden.

Biskuit

- ▸ **5 Eier, getrennt**
- ▸ **125 g Zucker**
- ▸ **1 EL Vanillezucker**
- ▸ **100 g Mehl**
- ▸ **25 g gemahlene Mandeln**

Schokosahne

- ▸ **300 g Sahne**
- ▸ **75 g Kuvertüre, zerkleinert**

Backblech, mit Backpapier ausgelegt
Backen: 8–10 Minuten bei 220 °C
Backpapier zum Aufrollen

1 Am Vortag für die Schokosahne die Sahne aufkochen und die zerkleinerte Kuvertüre darin bei schwacher Hitze und unter beständigem Rühren schmelzen. Den Topf vom Herd nehmen, mit dem Stabmixer etwa 1 Minute rühren (wichtig!). Über Nacht zugedeckt im Kühlschrank ruhen lassen.

2 Den Ofen vorheizen. Für den Biskuit die Eiweiße steif, aber nicht schnittfest schlagen, dabei den Zucker mit dem Vanillezucker einrieseln lassen. Die verrührten Eigelbe untermischen. Das Mehl darübersieben, die Mandeln zugeben und alles locker unterheben. Die Masse auf das Backblech streichen und hell- bis goldgelb backen.

3 Die Biskuitplatte sofort auf das frische Backpapier stürzen. Das obere Backpapier abziehen. Die Biskuitplatte mit dem frischen Papier aufrollen und auskühlen lassen.

4 Die Roulade abrollen. Die Schokosahne mit dem Handrührgerät aufschlagen wie Schlagsahne. Drei Viertel davon auf die Biskuitplatte streichen und diese mithilfe des Papiers aufrollen. Die restliche Creme in einen Spritzbeutel mit Sterntülle füllen und die Roulade damit verzieren.

Schoko-Kirsch-Roulade

Schokoladenbiskuit

- ▸ **5 Eier, getrennt**
- ▸ **130 g Zucker**
- ▸ **1 EL Vanillezucker**
- ▸ **100 g Mehl**
- ▸ **30 g Kakaopulver**

Füllung

- ▸ **150 g Sauerkirschen aus dem Glas, abgetropft**
- ▸ **400 g Sahne, 1 EL Zucker**

- ▸ **Puderzucker, mit Vanillezucker vermischt, zum Besieben**

Backblech, mit Backpapier ausgelegt
Backen: 8–10 Minuten bei 220 °C
Backpapier zum Aufrollen

1 Den Ofen vorheizen. Für den Biskuit die Eiweiße steif, aber nicht schnittfest schlagen, dabei den Zucker mit dem Vanillezucker einrieseln lassen. Die verrührten Eigelbe untermischen. Das Mehl mit dem Kakaopulver darübersieben und locker unterziehen. Die Masse auf das Backblech streichen und backen.

2 Die Biskuitplatte sofort auf das frische Backpapier stürzen, das obere Papier abziehen. Die Biskuitplatte mit dem frischen Papier aufrollen und auskühlen lassen.

3 Die Roulade abrollen. Die Kirschen darauf verteilen. Die Sahne mit dem Zucker steif schlagen und aufstreichen. Mithilfe des Papiers aufrollen, straff in das Papier einwickeln und kalt stellen. Vor dem Servieren das Papier entfernen und die Roulade mit Vanillepuderzucker besieben.

1 Die Kirschen auf dem Biskuit verteilen.

2 Die Schlagsahne darüber glatt streichen.

3 Mithilfe des Papiers aufrollen.

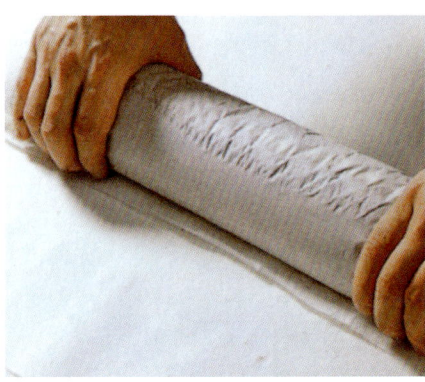

4 Straff in das Papier einrollen.

Schnitten aus der Kastenform – reichlich Füllcreme zwischen dünnen Biskuitschichten

Joghurtschnitten

Wasserbiskuit

- ▸ 3 Eier, getrennt
- ▸ 3 EL kaltes Wasser
- ▸ 150 g Zucker
- ▸ 120 g Mehl
- ▸ 1–2 EL Kakaopulver
- ▸ 1 TL Backpulver
- ▸ 50 g gemahlene Haselnüsse

Joghurtcreme

- ▸ 300 g Joghurt
- ▸ 200 g saure Sahne
- ▸ 2 EL Zitronensaft
- ▸ 100 g Zucker
- ▸ 8 Blatt Gelatine, kalt eingeweicht
- ▸ 200 g Sahne, steif geschlagen
- ▸ 50 g Kekse, grob zerkleinert (Amaretti, Schokoladen-Butterkekse)

Zum Tränken und Garnieren

- ▸ 6 EL Fruchtsaft (halb Zitronen-, halb Orangensaft)
- ▸ 200 g Sahne, steif geschlagen
- ▸ 2 EL Johannisbeergelee
- ▸ 3 EL geraspelte Vollmilch-Schokolade

Kastenform von 30 cm Länge, gefettet und mit Semmelbröseln ausgestreut
Backen: 25 Minuten bei 180 °C

1 Den Ofen vorheizen. Für den Biskuit die Eiweiße mit dem Wasser steif, aber nicht schnittfest schlagen, dabei den Zucker einrieseln lassen. Die verrührten Eigelbe untermischen. Das Mehl mit dem Kakaopulver und Backpulver darübersieben, die Nüsse zugeben und locker unterziehen. Die Masse in die Form füllen und backen. Nach dem Abdämpfen auf ein Kuchengitter stürzen und auskühlen lassen.

1 Den ersten Boden in die mit Klarsichtfolie ausgelegte Form legen.

3 Den zweiten Boden auflegen und mit dem Fruchtsaft tränken.

5 Den letzten Boden auflegen, ebenfalls tränken, zum Festwerden kalt stellen.

2 Den Boden tränken, die Hälfte der Creme einfüllen und glatt streichen.

4 Die restliche Joghurtcreme einfüllen und wieder glatt streichen.

6 Den gestürzten Kuchen mit Sahne einstreichen und verzieren.

2 Für die Creme den Joghurt mit der sauren Sahne, Zitronensaft und Zucker glatt rühren. Die Gelatine tropfnass in einem kleinen Topf erwärmen und auflösen. Zunächst mit 3 EL der Joghurtmasse verrühren, dann in die restliche Joghurtmasse einrühren und im Kühlschrank kurz anziehen lassen. Sobald die Masse zu gelieren beginnt, die Sahne mit den Keksen untermischen.

3 Die Kastenform mit Klarsichtfolie auslegen. Den Biskuit zweimal horizontal durchschneiden. Einen Boden in die Form legen, mit dem Fruchtsaft tränken, die Hälfte der Creme einfüllen und glatt streichen. Den zweiten Boden auflegen, ebenfalls tränken, die restliche Creme einfüllen und wieder glatt streichen. Den dritten Boden auflegen und mit dem restlichen Fruchtsaft tränken. Im Kühlschrank fest werden lassen.

4 Den Kuchen auf eine Unterlage stürzen und die Folie abziehen. Ein Drittel der Schlagsahne in einen Spritzbeutel mit Sterntülle füllen. Mit der restlichen Sahne die Torte ringsum einstreichen. 8 Stücke markieren, auf jedes Stück eine flache Rosette spritzen und mit einem Klecks Johannisbeergelee füllen. Mit der geraspelten Schokolade ringsum bestreuen.

Schokoschnitten

Biskuit

▸ **5 Eier, getrennt**
▸ **120 g Zucker**
▸ **1 Päckchen Vanillezucker**
▸ **120 g Mehl, 1 EL Kakaopulver**

Schokosahne

▸ **400 g Sahne**
▸ **100 g dunkle Kuvertüre, zerkleinert**
▸ **2 cl Rum**

Zum Garnieren

▸ **3 EL geraspelte Schokolade**
▸ **100 g Sahne, steif geschlagen**
▸ **Früchte zum Garnieren (nach Belieben)**

▌Kastenform von 30 cm Länge, gefettet und bemehlt
Backen: 25–30 Minuten bei 180 °C

1 Bereiten Sie die Schokosahne schon am Vortag zu. Auch den gebackenen Biskuit können Sie über Nacht auskühlen lassen.

2 Den Ofen vorheizen. Die Eiweiße für den Biskuit steif, aber nicht schnittfest schlagen, dabei den Zucker einrieseln lassen. Die verrührten Eigelbe und den Vanillezucker untermischen. Das Mehl mit dem Kakaopulver vermischen, darübersieben und locker unterheben. Die Masse in die Form füllen und backen. Nach dem Abdämpfen auf ein Kuchengitter stürzen und auskühlen lassen.

3 Für die Schokosahne die Sahne aufkochen und die Kuvertüre unter beständigem Rühren bei schwacher Hitze darin schmelzen. Den Topf vom Herd nehmen, den Rum zugeben und mit dem Stabmixer etwa 1 Minute rühren (wichtig!). Über Nacht zugedeckt im Kühlschrank ruhen lassen.

4 Am nächsten Tag die Schokosahne mit dem Handrührgerät aufschlagen wie Schlagsahne. Den Biskuit zweimal horizontal durchschneiden, mit der Creme bestreichen und zusammensetzen, auch die Oberfläche und den Rand mit Creme bestreichen.

5 Die Oberfläche und die Seiten mit der geraspelten Schokolade bestreuen, in 8 Stücke schneiden. Die Schlagsahne in einen Spritzbeutel mit Sterntülle füllen und auf jedes Stück eine flache Rosette spritzen, die Sie mit Früchten garnieren können.

Portionierte Tortenkunst – kleine, feine klassische Schnitten

Esterhazy-Schnitten

Esterhazy-Schnitten sind ein Klassiker in österreichischen Konditoreien und Cafés. Das Rezept lohnt die Mühe, denn die etwas aufwendigen Schnitten schmecken nicht nur gut, sondern sind auch eine Zierde für jedes Kuchenbüfett.

Makronenmasse

▸ **4 Eiweiß**
▸ **200 g Zucker**
▸ **200 g gemahlene Haselnüsse**

Nugat-Buttercreme

▸ **1 Eigelb**
▸ **50 g Zucker**
▸ **30 g Speisestärke**
▸ **250 ml Milch**
▸ **1/2 Vanilleschote, aufgeschlitzt**
▸ **250 g Butter, raumtemperiert**
▸ **100 g Puderzucker**
▸ **40 g Haselnüsse, geröstet, die Haut abgerieben**

▸ **2 EL Aprikosenkonfitüre**

Eiweißglasur

▸ **1/2 Eiweiß**
▸ **100 g Puderzucker**
▸ **1/2 EL Arrak**
▸ **etwas Kakaopulver zum Färben**

Zum Fertigstellen

▸ **30 g Mandelblättchen, trocken geröstet**
▸ **Belegkirschen**

❙ Backblech, mit Backpapier ausgelegt
❙ **Backen:** 15 Minuten bei 200 °C

1 Den Ofen vorheizen. Für die Makronenmasse die Eiweiße steif schlagen, dabei den Zucker einrieseln lassen und schnittfest schlagen. Die Haselnüsse untermischen. Die Masse auf das Backblech streichen und auf Sicht hellgelb backen; sie soll kaum Farbe nehmen. Noch heiß auf die Arbeitsfläche stürzen, das Backpapier abziehen und die Platte quer in 3 gleich große Teile von etwa 12 cm Breite schneiden. Auskühlen lassen.

2 Für die Buttercreme das Eigelb in einem Topf mit dem Zucker, der Speisestärke und etwas kalter Milch glatt rühren. Die restliche Milch mit der Vanilleschote in einem zweiten Topf aufkochen, vom Herd nehmen und 5 Minuten ziehen lassen. Die Vanillemilch mit dem Schneebesen langsam in die angerührte Masse einrühren und unter beständigem Rühren einmal aufpuffen lassen. Vom Herd nehmen und die Vanilleschote entfernen. Die Creme auf Raumtemperatur abkühlen lassen, dabei gelegent-

lich umrühren, damit sich keine Haut bildet. Die Butter mit dem Puderzucker schaumig rühren und die Vanillecreme löffelweise unterrühren. Die gerösteten Haselnüsse so lange mixen (am besten im Blitzhacker), bis die Masse fast flüssig ist. Unter die Buttercreme mischen.

3 Zwei der Makronenböden mit etwa zwei Dritteln der Nugat-Buttercreme bestreichen, zusammensetzen und den dritten Boden auflegen. Ein scharfes Messer in heißes Wasser tauchen, den Block der Länge nach durchschneiden und beide Blöcke mit einer Cremeschicht aufeinander setzen, sodass nun 6 Böden übereinander liegen. Die Seitenränder mit der restlichen Creme bestreichen.

4 Die Aprikosenkonfitüre erhitzen, durch ein Sieb passieren und die Oberfläche sehr dünn damit bestreichen. Antrocknen lassen.

5 Für die Glasur das Eiweiß mit dem Puderzucker und Arrak zu einer streichfähigen Masse verrühren und die Oberfläche des gefüllten Blocks damit bestreichen. Den Rest der Glasur mit dem gesiebten Kakao dunkel färben und in ein Pergamenttütchen mit winziger Öffnung füllen. In den noch feuchten weißen Guss in fingerbreitem Abstand dunkle Querlinien spritzen. Ein spitzes, in kaltes Wasser getauchtes Messer der Länge nach einmal durchziehen; dabei entsteht das hübsche Muster. Die gerösteten Mandelblättchen an die Seiten drücken. Mit Belegkirschen garnieren, kalt stellen. Vor dem Servieren in schmale Schnitten schneiden.

Weltweit vereint diese klassische Schnitte die Glasur: dunkle Schokoladenlinien auf weißem Guss.

Cremeschnitten

▸ **300 g TK-Blätterteig, aufgetaut**

Vanillecreme

▸ **2 Eigelb**
▸ **100 g Zucker**
▸ **20 g Speisestärke**
▸ **¹/₂ l Milch**
▸ **1 Prise Salz**
▸ **¹/₂ Vanilleschote, aufgeschlitzt**
▸ **8 Blatt Gelatine, kalt eingeweicht**
▸ **125 g Sahne, steif geschlagen**

Zum Fertigstellen

▸ **2 EL Aprikosenkonfitüre**
▸ **150 g Puderzucker**
▸ **etwa 3 EL Zitronensaft, durchgeseiht**

Backblech, kalt abgespült
Backen: 15 Minuten bei 220 °C

1 Den Blätterteig auf der bemehlten Arbeitsfläche dünn ausrollen. Zwei Streifen von je 35 cm Länge und 10 cm Breite ausschneiden, auf das Backblech legen und 20 Minuten kalt stellen.

2 Den Ofen vorheizen. Die Blätterteigstreifen goldbraun backen. Nach dem Abkühlen eine Platte mit der Schere quer in Portionsstücke von je 5 cm Breite schneiden; sie werden als Deckblätter gebraucht.

3 Für die Vanillecreme die Eigelbe in einem Topf mit dem Zucker, der Speisestärke und etwas kalter Milch glatt rühren. Die restliche Milch mit Salz und der Vanilleschote in einem zweiten Topf aufkochen, vom Herd nehmen und 5 Minuten ziehen lassen. Die Vanillemilch mit dem Schneebesen langsam in die angerührte Masse einrühren, behutsam aufkochen und unter beständigem Rühren einmal aufpuffen lassen. Den Topf vom Herd nehmen und die Vanilleschote ent-fernen. Die Gelatine ausdrücken, in der heißen Creme auflösen und kalt stellen. Sobald die Creme zu stocken beginnt, die Schlagsahne locker untermischen. Etwa 15 Minuten im Kühlschrank anziehen lassen.

4 Die Aprikosenkonfitüre erhitzen und durchpassieren. Die Deckblätter an der glatten Unterseite dünn mit der Aprikosenkonfitüre bestreichen und antrocknen lassen. Den Puderzucker mit dem Zitronensaft zu einer streichfähigen Masse rühren und die aprikotierten Deckblätter damit überziehen.

5 Die Vanillecreme auf den ganzen Blätterteigstreifen (nach Belieben mit einem Backrahmen umstellt) füllen und sorgfältig glatt streichen. Die Deckblätter mit der glasierten Seite nach oben auflegen. Kalt stellen, bis die Füllung schnittfest geworden ist. Vor dem Servieren in Portionsstücke schneiden.

Fruchtige Schnitten – mit Quark oder Buttercreme

Ananasschnitten

Rührteig
▸ **200 g weiche Butter**
▸ **200 g Zucker, 4 Eier**
▸ **1 EL Rum, 250 g Mehl**
▸ **25 g Speisestärke**
▸ **2 TL Backpulver**

Ananas-Buttercreme
▸ **150 g weiche Butter**
▸ **150 g Puderzucker**
▸ **1 Päckchen Vanillezucker**
▸ **1 Eigelb**
▸ **1 EL Zitronensaft**
▸ **450 g Crème fraîche**
▸ **etwa 700 g Ananas aus der Dose, abgetropft, sehr klein geschnitten**

▸ **50 g geriebener Zwieback zum Bestreuen**

| Backblech, mit Backpapier ausgelegt
| **Backen:** 20 Minuten bei 175 °C

1 Den Ofen vorheizen. Für den Rührteig die Butter geschmeidig rühren. Nach und nach den Zucker und die Eier, eines nach dem anderen, zugeben und schaumig rühren. Den Rum unterrühren. Das Mehl mit der Speisestärke und dem Backpulver darübersieben und einarbeiten. Die Masse auf dem Backblech glatt streichen. Goldgelb backen. Nach dem Abdämpfen auf ein Kuchengitter stürzen und auskühlen lassen.

2 Für die Creme die Butter mit dem Puderzucker, Vanillezucker und dem Eigelb schaumig rühren. Zitronensaft und Crème fraîche zugeben, zuletzt die Ananas untermischen. Die Creme auf die erkaltete Teigplatte streichen, mit dem Zwieback bestreuen. Kalt stellen und in Schnitten schneiden.

Quarkschnitten

Die sehr zarten, cremigen Schnitten schmecken frisch am besten. Sie sind locker wie ein Soufflé und dennoch schnittfest.

Mürbeteig
▸ **150 g Mehl**
▸ **50 g Puderzucker**
▸ **1 TL Vanillezucker**
▸ **abgeriebene Zitronenschale**
▸ **1 Prise Salz**
▸ **100 g kalte Butter, in Stückchen**
▸ **2 EL Eiswasser**

▸ **400 g Pfirsiche aus der Dose, abgetropft**

Quarkcreme
▸ **100 + 150 ml Milch**
▸ **2 Päckchen Vanillepuddingpulver**
▸ **4 Eigelb**
▸ **1 Päckchen Vanillezucker**
▸ **abgeriebene Zitronenschale**
▸ **200 g Sahne**
▸ **500 g Magerquark, im Sieb abgetropft**
▸ **8 Eiweiß**
▸ **180 g Zucker**

▸ **Früchte zum Garnieren (nach Belieben)**

| Backrahmen, 30 × 25 cm, und
| Backblech
| **Vorbacken:** 20 Minuten bei 160 °C
| **Fertig backen:** 50 Minuten bei 160 °C

1 Für den Teig das Mehl auf der Arbeitsfläche mit allen Zutaten zusammenhacken und rasch zu einem glatten Teig kneten. Zu einer Kugel formen, in Folie wickeln und mindestens 30 Minuten kalt stellen.

2 Den Ofen vorheizen. Den Teig auf der bemehlten Arbeitsfläche zu einem Rechteck von 30 × 25 cm ausrollen, auf ein Backblech legen und mit der Gabel mehrmals einstechen. Goldgelb vorbacken und abkühlen lassen. Den gebackenen Boden mit dem Backrahmen umschließen und die Pfirsiche darauf verteilen.

3 Für die Quarkcreme 100 ml Milch mit dem Puddingpulver, den Eigelben, dem Vanillezucker und Zitronenschale glatt rühren. 150 ml Milch mit der Sahne aufkochen, die Puddingpulvermischung einrühren und einige Male aufwallen lassen. Den Topf vom Herd nehmen und den Quark einrühren. Die Eiweiße mit dem Zucker zu einem festen, aber noch »schmierigen« Schnee schlagen. Ein Drittel des Eischnees unter die heiße Creme mischen und diese dann unter den restlichen Eischnee ziehen. Gleichmäßig über die Früchte verteilen und glatt streichen. Hellgelb fertig backen. Abkühlen lassen.

4 Den Backrahmen mit einem Messer vom Rand ablösen und entfernen. Den Kuchen in gleich große Schnitten schneiden. Wenn Sie wollen, können Sie den Kuchen auch mit einem klaren Tortenguss überglänzen und die Schnitten mit Früchten garnieren.

Die Erdbeeren halbieren und auf einem Kuchengitter mit Tortenguss glasieren.

Dessertkuchen

Der italienische und französische Einfluss, Gebackenes auch als Dessert anzubieten, etabliert sich bei uns immer mehr. In ausgewogener Harmonie mit der vorausgegangenen Mahlzeit können Früchte- oder cremige Dessertkuchen willkommene Ergänzungen sein. Ihr großer Vorteil: Sie lassen sich wunderbar vorbereiten.

Ein gutes Beispiel für Kuchen zum Dessert sind die abgebildeten Weincremeschnitten. Sie werden im verstellbaren Backrahmen gebacken, der rechteckigen Variante zur runden Torte und ihren Tortenstücken. Das ausführliche Rezept finden Sie auf Seite 168.

Tartes – flache Kuchen mit zarter Creme

Zitronentarte 1
Tarte au Citron

Was den Franzosen die Tarte au Citron, ist den Italienern die Crostata di Limone. Rezepte dafür gibt es in beiden Ländern in Hülle und Fülle. Hier finden Sie zwei Versionen für die Zitronentarte – einmal mit einer glatten Füllung, einmal mit einer schaumigen Zitronencreme.

Mürbeteig
- ▶ **180 g Mehl**
- ▶ **60 g Zucker, 1 Prise Salz**
- ▶ **abgeriebene Zitronenschale**
- ▶ **100 g kalte Butter, in Stückchen**
- ▶ **1 Ei**

Zitronencreme
- ▶ **2 Eier**
- ▶ **150 g Zucker**
- ▶ **abgeriebene Schale und Saft von 2–3 Zitronen (etwa 100 ml)**
- ▶ **50 g Butter, zerlassen**

Pieform oder Tortenbodenform mit herausnehmbarem Boden von 24 cm Ø Backpapier und Hülsenfrüchte zum Blindbacken
Blind backen: 15 Minuten bei 210 °C
Fertig backen: 15 Minuten bei 170 °C

1 Für den Teig das Mehl auf der Arbeitsfläche mit allen Zutaten zusammenhacken und rasch zu einem glatten Teig kneten. Zu einer Kugel formen, in Folie wickeln und mindestens 30 Minuten kalt stellen.

2 Den Ofen vorheizen. Den Mürbeteig etwas größer als die Form rund ausrollen, die Form damit auslegen und dabei einen Rand hochziehen, überstehenden Teig abschneiden. Den Boden mit der Gabel mehrmals einstechen und bis über den Rand mit Backpapier auslegen. Mit getrockneten Hülsenfrüchten auf-

füllen, blind backen. Nach dem Backen die Hülsenfrüchte mit dem Papier wieder entfernen. Die Ofentemperatur reduzieren.

3 Für die Zitronencreme die Eier und den Zucker mit dem Handrührgerät zu einer sehr schönen, weißschaumigen Masse rühren, Zitronenschale und -saft zugeben. Zuletzt die lauwarme Butter unterrühren. Die Zitronencreme auf den vorgebackenen Boden füllen, glatt streichen und hellgelb fertig backen. Im ausgeschalteten Ofen noch 10 Minuten ruhen, anschließend in der Form auskühlen lassen.

Zitronentarte 2

- ▶ **Mürbeteig wie für Zitronentarte 1 (links)**

Zitronencreme
- ▶ **150 g Butter**
- ▶ **100 + 50 g Zucker**
- ▶ **4 Eier, getrennt**
- ▶ **abgeriebene Schale von 1 Zitrone**
- ▶ **Saft von 3 Zitronen (etwa 120 ml)**
- ▶ **200 g Sahne**

1 Einen Mürbeteigboden blind backen, wie im Rezept links beschrieben.

2 Für die Creme die Butter mit 100 g Zucker zerlassen. Die Eigelbe, Zitronenschale und -saft sowie die Sahne untermischen. Bei milder Hitze unter beständigem Rühren erhitzen, bis die Masse dickflüssig gebunden ist. Den Topf vom Herd nehmen, die Creme leicht abkühlen lassen. Die Eiweiße steif schlagen und unterziehen.

3 Die Creme auf den vorgebackenen Boden füllen, glatt streichen und fertig backen wie die Zitronentarte 1.

Orangentarte

Kreisrunde Orangenscheiben, vorab in Zuckersirup eingelegt, sehen durch ihre kräftige Farbe besonders dekorativ und appetitlich aus.

Mürbeteig
- ▶ **200 g Mehl**
- ▶ **50 g Puderzucker**
- ▶ **1 Prise Salz**
- ▶ **100 g kalte Butter, in Stückchen**
- ▶ **1 Ei**

Vanillecreme
- ▶ **1 Eigelb, 50 g Zucker**
- ▶ **20 g Speisestärke**
- ▶ **250 ml Milch**
- ▶ **1/2 Vanilleschote, aufgeschlitzt**
- ▶ **2 Blatt Gelatine, kalt eingeweicht**
- ▶ **2 EL Mandellikör**
- ▶ **100 g Sahne, steif geschlagen**

Belag
- ▶ **1 kg Orangen**
- ▶ **125 g Zucker**
- ▶ **125 ml Wasser**

Guss
- ▶ **etwa 125 ml Orangensaft**
- ▶ **1 Päckchen Tortenguss**

Pieform oder Tortenbodenform mit herausnehmbarem Boden von 28 cm Ø Backpapier und Hülsenfrüchte zum Blindbacken
Blind backen: 30 Minuten bei 210 °C

1 Für den Teig das Mehl auf der Arbeitsfläche mit allen Zutaten zusammenhacken und rasch zu einem glatten Teig kneten. Zu einer Kugel formen, in Folie wickeln und mindestens 30 Minuten kalt stellen.

2 Den Ofen vorheizen. Den Mürbeteig etwas größer als die Form rund ausrollen, die Form damit auslegen und dabei

Orangentarte

einen Rand hochziehen, überstehenden Teig abschneiden. Den Boden mit der Gabel mehrmals einstechen. Den Teig bis über den Rand mit Backpapier auslegen und mit getrockneten Hülsenfrüchten auffüllen. Hellbraun backen. Die Hülsenfrüchte mit dem Papier wieder entfernen.

3 Vorab für den Belag die Orangen schälen, dabei auch die weiße Haut vollständig entfernen. Die Orangen mit dem Säge- oder Elektromesser in gleichmäßige, nur 3 mm dicke Scheiben

schneiden. Den Zucker mit dem Wasser in 2–3 Minuten zu einem klaren Sirup kochen, vom Herd nehmen, die Orangenscheiben einlegen und in dem Sirup erkalten lassen. Die Scheiben herausnehmen (den Sirup aufbewahren), in einem Sieb gut abtropfen lassen.

4 Für die Vanillecreme in einer Kasserolle das Eigelb mit dem Zucker, der Speisestärke und 6 EL von der Milch glatt rühren. In einem zweiten Topf die restliche Milch mit der Vanilleschote aufkochen und 5 Minuten ziehen lassen. Die Vanillemilch langsam in die angerührte Mischung gießen und unter beständigem Rühren aufkochen lassen. Den Topf vom Herd nehmen, die Vanille-

schote entfernen. Die Gelatine ausdrücken, in der heißen Creme auflösen, den Likör zugeben und erkalten lassen; dabei häufig umrühren, damit sich keine Haut bildet. Die Schlagsahne untermischen.

5 Die Vanillecreme auf den Kuchenboden füllen und glatt streichen. Schuppenartig mit den abgetropften Orangenscheiben belegen.

6 Für den Guss den Sirup mit Orangensaft auf 250 ml auffüllen. Aus dem Tortengusspulver und der Flüssigkeit nach Packungsanweisung einen Guss zubereiten und die Torte damit überglänzen.

Ricotta, Quark und Joghurt – Harmonie aus cremigem Belag und Früchten

Aprikosen-Ricotta-Torte

Ein schnelles, zartes Dessert: fertiger Blätterteig, Früchte und luftiger Ricotta-Eierschaum.

▸ **1 Paket Blätterteig aus der Kühltheke, rund ausgerollt**
▸ **700 g Aprikosen, halbiert, entsteint (oder 500 g Aprikosenhälften aus der Dose, abgetropft)**

Ricottabelag

▸ **4 Eier, 150 g Zucker**
▸ **2 EL Zitronensaft**
▸ **1 EL Vanillezucker**
▸ **2 EL Speisestärke**
▸ **250 g Ricotta (ersatzweise Sahnequark)**

Pieform oder Tortenbodenform mit herausnehmbarem Boden von 30 cm Ø Backpapier und Hülsenfrüchte zum Blindbacken
Blind backen: 25 Minuten bei 220 °C
Stocken lassen: 20–25 Minuten bei 170 °C

1 Den Ofen vorheizen. Die Backform kalt ausspülen und mit dem Blätterteig auskleiden, überstehenden Teig am Formrand abschneiden. Den Boden mit der Gabel mehrmals einstechen und bis über den Rand mit Backpapier auslegen. Getrocknete Hülsenfrüchte einfüllen und blind backen. Nach dem Backen die Hülsenfrüchte mit dem Papier entfernen. Die Ofentemperatur reduzieren.

2 Für den Belag die Eier mit dem Zucker schaumig rühren, den Zitronensaft, Vanillezucker und die Speisestärke unterrühren. Ein Drittel der Aprikosen mit dem Ricotta pürieren und unter die Schaummasse heben.

3 Die Masse auf den vorgebackenen Boden füllen und glatt streichen. Die restlichen Aprikosen mit der Innenseite nach oben in die Schaummasse legen. Nach Sicht im Ofen goldgelb stocken lassen. Abkühlen lassen und in der Form servieren. Die Torte schmeckt frisch am besten.

Erdbeer-Joghurt-Torte

Tiefgefroren eignet sich diese Torte hervorragend als Eistorte.

Wasserbiskuit

▸ **2 Eier**
▸ **2 EL heißes Wasser**
▸ **70 g Zucker**
▸ **1 EL Vanillezucker**
▸ **abgeriebene Zitronenschale**
▸ **70 g Mehl**
▸ **1/2 TL Backpulver**

Erdbeer-Joghurt-Creme

▸ **250 g Erdbeeren**
▸ **500 g Joghurt**
▸ **150 g Zucker**
▸ **Saft von 1 Zitrone**
▸ **6 Blatt Gelatine, kalt eingeweicht**
▸ **150 ml Sahne, steif geschlagen**

Springform von 26 cm Ø, Boden mit Backpapier ausgelegt
Backen: 20 Minuten bei 175 °C

1 Den Ofen vorheizen. Für den Biskuit die Eier mit dem heißen Wasser, Zucker und Vanillezucker schaumig rühren, die Zitronenschale zugeben. Das Mehl mit dem Backpulver darübersieben und unterheben. Die Masse in die Backform füllen, glatt streichen und goldgelb backen. Nach dem Abdämpfen auf ein Kuchengitter stürzen, das Backpapier abziehen, auskühlen lassen.

2 Für die Creme die Erdbeeren mit dem Joghurt, Zucker und Zitronensaft pürieren. Die Gelatine tropfnass in einer Kasserolle bei schwacher Hitze erwärmen, auflösen und unter die Erdbeermasse rühren. Kalt stellen. Sobald die Creme zu stocken beginnt, die Schlagsahne unterheben.

3 Den Biskuitboden auf eine Unterlage legen und mit einem Tortenring umschließen. Die Creme einfüllen, glatt streichen und einige Stunden kalt stellen.

Preiselbeer-Quark-Pie

▸ **2 Platten TK-Blätterteig, je 75 g**

Preiselbeerquark

▸ **500 g Magerquark, im Sieb abgetropft**
▸ **3 EL saure Sahne**
▸ **2 Eier**
▸ **80 g Zucker**
▸ **abgeriebene Zitronenschale**
▸ **3 EL Zitronensaft**
▸ **1/4 TL Zimt**
▸ **1 EL Speisestärke**
▸ **70 g Preiselbeeren aus dem Glas**

Garnitur (nach Belieben)

▸ **1 Platte TK-Blätterteig von 75 g**
▸ **1 Eigelb, verrührt, zum Bestreichen**
▸ **80 g Preiselbeeren**

Pieform oder Tortenbodenform mit herausnehmbarem Boden von 24 cm Ø Backpapier und Hülsenfrüchte zum Blindbacken
Blind backen: 15 Minuten bei 220 °C
Fertig backen: 60 Minuten bei 170 °C

1 Die beiden Blätterteigplatten auftauen lassen, aufeinander legen und etwas größer als die Backform rund ausrollen. Die Form damit auskleiden, überstehende Ränder abschneiden, 20 Minuten kalt stellen.

2 Den Ofen vorheizen. Den Boden mit der Gabel mehrmals einstechen, die Form mit Backpapier auslegen und die Hülsenfrüchte einfüllen. Blind backen. Nach dem Backen die Hülsenfrüchte mit dem Backpapier entfernen. Die Ofentemperatur reduzieren.

3 Für den Preiselbeerquark alle Zutaten von Quark bis einschließlich Speisestärke miteinander verrühren, zuletzt die Preiselbeeren untermischen. Die Masse auf den Blätterteigboden füllen, glatt streichen und goldgelb fertig backen. In der Form abkühlen lassen, anschließend auf eine Tortenplatte setzen.

4 Für die Garnitur, falls gewünscht, den Blätterteig ausrollen, kleine Blumen ausstechen, mit verrührtem Eigelb bestreichen und goldgelb backen. Die Torte mit Preiselbeeren und mit den Blätterteigblümchen garnieren.

Dessertschnitten – schnell gebacken, locker gefüllt und schön verziert

Weincremeschnitten

Eine rechteckige Torte, in einem Backrahmen gebacken, wird gefüllt und
verziert wie eine runde Torte auch. Das
Ergebnis sind cremig-zarte Schnitten.

Wasserbiskuit

▸ **6 Eier**
▸ **150 g Zucker**
▸ **3 EL heißes Wasser**
▸ **180 g Mehl**
▸ **2 TL Backpulver**

Weincreme

▸ **1 EL Speisestärke**
▸ **80 g Zucker**
▸ **250 ml Wein**
▸ **1 EL Zitronensaft**
▸ **6 Blatt Gelatine, kalt eingeweicht**
▸ **400 g Sahne, steif geschlagen**

Zum Fertigstellen

▸ **300 g Sahne, mit 1/2 EL Zucker
und 1 Päckchen Vanillezucker steif
geschlagen**
▸ **50 ml Eierlikör**
▸ **Kakaopulver zum Besieben**
▸ **Zitronenmelisseblättchen zum Garnieren**

Backblech, mit Backpapier ausgelegt
Backrahmen von 26 × 20 cm Größe
Backen: 25 Minuten bei 180 °C

1 Den Ofen vorheizen. Den Backrahmen auf das Backblech stellen. Für den
Biskuit die Eier mit dem Zucker und
dem heißen Wasser schaumig rühren.
Das Mehl mit dem Backpulver darübersieben und unterrühren. Die Masse in
den Backrahmen füllen, glatt streichen
und goldgelb backen. Nach dem Abdämpfen den Backrahmen ablösen und
abnehmen. Den Biskuit am besten über
Nacht auskühlen lassen.

1 Den ersten Boden in den Backrahmen
legen, die Hälfte der Creme einfüllen.

2 Die Creme mit einer Palette bis an die
Ränder glatt streichen.

3 Den zweiten Boden auflegen und
leicht andrücken.

4 Die restliche Creme auf den Biskuitboden füllen.

5 Wieder mit einer Palette bis an die
Ränder glatt streichen.

6 Den letzten Boden auflegen und
leicht andrücken.

7 Den aus dem Backrahmen gelösten
»Block« mit Sahne einstreichen.

8 Mit einem Löffel Vertiefungen in die
Sahne drücken.

2 Für die Creme die Speisestärke mit dem Zucker, Wein und Zitronensaft in einem Topf glatt rühren, unter beständigem Rühren erhitzen und aufkochen. Den Topf vom Herd nehmen. Die Gelatine ausdrücken und in der heißen Creme auflösen. Kalt stellen. Sobald die Creme zu stocken beginnt, die Schlagsahne unterziehen.

3 Den Biskuit zweimal horizontal durchschneiden, sodass 3 Böden entstehen. Den ersten Boden wieder in den Backrahmen legen, die Hälfte der Creme daraufstreichen. Den zweiten Boden auflegen, leicht andrücken und den Rest der Creme aufstreichen. Den dritten Boden auflegen und wieder leicht andrücken. Einige Stunden kalt stellen.

4 Zum Fertigstellen den Backrahmen mit einem in heißes Wasser getauchten Messer von der Torte lösen und abnehmen. Mit der Vanillesahne den Rand der Torte einstreichen. Den Rest der Sahne auf die Oberfläche füllen und glatt streichen. Mit einem Esslöffel kleine Vertiefungen in die Sahne drücken und mit Eierlikör füllen. Mit dem Kakao besieben und nach Belieben mit Zitronenmelisseblättchen verzieren.

Zuppa Romana

Diese zarte Biskuittorte wird satt mit Rum-Kirschsaft getränkt und üppig mit Schlagsahne verziert. Zum Marinieren der Kirschen können Sie auch Amaretto verwenden.

▸ **175 g Sauerkirschen aus dem Glas**
▸ **100 ml Rum**

Wasserbiskuit
▸ **2 Eier**
▸ **2 EL heißes Wasser**
▸ **100 g Zucker**
▸ **abgeriebene Zitronenschale**
▸ **100 g Mehl**
▸ **knapp 1 TL Backpulver**

Vanillecreme
▸ **2 Eigelb**
▸ **50 g Zucker**
▸ **2 EL Speisestärke**
▸ **400 ml Milch**
▸ **¹/₂ Vanilleschote, aufgeschlitzt**
▸ **2 Blatt Gelatine, kalt eingeweicht**

Zum Überziehen
▸ **400 ml Sahne**
▸ **50 g Zucker**
▸ **1 EL Vanillezucker**

❚ Backblech, mit Backpapier ausgelegt
Backen: 10 Minuten bei 220 °C

1 Am Vortag die Kirschen abseihen, abtropfen lassen und in dem Rum marinieren. Den abgetropften Kirschsaft aufbewahren.

2 Für den Biskuit die Eier mit dem Wasser und Zucker weißschaumig rühren, die Zitronenschale zugeben. Das Mehl mit dem Backpulver darübersieben und unterheben. Die Masse auf das Backblech füllen und zu einer Fläche von 30 × 30 cm ausstreichen (oder einen Backrahmen verwenden). Goldgelb backen. Die Biskuitplatte auf eine glatte Unterlage stürzen, das Backpapier abziehen, auskühlen lassen.

3 Für die Vanillecreme in einem Topf die Eigelbe mit dem Zucker, der Speisestärke und 6 EL von der Milch glatt rühren. Die restliche Milch mit der Vanilleschote aufkochen, 5 Minuten ziehen lassen. Die Vanillemilch langsam in die angerührte Mischung gießen und unter beständigem Rühren aufkochen. Den Topf vom Herd nehmen und die Vanilleschote entfernen. Die Gelatine ausdrücken und in der heißen Creme auflösen. 30 Minuten abkühlen lassen, dabei mehrmals durchrühren.

4 Die Zuppa romana zusammensetzen: Die Rumkirschen abseihen. Den aufgefangenen Rum mit dem Kirschsaft auf 200 ml auffüllen, er wird zum Tränken benötigt. Die Biskuitplatte in 3 gleich breite Streifen schneiden. Den ersten Streifen auf eine längliche Platte legen (diesen Unterboden nicht tränken), mit der Hälfte der Vanillecreme bestreichen und mit den Kirschen belegen. Den zweiten Streifen auflegen, leicht andrücken und mit der Hälfte der Tränkflüssigkeit tränken. Die restliche Creme aufstreichen. Die Deckplatte auflegen, leicht andrücken und mit dem restlichen Rum-Kirschsaft tränken. Den Kuchen mit Folie bedecken und einige Stunden kalt gestellt durchziehen lassen.

5 Die Sahne mit dem Zucker und Vanillezucker steif schlagen. Den Kuchen mit der Hälfte davon rundum bestreichen. Die restliche Sahne in einen Spritzbeutel mit großer Lochtülle füllen und auf die Oberfläche und die beiden Seitenränder spritzen.

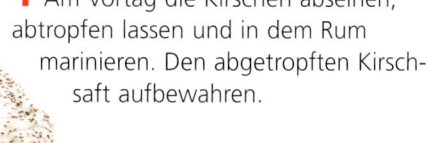

Die Verzierung ist schnell angebracht: Eierlikör aufträufeln, mit Kakaopulver besieben, Melisseblättchen auflegen.

Fruchtige, saftige Kuchen – nach
Belieben warm oder kalt serviert

Apple Pie

Traditionell wird in Amerika für einen Pieteig »Shortening« verwendet, eine Art Schmalz. Sie können jedoch genauso gut kalte Butter nehmen. Pieteig wird ohne Zucker und ohne Ei, dafür mit Eiswasser und etwas mehr Salz zubereitet, als wir üblicherweise verwenden. Teig und Belag harmonieren jedoch wunderbar.

Pieteig
- **250 g Mehl**
- **¼ TL Salz**
- **170 g sehr kalte Butter, in Stückchen**
- **6–8 EL Eiswasser**

Apfelbelag
- **1 kg säuerliche Äpfel (Boskoop, Elstar, Cox Orange)**
- **2 EL Zitronensaft**
- **1 TL Zimt**
- **je 1 Messerspitze Muskatnuss, Piment und Ingwer**
- **40 g Butter, in Flöckchen**

- **1 Eigelb zum Bestreichen**

Pieform von 26–28 cm Ø, gefettet
Backen: 45 Minuten bei 200 °C

1 Das Mehl auf der Arbeitsfläche mit Salz und den Butterstückchen zusammenhacken oder mit den Fingern zerkrümeln. Das Eiswasser darüberträufeln und rasch zu einem glatten Teig kneten. Zu einer Kugel formen, in Folie wickeln und 1 Stunde kalt stellen.

2 Für den Belag die Äpfel schälen, vierteln, vom Kerngehäuse befreien und in Spalten schneiden. Mit dem Zitronensaft und allen Gewürzen vermischen.

3 Den Ofen vorheizen. Gut die Hälfte des Teiges etwas größer als die Backform rund ausrollen, die Form damit auskleiden, überstehenden Teig abschneiden. Den Boden mehrmals mit der Gabel einstechen. Die Apfelmischung einfüllen und mit den Butterflöckchen besetzen. Den Rest des Teiges rund ausrollen und als Decke auflegen. In der Mitte der Decke eine kleine Öffnung ausschneiden, damit der Dampf entweichen kann. Die Decke mit Eigelb bestreichen. Den Pie hellbraun backen. In der Form warm oder kalt servieren.

Apfelkuchen mit Eierschmand

Der Boden aus unzerkleinerten Löffelbiskuits wird mit Eierschmand getränkt und gebacken. Der Kuchen schmeckt warm und kalt.

▸ **32 Löffelbiskuits**

Eierschmand
▸ **3 EL Schmand**
▸ **6 Eigelb**

Apfelbelag
▸ **1 kg säuerliche Äpfel (Boskoop, Elstar, Cox Orange)**
▸ **60 g Butter, 2 EL Zucker**
▸ **abgeriebene Zitronenschale**

> Springform von 26 cm Ø, Boden mit Backpapier ausgelegt
> **Backen:** 30 Minuten bei 180 °C

1 Die Form mit 16 Löffelbiskuits auslegen. Die restlichen Biskuits zerkleinern und beiseite stellen.

2 Für den Eierschmand die beiden Zutaten verrühren. Die Hälfte davon über die Löffelbiskuits in der Form gießen. Den Ofen vorheizen.

3 Für den Belag die Äpfel schälen, vierteln, vom Kerngehäuse befreien und grob würfeln. In einem Topf die Butter zerlassen und die Apfelwürfel mit dem Zucker und der Zitronenschale halb gar dünsten. Auf den Löffelbiskuits verteilen. Die Äpfel mit den zerkleinerten Biskuits bestreuen und mit dem restlichen Eierschmand beträufeln. Die Form mit Alufolie abdecken.

4 Den Kuchen backen, nach 20 Minuten die Alufolie entfernen und fertig backen. Nach dem Abdämpfen den Formrand entfernen und den Kuchen auf eine Tortenplatte heben.

Zitronencreme-Beeren-Kuchen

Die Zitronencreme ist schnell gerührt und ergibt ein zartes Bett für die fruchtigen Beeren. Warm oder kalt ist dieser Kuchen ein feines Dessert.

Mürbeteig
▸ **200 g Mehl**
▸ **50 g Speisestärke**
▸ **70 g Zucker**
▸ **125 g kalte Butter, in Stückchen**
▸ **1 Ei**

Zitronencreme
▸ **100 ml Zitronensaft**
▸ **450 g Crème fraîche**
▸ **3 Eier**
▸ **80 g Zucker**

Belag
▸ **500 g Beeren (Erdbeeren, Himbeeren, Heidelbeeren – auch gemischt)**
▸ **Puderzucker zum Besieben**

> Springform von 26 cm Ø
> **Vorbacken:** 15 Minuten bei 210 °C
> **Fertig backen:** 40 Minuten bei 130 °C

1 Für den Teig das Mehl auf der Arbeitsfläche mit allen Zutaten zusammenhacken und rasch zu einem glatten Teig kneten. Zu einer Kugel formen, in Folie wickeln und mindestens 30 Minuten kalt stellen.

2 Den Ofen vorheizen. Den Teig etwas größer als die Form sehr dünn rund ausrollen, die Backform damit auslegen und dabei einen Rand hochziehen. Zerknitterte Alufolie an den Rand drücken, damit er nicht zusammenfällt. Den Boden mehrmals mit der Gabel einstechen. Den Teig vorbacken. Die Alufolie entfernen und die Ofentemperatur reduzieren.

3 Für die Creme alle Zutaten gründlich verrühren. Die Masse auf den vorgebackenen Boden füllen und bei verminderter Hitze fertig backen. Die Creme soll hell bleiben. Den Kuchen im ausgeschalteten Backofen ruhen lassen.

4 Den noch warmen Kuchen auf eine Tortenplatte heben, mit den Beeren belegen und dick mit Puderzucker besieben.

Zitronencreme-Beeren-Kuchen

Unsere zarteste Versuchung – mit süßem Beerenschaum und Schokolade

Mousse-au-Chocolat-Torte

Den feinen, weichen Kuchen mit dem intensiven Schokoladengeschmack sollten Sie nur mit bester Zartbitter-Schokolade zubereiten. Geschmack und Konsistenz erinnern an die beliebte Mousse au Chocolat.

Schokoladenmasse
▶ 150 g Zartbitter-Schokolade
▶ 150 g weiche Butter
▶ 150 g Puderzucker
▶ 4 Eigelb, verrührt
▶ 4 Eiweiß, steif geschlagen

Belag
▶ 50 g Schokolade, geraspelt
▶ 50 g Puderzucker, gesiebt

Springform von 26 cm Ø, gefettet
Backen: 20–25 Minuten bei 175 °C

1 Den Ofen vorheizen. Für die Schokoladenmasse die Schokolade im Wasserbad oder in der Mikrowelle schmelzen. Die Butter untermischen, Puderzucker und Eigelbe zugeben und alles zu einer glatten Masse rühren. Die Hälfte der Masse kalt stellen. Die andere Hälfte vorsichtig unter den Eischnee heben, in die Form füllen, glatt streichen und backen. Nach dem Abdämpfen den Formrand entfernen, den Kuchen auf ein Gitter stürzen und auskühlen lassen.

2 Die restliche Masse durchrühren und auf den gebackenen Boden streichen. In mehreren Lagen abwechselnd geraspelte Schokolade und Puderzucker darüberstreuen, dabei mit geraspelter Schokolade beginnen und enden.

Schokoladenkuchen

Dieser Schokoladenkuchen ist schnell gerührt und gebacken und hält auch lange frisch. Er bekommt eine dünne Kruste und darf innen noch etwas feucht sein.

Rührteig
▶ 175 g Butter
▶ 300 g dunkle Kuvertüre, zerkleinert
▶ 120 g Puderzucker
▶ 4 Eigelb
▶ 2 EL Mehl
▶ 4 Eiweiß
▶ 30 g Zucker

Springform von 26 cm Ø, Boden mit Backpapier ausgelegt
Backen: 25 Minuten bei 180 °C

1 Den Ofen vorheizen. In einem Topf die Butter zerlassen und die Kuvertüre darin schmelzen. Den Topf vom Herd nehmen. Nach und nach den Puderzucker und die Eigelbe unterrühren, zuletzt das gesiebte Mehl. Die Eiweiße mit dem Zucker steif schlagen, die Schokoladenmasse unterziehen. In die Backform füllen und backen.

2 Nach dem Abdämpfen den Formrand entfernen, den Kuchen auskühlen lassen. Vor dem Verzehr auf eine Tortenplatte stürzen und nach Belieben mit Puderzucker besieben. Servieren Sie eiskalte Schlagsahne dazu.

Schoko-Mandelkuchen

Der Kuchen wird nicht hoch. Eine schmales Stück davon zum Espresso ist gerade die richtige Portion nach einem guten Essen.

Rührteig
▶ 125 g weiche Butter
▶ 120 + 30 g Zucker
▶ 4 Eier, getrennt
▶ 125 g Schokolade, gerieben
▶ 100 g gemahlene Mandeln
▶ 1 EL Speisestärke
▶ 1 Prise Salz
▶ 1 Prise Kardamom

▶ Puderzucker zum Besieben

Springform von 26 cm Ø, Boden mit Backpapier ausgelegt
Backen: 35 Minuten bei 175 °C

1 Den Ofen vorheizen. Für den Teig die Butter geschmeidig rühren. Nach und nach 120 g Zucker und die Eigelbe, eines nach dem anderen, zugeben und schaumig rühren. Die Schokolade, Mandeln, Speisestärke, das Salz und den Kardamom unterrühren. Die Eiweiße mit dem restlichen Zucker steif schlagen und unterheben. Die Masse in die Backform füllen, glatt streichen und backen.

2 Nach dem Abdämpfen den Formrand lösen, den Kuchen auf ein Kuchengitter stürzen (legen Sie am besten ein frisches Backpapier auf das Gitter), das Backpapier vom Kuchenboden abziehen, den Kuchen auskühlen lassen. Vor dem Servieren den Kuchen mit Puderzucker besieben; hübsch sieht es aus, wenn Sie dafür eine Schablone verwenden.

Johannisbeer-Schichttorte

Mürbeteig

▸ **300 g Mehl**
▸ **80 g Zucker**
▸ **1 Prise Salz**
▸ **220 g kalte Butter,
  in Stückchen**
▸ **1 Ei**

Beerenschaum

▸ **180 g Johannisbeerkonfitüre**
▸ **75 g Zucker, 2 Eiweiß**

▸ **Puderzucker zum Besieben**

Springform von 26 cm Ø oder Backblech,
mit Backpapier ausgelegt
Backen: je Boden 12–15 Minuten
bei 180 °C

1 Für den Teig das Mehl auf der Arbeitsfläche mit allen Zutaten zusammenhacken und rasch zu einem glatten Teig
kneten. Zu einer Kugel formen, in Folie
wickeln und mindestens 30 Minuten
kalt stellen.

2 Den Ofen vorheizen. Den Teig in
4 gleiche Teile teilen und jeweils in
Größe der Form rund ausrollen. Die
Böden nacheinander in der Form auf
Sicht goldgelb backen. Oder: Mithilfe

Mürbe, kross und süß. Schneiden Sie diese
feine Torte in besonders schmale Stücke
und servieren Sie einen Espresso oder
Mokka dazu.

der Backform 4 Kreise auf Backpapier
aufzeichnen und die Böden nacheinander auf dem Blech backen.

3 Für den Beerenschaum die Konfitüre
mit dem Zucker und den Eiweißen
schaumig aufschlagen, 3 Böden damit
bestreichen und alle Böden zu einer
Torte zusammensetzen. Das Deckblatt
bleibt unbestrichen. Vor dem Servieren
mit Puderzucker besieben. Die Torte
sollte 1–2 Tage durchziehen.

Weihnachts- und

Teegebäck

Alle Jahre wieder ... greift das Backfieber um sich, und jeder weiß, Weihnachten steht vor der Tür. Große Mengen Plätzchen werden liebevoll ausgestochen und verziert. Ein reger Rezeptaustausch findet statt, denn neben dem traditionell Gewohnten soll auch etwas Neues auf den süßen Teller kommen. Eine kleine Fundgrube bieten die folgenden Seiten, die zum Ausprobieren einladen.

Für die Sterntaler im Foto links bereiten Sie einen feinen Mandelmürbeteig aus 200 g Mehl, 50 g gemahlenen Mandeln, 50 g Puderzucker, Vanillezucker, 175 g Butter und 1 Eigelb. Nach einer Ruhephase im Kühlschrank rollen Sie den Teig 3 mm dick aus, stechen Sterne aus und backen sie bei 180 °C in etwa 8 Minuten goldgelb. Nach dem Auskühlen werden die Sterne mit einer dickflüssigen Zitronenglasur bestrichen und mit gehackten Pistazien bestreut.

Einfach ausgestochen

Mürbeteig für Butterplätzchen

Der Mürbeteig für Butterplätzchen muss vor dem Ausformen kalt ruhen, damit das Mehl quellen kann, der Teig beim Ausrollen nicht klebt und sich gut verarbeiten lässt. Rollen Sie den Teig portionsweise aus und legen Sie ihn zwischendurch immer wieder in den Kühlschrank. Stellen Sie auch die ausgestochenen/ausgeformten Plätzchen auf dem Blech vor dem Backen noch einmal kalt, damit sie ihre Form behalten.

- ▸ **300 g Mehl**
- ▸ **100 g Zucker**
- ▸ **1 Päckchen Vanillezucker**
- ▸ **200 g kalte Butter, in Stückchen**
- ▸ **1 Eigelb**

❙ Backblech, mit Backpapier ausgelegt
❙ **Backen:** 10 Minuten bei 180 °C

1 Das Mehl mit allen Zutaten auf der Arbeitsfläche zusammenhacken und rasch zu einem glatten Teig kneten. Zu einer Kugel formen, in Folie wickeln und mindestens 1 Stunde kalt stellen.

2 Den Teig auf der bemehlten Arbeitsfläche 3 mm dick ausrollen. Beliebige Formen ausstechen, auf das Backblech legen und kalt stellen.

3 Im vorgeheizten Ofen nach Sicht licht- bis goldgelb backen. Mit dem Backpapier vom Blech ziehen und auskühlen lassen.

Evas Buttergebäck

Mürbeteig

- ▸ **250 g Mehl**
- ▸ **125 g Zucker**
- ▸ **190 g kalte Butter, in Stückchen**
- ▸ **3 hart gekochte Eigelb, durch ein Sieb gedrückt**
- ▸ **1 cl Rum**

Zitronenglasur

- ▸ **100 g Puderzucker**
- ▸ **etwa 2 EL Zitronensaft, durchgeseiht**

❙ Backblech, mit Backpapier ausgelegt
❙ **Backen:** 10 Minuten bei 180 °C

1 Das Mehl mit allen Zutaten auf der Arbeitsfläche zusammenhacken und rasch zu einem glatten Teig kneten. Zu einer Kugel formen, in Folie wickeln und mindestens 1 Stunde kalt stellen.

2 Den Teig auf der bemehlten Arbeitsfläche 3 mm dick ausrollen. Beliebige Formen ausstechen und auf das Backblech legen. Kalt stellen.

3 Die Plätzchen im vorgeheizten Ofen nach Sicht goldgelb backen. Mit dem Backpapier vom Blech ziehen und auskühlen lassen.

4 Für die Glasur den Puderzucker mit dem Zitronensaft glatt rühren (Eva färbt sie mit etwas Rote-Bete-Saft leicht rosa), die Plätzchen damit bestreichen und trocknen lassen.

Krokantplätzchen

Knusprig süßer Krokant gibt den mürben Plätzchen die besondere Note.

Mürbeteig

- ▸ **250 g Mehl**
- ▸ **1 Messerspitze Backpulver**
- ▸ **125 g Zucker**
- ▸ **1 Päckchen Vanillezucker**
- ▸ **125 g kalte Butter, in Stückchen**
- ▸ **1 Ei**

- ▸ **1 Eiweiß zum Bestreichen**

Krokant

- ▸ **50 g Butter**
- ▸ **50 g Zucker**
- ▸ **100 g gehackte Mandeln**

❙ Backblech, mit Backpapier ausgelegt
❙ **Backen:** 10 Minuten bei 180 °C

1 Zuerst den Krokant zubereiten. Dafür in einem kleinen Topf die Butter mit dem Zucker erhitzen, die Mandeln unter beständigem Rühren goldbraun karamellisieren. Auf einem Teller auskühlen lassen und fein zerkrümeln.

2 Für den Teig das Mehl auf der Arbeitsfläche mit allen Zutaten zusammenhacken, den Krokant einarbeiten und alles rasch zu einem glatten Teig kneten. Zu einer Kugel formen, in Folie wickeln und mindestens 1 Stunde kalt stellen.

3 Den Teig auf der bemehlten Arbeitsfläche 3 mm dick ausrollen. Beliebige Plätzchen ausstechen, auf das Backblech legen und mit dem Eiweiß bestreichen.

4 Die Plätzchen im vorgeheizten Ofen nach Sicht goldgelb backen. Mit dem Backpapier vom Blech ziehen und auskühlen lassen.

Rahmplätzchen

Mürbeteig

▸ **375 g Mehl, 1 Messerspitze Backpulver**
▸ **250 g kalte Butter, in Stückchen**
▸ **6 EL saure Sahne**

▸ **1 Eigelb, mit 1 EL Sahne verrührt, zum Bestreichen**
▸ **Hagelzucker zum Bestreuen**

Backblech, mit Backpapier ausgelegt
Backen: 10 Minuten bei 180 °C

1 Das Mehl auf der Arbeitsfläche mit allen Zutaten zusammenhacken und rasch zu einem glatten Teig kneten. Zu einer Kugel formen, in Folie wickeln und mindestens 1 Stunde kalt stellen.

2 Den Teig etwa ½ cm dick ausrollen und mit dem Teigrädchen kleine Rauten ausschneiden. Die Plätzchen auf das Backblech legen, mit der Eigelbsahne bestreichen und mit Hagelzucker bestreuen. Kalt stellen.

3 Die Plätzchen im vorgeheizten Ofen nach Sicht goldgelb backen. Mit dem Backpapier vom Blech ziehen und auskühlen lassen.

Mandelherzen

Mürbeteig

▸ **100 g Mehl**
▸ **125 g gemahlene Mandeln**
▸ **100 g brauner Zucker**
▸ **1 Päckchen Vanillezucker**
▸ **1 TL Zimt**
▸ **125 g kalte Butter, in Stückchen**
▸ **1 Eigelb**

▸ **Aprikosenkonfitüre zum Bestreichen**
▸ **100 g Mandelblättchen zum Bestreuen**

Backblech, mit Backpapier ausgelegt
Backen: 15 Minuten bei 175 °C

1 Das Mehl auf der Arbeitsfläche mit allen Zutaten zusammenhacken und rasch zu einem glatten Teig kneten. Zu einer Kugel formen, in Folie wickeln und mindestens 1 Stunde kalt stellen.

2 Den Teig auf der bemehlten Arbeitsfläche 3 mm dick ausrollen. Herzen ausstechen und auf das Backblech legen. Die Aprikosenkonfitüre erhitzen, glatt rühren und die Herzen dünn damit bestreichen. Mit den Mandelblättchen bestreuen. Kalt stellen.

3 Die Plätzchen im vorgeheizten Ofen nach Sicht goldbraun backen. Mit dem Backpapier vom Blech ziehen und auskühlen lassen.

Ausgestochen und glasiert

Mandelplätzchen mit Orangen- und Himbeerglasur

Zwei verschiedene Glasuren anzurühren ist Ihnen zu aufwendig? Dann entscheiden Sie sich für eine der beiden Glasuren und rühren Sie davon die doppelte Menge an.

Mürbeteig
▹ **200 g Mehl**
▹ **200 g enthäutete, gemahlene Mandeln**
▹ **150 g Puderzucker**
▹ **1 Päckchen Vanillezucker**
▹ **1 Prise Salz**
▹ **1 Messerspitze Zimt**
▹ **abgeriebene Zitronenschale**
▹ **200 g kalte Butter, in Stückchen**
▹ **1 Ei**

Orangenglasur
▹ **50 g Orangengelee oder passierte Orangenmarmelade**
▹ **100 g Puderzucker**
▹ **etwa 2 EL Orangensaft, durchgeseiht**

Himbeerglasur
▹ **50 g Himbeergelee**
▹ **100 g Puderzucker**
▹ **etwa 1¹/₂ EL Zitronensaft, durchgeseiht**
▹ **¹/₂ EL Himbeergeist**

❙ Backblech, mit Backpapier ausgelegt
❙ **Backen:** 10 Minuten bei 180 °C

1 Das Mehl mit allen Zutaten auf der Arbeitsfläche zusammenhacken und rasch zu einem glatten Teig kneten. Zu einer Kugel formen, in Folie wickeln und mindestens 1 Stunde kalt stellen.

2 Den Teig portionsweise auf der bemehlten Arbeitsfläche gut 3 mm dick ausrollen. Ovale oder runde Plätzchen ausstechen und auf das Backblech legen. Kalt stellen.

3 Die Plätzchen im vorgeheizten Ofen nach Sicht goldgelb backen. Mit dem Backpapier vom Blech ziehen und auskühlen lassen.

4 **Orangenglasur:** Das Orangengelee oder die Orangenmarmelade erwärmen und glatt rühren. Die Hälfte der Plätzchen damit bestreichen und antrocknen lassen. Den Puderzucker mit dem Orangensaft zu einer dickflüssigen Masse verrühren und die Plätzchen damit überziehen. Auf Backpapier trocknen lassen.
Himbeerglasur: Das Himbeergelee erwärmen und glatt rühren. Die zweite Hälfte der Plätzchen damit bestreichen und antrocknen lassen. Den Puderzucker mit dem Zitronensaft und Himbeergeist zu einer dickflüssigen Masse verrühren und die Plätzchen damit überziehen. Auf Backpapier trocknen lassen.

Prager Plätzchen

Das Besondere an diesen Plätzchen ist die zarte, schaumige Glasur. Sie wird dick aufgestrichen.

Mürbeteig
▹ **375 g Mehl**
▹ **250 g kalte Butter, in Stückchen**
▹ **80 g Zucker**
▹ **3 Eigelb**

Schaumglasur
▹ **1 Eiweiß**
▹ **1 Prise Salz**
▹ **125 g Puderzucker**
▹ **ausgeschabtes Mark von ¹/₂ Vanilleschote**

▹ **Mandelsplitter zum Garnieren**

❙ Backblech, mit Backpapier ausgelegt
❙ **Backen:** 10–12 Minuten bei 180 °C

1 Das Mehl auf der Arbeitsfläche mit allen Zutaten zusammenhacken und rasch zu einem glatten Teig kneten. Zu einer Kugel formen, in Folie wickeln und mindestens 1 Stunde kalt stellen.

2 Den Teig auf der bemehlten Arbeitsfläche 3 mm dick ausrollen. Kleine Rauten ausradeln, auf das Backblech legen und kalt stellen.

3 Für die Schaumglasur das Eiweiß mit dem Salz steif schlagen, nach und nach den Puderzucker und das Vanillemark zugeben. Die Glasur dick auf die Rauten streichen. Jedes Plätzchen mit einem Mandelsplitter belegen. Im vorgeheizten Ofen backen; die Glasur soll möglichst hell bleiben. Mit dem Backpapier vom Blech ziehen und auskühlen lassen.

Nugatsterne

- ▸ **125 g weiche Butter**
- ▸ **150 g Nussnugat, geschmolzen**
- ▸ **100 g Zucker**
- ▸ **1 Päckchen Vanillezucker**
- ▸ **1 Ei**
- ▸ **2 EL Rum**
- ▸ **300 g Mehl**
- ▸ **1 TL Backpulver**

Zitronenglasur

- ▸ **200 g Puderzucker**
- ▸ **1 kleines Eiweiß**
- ▸ **etwa 2 EL Zitronensaft, durchgeseiht**

- ▸ **Schokostreusel zum Bestreuen**

Backblech, mit Backpapier ausgelegt
Backen: 8 Minuten bei 180 °C

1 Die Butter mit dem Nugat glatt rühren. Nacheinander den Zucker, Vanillezucker und das Ei zugeben und schaumig rühren, den Rum untermischen. Das Mehl mit dem Backpulver vermischen und einarbeiten. Mindestens 1 Stunde kalt stellen.

2 Den Teig auf der bemehlten Arbeitsfläche 3 mm dick ausrollen. Kleine Sterne ausstechen und auf das Backblech legen. Kalt stellen.

3 Die Sterne im vorgeheizten Ofen nach Sicht hellbraun backen. Mit dem Backpapier vom Blech ziehen und auskühlen lassen.

4 Für die Glasur den Puderzucker mit dem Eiweiß und Zitronensaft zu einer dickflüssigen, streichfähigen Masse verrühren und die Sternchen damit bestreichen. Mit Schokostreuseln bestreuen, solange die Glasur noch feucht ist.

Haselnuss-Zitronen-Herzen

- ▸ **3 Eigelb**
- ▸ **120 g Zucker**
- ▸ **1 Päckchen Vanillezucker**
- ▸ **abgeriebene Zitronenschale**
- ▸ **etwa 200 g gemahlene Haselnüsse**

- ▸ **gemahlene Haselnüsse und Puderzucker zum Ausrollen**

Nugatsterne

Zitronenglasur

- ▸ **100 g Puderzucker**
- ▸ **etwa 2 EL Zitronensaft**

Backblech, mit Backpapier ausgelegt
Backen: 15 Minuten bei 160 °C

1 Die Eigelbe mit dem Zucker und Vanillezucker zu einer sehr guten Schaummasse rühren. Die Zitronenschale und so viel Nüsse unterrühren, dass ein ausrollbarer, nicht zu fester Teig entsteht. Auf der mit Nüssen und Puderzucker bestreuten Arbeitsfläche 5 mm dick ausrollen. Herzen ausstechen und auf das Backblech legen.

2 Die Plätzchen im vorgeheizten Ofen nach Sicht backen. Mit dem Backpapier vom Blech ziehen.

3 Für die Glasur den Puderzucker mit Zitronensaft zu einer streichfähigen Masse rühren. Die Plätzchen noch warm mit der Glasur bestreichen.

Ausgestochen und zusammengesetzt

Terrassen

Die attraktiven Plätzchen kennt man auch als »Hildatörtchen«. Gut verpackt, mit Butterbrotpapier zwischen den einzelnen Lagen, behalten sie ihr schönes Aussehen und bleiben 1–2 Wochen frisch.

Mürbeteig

- ▸ **400 g Mehl**
- ▸ **160 g Zucker**
- ▸ **1 Päckchen Vanillezucker**
- ▸ **200 g kalte Butter, in Stückchen**
- ▸ **1 ganzes Ei + 1 Eigelb**

- ▸ **100 g säuerliche Konfitüre, glatt gerührt**
- ▸ **Puderzucker zum Besieben**

❙ Backblech, mit Backpapier ausgelegt
❙ **Backen:** 8–10 Minuten bei 180 °C

1 Das Mehl auf der Arbeitsfläche mit allen Zutaten zusammenhacken und rasch zu einem glatten Teig kneten. Zu einer Kugel formen, in Folie wickeln und mindestens 1 Stunde kalt stellen.

2 Den Teig portionsweise auf der bemehlten Arbeitsfläche 2 mm dick ausrollen. In 3 verschiedenen Größen jeweils die gleiche Anzahl runde Plätzchen mit gewelltem Rand ausstechen. Wegen der unterschiedlich langen Backzeit die Plätzchen, nach Größen geordnet, auf Backbleche legen. Kalt stellen.

3 Die Plätzchen im vorgeheizten Ofen nach Sicht lichtgelb backen. Mit dem Backpapier vom Blech ziehen und auskühlen lassen.

4 Je 3 verschieden große Plätzchen, die glatte Seite mit Konfitüre bestrichen, terrassenförmig aufeinander setzen. Mit Puderzucker besieben.

Pinienkerntaler

Mürbeteig

- ▸ **280 g Mehl**
- ▸ **100 g Puderzucker**
- ▸ **50 g Pinienkerne, gehackt**
- ▸ **150 g kalte Butter, in Stückchen**
- ▸ **3 EL Crème fraîche**

- ▸ **6 EL Johannisbeergelee, glatt gerührt**
- ▸ **Puderzucker zum Besieben**

❙ Backblech, mit Backpapier ausgelegt
❙ **Backen:** 10–12 Minuten bei 180 °C

1 Das Mehl auf der Arbeitsfläche mit allen Zutaten zusammenhacken und rasch zu einem glatten Teig kneten. Zu einer Kugel formen, in Folie wickeln und mindestens 1 Stunde kalt stellen.

2 Den Teig auf der bemehlten Arbeitsfläche 3 mm dick ausrollen. Runde Taler von etwa 4 cm Durchmesser ausstechen, auf das Backblech legen und kalt stellen. Die Plätzchen im vorgeheizten Ofen nach Sicht goldgelb backen. Mit dem Backpapier vom Blech ziehen und auskühlen lassen.

3 Jeweils 2 Plätzchen auf der glatten Seite mit Johannisbeergelee bestreichen und zusammensetzen. Die Taler dicht an dicht nebeneinander legen und dick mit Puderzucker besieben.

Linzer Plätzchen

Linzer Plätzchen

Die sehr mürben, mit Johannisbeergelee gefüllten Plätzchen können Sie auch mit Puderzucker besieben und auf den Schokoladenüberzug verzichten.

Mürbeteig

- ▸ **170 g Mehl**
- ▸ **100 g ungeschälte, gemahlene Mandeln**
- ▸ **1 TL Zimt**
- ▸ **1 Prise gemahlene Nelken**
- ▸ **100 g Zucker**
- ▸ **170 g kalte Butter, in Stückchen**

- ▸ **¹/₂ Glas Johannisbeergelee, glatt gerührt**
- ▸ **150 g Kuvertüre oder 1 Becher Schokoladenglasur, geschmolzen**
- ▸ **enthäutete, gehackte Mandeln oder Pistazien**

❙ Backblech, mit Backpapier ausgelegt
❙ **Backen:** 10 Minuten bei 180 °C

1 Das Mehl auf der Arbeitsfläche mit allen Zutaten zusammenhacken und rasch zu einem glatten Teig kneten. Zu einer Kugel formen, in Folie wickeln und mindestens 1 Stunde kalt stellen.

2 Den Teig auf der bemehlten Arbeitsfläche 2 mm dick ausrollen. Gleichmäßige, runde Plätzchen ausstechen, auf das Backblech legen und kalt stellen.

3 Die Plätzchen im vorgeheizten Ofen nach Sicht goldgelb backen. Mit dem Backpapier vom Blech ziehen und auskühlen lassen.

4 Je 2 Plätzchen mit Johannisbeergelee zusammensetzen, Unterseite auf Unterseite. Mit der Schokoladenglasur oder Kuvertüre bestreichen und mit Mandeln oder Pistazien bestreuen.

Das Zimtgebäck ist eine Zierde auf dem Weihnachtsteller. Legen Sie beim Verpacken ein Butterbrotpapier zwischen die einzelnen Lagen.

Zimtgebäck

Mürbeteig

▸ **200 g Mehl**
▸ **65 g gemahlene Mandeln**
▸ **100 g Zucker**
▸ **125 g kalte Butter, in Stückchen**
▸ **1 Ei**

▸ **Zimtzucker zum Bestreuen**
▸ **½ Glas Johannisbeergelee, glatt gerührt**
▸ **Puderzucker, mit Zimt vermischt**

Backblech, mit Backpapier ausgelegt
Backen: 10 Minuten bei 180 °C

1 Das Mehl auf der Arbeitsfläche mit allen Zutaten zusammenhacken und rasch zu einem glatten Teig kneten. Zu einer Kugel formen, in Folie wickeln und mindestens 1 Stunde kalt stellen.

2 Den Teig auf der bemehlten Arbeitsfläche 2 mm dick ausrollen und runde Plätzchen mit gewelltem Rand ausstechen. Aus der Hälfte der Plätzchen in der Mitte kleine Motive oder ein Loch ausstechen. Die Plätzchen auf das Backblech legen und mit dem Zimtzucker bestreuen. Kalt stellen.

3 Die Plätzchen im vorgeheizten Ofen nach Sicht goldgelb backen (ganze und gelochte Plätzchen haben unterschiedliche Backzeit!). Mit dem Backpapier vom Blech ziehen und auskühlen lassen.

4 Je 1 ganzes und 1 gelochtes Plätzchen, Unterseite auf Unterseite, mit dem Gelee zusammensetzen und mit dem Zimtpuderzucker besieben.

Zimtecken

Die Zimtecken sollten mit Konfitüre zusammengesetzt werden, solange sie noch warm sind, dann haften sie besser. In die Kuvertüre taucht man sie dagegen erst nach dem völligen Auskühlen.

Mürbeteig

▸ **250 g Mehl**
▸ **1 TL Zimt**
▸ **110 g Zucker**
▸ **150 g kalte Butter, in Stückchen**
▸ **1 Ei**

▸ **½ Glas Johannisbeerkonfitüre, durchpassiert**
▸ **200 g Kuvertüre, mit 20 g Pflanzenfett geschmolzen**

Backblech, mit Backpapier ausgelegt
Backen: 10 Minuten bei 180 °C

1 Das Mehl auf der Arbeitsfläche mit allen Zutaten zusammenhacken und rasch zu einem glatten Teig kneten. Zu einer Kugel formen, in Folie wickeln und mindestens 1 Stunde kalt stellen.

2 Den Teig auf der bemehlten Arbeitsfläche 3 mm dick ausrollen. Kleine, gleich große Dreiecke ausstechen, auf das Backblech legen und im vorgeheizten Ofen nach Sicht backen (Vorsicht, sie werden schnell dunkel und schmecken dann bitter). Mit dem Backpapier vom Blech ziehen.

3 Die noch warmen Plätzchen, Unterseite auf Unterseite, mit der glatt gerührten Konfitüre zusammensetzen und trocknen lassen.

4 Die Ecken der Plätzchen in die Kuvertüre tauchen und auf Backpapier trocknen lassen.

Geformt und gespritzt

Vanillekipferl

Für Nusskipferl ersetzen Sie die Mandeln durch gemahlene Haselnüsse.

Mürbeteig

- ▸ **280 g Mehl**
- ▸ **1 Prise Salz**
- ▸ **100 g enthäutete, gemahlene Mandeln**
- ▸ **70 g Puderzucker**
- ▸ **1 Päckchen Vanillezucker**
- ▸ **200 g kalte Butter, in Stückchen**

- ▸ **Puderzucker, mit 1 Päckchen Vanillezucker vermischt**

❙ Backblech, mit Backpapier ausgelegt
❙ **Backen:** 10–15 Minuten bei 180 °C

1 Das Mehl auf der Arbeitsfläche mit allen Zutaten zusammenhacken und rasch zu einem glatten Teig kneten. Zu einer Kugel formen, in Folie wickeln und mindestens 1 Stunde kalt stellen.

2 Den Teig auf der bemehlten Arbeitsfläche zu dünnen Rollen formen. Davon kleine, gleichmäßig große Stückchen abschneiden und diese zu Kipferl formen. Auf das Backblech setzen und kalt stellen.

3 Die Kipferl im vorgeheizten Ofen nach Sicht hell backen. Mit dem Backpapier vom Blech ziehen. Mit dem Vanillepuderzucker besieben.

Nugatkipferl

- ▸ **100 g weiche Butter**
- ▸ **200 g Nussnugat, geschmolzen**
- ▸ **1 EL Zucker**
- ▸ **1 EL Vanillezucker**
- ▸ **1 Messerspitze Salz**
- ▸ **1 Ei**
- ▸ **300 g Mehl**
- ▸ **1/2 TL Backpulver**

- ▸ **200 g dunkle Kuvertüre, geschmolzen**

❙ Backblech, mit Backpapier ausgelegt
❙ **Backen:** 8 Minuten bei 180 °C

1 Die Butter mit dem Nugat glatt rühren. Nacheinander den Zucker, Vanillezucker, das Salz und das Ei unterrühren. Das Mehl mit dem Backpulver untermischen. Den Teig mindestens 1 Stunde kalt stellen.

2 Aus dem Teig auf der bemehlten Arbeitsfläche eine Rolle formen. Gleichmäßige Stückchen abschneiden, Kipferl formen und auf das Backblech setzen. Kalt stellen.

3 Die Kipferl im vorgeheizten Ofen nach Sicht hellbraun backen. Vorsicht, zu trocken gebacken verlieren sie viel von ihrem Geschmack; eher dürfen sie noch etwas weich aus dem Ofen kommen. Mit dem Backpapier vom Blech ziehen und auskühlen lassen.

4 Nach dem Auskühlen die beiden Enden der Kipferl in die Kuvertüre tauchen und auf Backpapier trocknen lassen.

Nugatkipferl

Spritzgebäck

Zum Ausformen füllt man den Teig in einen kräftigen Spritzbeutel mit großer Sterntülle und dressiert beliebige Formen auf das Backblech. Falls Sie die Küchenmaschine mit den speziellen Vorsätzen zum Ausformen verwenden, lassen Sie bei der Zubereitung des Teiges die Milch weg und stellen den Teig vorher kalt.

- ▸ **170 g weiche Butter**
- ▸ **170 g Zucker**
- ▸ **1 Päckchen Vanillezucker**
- ▸ **1 Ei**
- ▸ **160 g Mehl**
- ▸ **80 g gemahlene Haselnüsse**
- ▸ **4–5 EL Milch**

Garnitur nach Wahl

- ▸ **Zucker, mit Vanillezucker vermischt**
- ▸ **dunkle Kuvertüre, geschmolzen**

❙ Backblech, gefettet und bemehlt
❙ **Backen:** 10 Minuten bei 190 °C

1 Die Butter geschmeidig rühren. Nach und nach den Zucker, Vanillezucker und das Ei zugeben und schaumig rühren. Das Mehl und die Nüsse untermischen. So viel Milch zugeben, dass der Teig zwar noch fest ist, aber sich gut spritzen lässt.

2 Den Teig in einen Spritzbeutel mit großer Sterntülle füllen und verschiedene Formen (Ringe, Stangen, »S«) mit etwas Abstand auf das Backblech spritzen. Kalt stellen.

3 Die Plätzchen im vorgeheizten Ofen nach Sicht lichtgelb backen.

4 Sie können die Plätzchen »natur« belassen oder sie noch warm in Vanillezucker wälzen. Auch beliebt: Nach dem Auskühlen die Enden in geschmolzene Kuvertüre tauchen und auf Backpapier trocknen lassen.

Schwarz-Weiß-Gebäck

Die attraktiven Plätzchen verlangen Sorgfalt und Geduld beim Ausformen – und auch einen höheren Zeitaufwand. Außer den vorgeschlagenen Ausformungen können Sie nach dem Foto auch andere Zusammenstellungen und Formen probieren.

Mürbeteig

▸ **250 g Mehl, 125 g Zucker**
▸ **1 Päckchen Vanillezucker**
▸ **125 g kalte Butter, in Stückchen**
▸ **1 Ei, 1 EL Rum**
▸ **1–2 EL Kakaopulver für den dunklen Teig**

▸ **1 Eiweiß zum Bestreichen**

▌ Backblech, mit Backpapier ausgelegt
▌ **Backen:** 10 Minuten bei 190 °C

1 Das Mehl mit allen Zutaten auf der Arbeitsfläche zusammenhacken und rasch zu einem glatten Teig kneten. Den Teig halbieren. In eine Teighälfte das Ka-

kaopulver einarbeiten. Beide Teighälften zur Kugel formen, in Folie wickeln und mindestens 1 Stunde kalt stellen.

2 Achten Sie beim Ausrollen darauf, dass der helle von dem dunklen Teig nicht verfärbt wird.
Schneckenmuster: Den hellen und den dunklen Teig auf der bemehlten Arbeitsfläche 2 mm dick zu gleich großen Rechtecken ausrollen. Die helle Teigplatte mit Eiweiß bestreichen. Die dunkle Platte darauflegen, ebenfalls mit Eiweiß bestreichen, zu einer Rolle zusammenrollen. Kalt stellen. Die Rolle vor dem Backen in 3–4 mm dicke Scheiben schneiden und auf das Backblech legen.
Schachbrettmuster: Nur ein Drittel des Teiges mit Kakao dunkel färben. Auf der bemehlten Arbeitsfläche aus dem dunklen Teig 4 Rollen von 1 1/2 cm Durchmesser und aus dem hellen Teig 5 Rollen in gleicher Stärke und Länge formen. Den restlichen hellen Teig zu einer dünnen Platte in gleicher Länge ausrollen. Die Teigrollen zu vierkantigen Stangen drücken. Je 1 helle, 1 dunkle und wieder 1 helle Stange nebeneinander auf die Teigplatte setzen und mit Eiweiß

bestreichen. Die anderen Teigstangen farblich versetzt darauf anordnen und mit Eiweiß bestreichen. Die erste Anordnung noch einmal wiederholen, sodass 3 Lagen übereinander sind. Diesen Block rundum mit Eiweiß bestreichen und in die helle Teigplatte einhüllen. Die Teigränder andrücken und die Enden glatt abschneiden. Kalt stellen. Vor dem Backen in 4 mm dicke Scheiben schneiden und auf das Backblech legen.
Schokotaler: Den hellen Teig zu einem Rechteck von 45 × 25 cm dünn ausrollen und mit Eiweiß bestreichen. Den dunklen Teig zu 2 daumendicken Rollen von 45 cm Länge formen. Eine dunkle Rolle in die Hälfte des hellen Teigrechtecks einschlagen, glatt abschneiden und die Kanten andrücken. Die zweite Rolle in den restlichen einschlagen, bündig abschneiden und die Kanten andrücken. Kalt stellen.

3 Die Teigrollen in 4 mm dicke Scheiben schneiden, leicht nachformen und auf das Backblech legen. Im vorgeheizten Ofen nach Sicht backen. Mit dem Backpapier vom Blech ziehen und auskühlen lassen.

Ganz schnell

Mürbe Haferflockenplätzchen

Rührteig

- ▸ **200 g weiche Butter**
- ▸ **200 g Zucker**
- ▸ **1 Päckchen Vanillezucker**
- ▸ **2 Eier**
- ▸ **250 g Vollkornhaferflocken**
- ▸ **100 g Mehl**
- ▸ **knapp ¹/₂ TL Backpulver**

- ▸ **150 g Kuvertüre oder 1 Becher Schokoladen-Kuchenglasur, geschmolzen**
- ▸ **gehackte Mandeln oder Pistazien**

▌ Backblech, mit Backpapier ausgelegt
Backen: 15 Minuten bei 200 °C

1 Die Butter geschmeidig rühren. Nach und nach den Zucker, Vanillezucker und die Eier, eines nach dem anderen, zugeben und schaumig rühren. Die Haferflocken untermischen. Das Mehl mit dem Backpulver vermischen und unterrühren.

2 Mit zwei Teelöffeln kleine Häufchen auf das Backblech setzen. Im vorgeheizten Ofen nach Sicht goldgelb backen.

3 Die Plätzchen mit dem Backpapier vom Blech ziehen und auskühlen lassen.

4 Nach Belieben mit Kuvertüre oder Schokoladenglasur überziehen oder zur Hälfte in die Glasur eintauchen. Mit Mandeln oder Pistazien garnieren, solange die Glasur noch feucht ist. Auf Backpapier trocknen lassen.

Schneeflocken

Diese zarten Plätzchen tragen ihren Namen zu Recht. Wie Schneeflocken schmelzen sie auf der Zunge.

Gerührter Mürbeteig

- ▸ **250 g weiche Butter**
- ▸ **100 g Puderzucker**
- ▸ **2 Päckchen Vanillezucker**
- ▸ **60 g Mehl**
- ▸ **250 g Speisestärke**

▌ Backblech, mit Backpapier ausgelegt
Backen: 10 Minuten bei 180 °C

1 Die Butter geschmeidig rühren und mit dem Puderzucker und Vanillezucker zu einer schaumigen Masse rühren. Das Mehl mit der Speisestärke untermischen. Den Teig in Folie packen und mindestens 1 Stunde kalt stellen.

2 Den Teig auf der bemehlten Arbeitsfläche zu einer gut daumendicken Rolle formen, kleine Stückchen abschneiden und zu Kugeln formen. Die Kugeln mit dem Gabelrücken einkerben und mit Abstand auf das Backblech setzen.

3 Die Plätzchen im vorgeheizten Ofen nach Sicht lichtgelb backen. Mit dem Backpapier vom Blech ziehen und auskühlen lassen.

Haferflockenplätzchen

Ohne Backen

Marillentaler

Wenn Sie keinen Fleischwolf haben, schneiden Sie die Früchte in Stückchen und pürieren sie im Mixer oder Blitzhacker. Die Masse wird dann allerdings ziemlich fest und muss anschließend geschmeidig gerührt werden.

Aprikosenmasse

▸ **250 g getrocknete Aprikosen (Marillen)**
▸ **60 g Zucker**
▸ **2 EL Aprikosenkonfitüre**

Marzipandecke

▸ **200 g Marzipanrohmasse**
▸ **70 g Puderzucker**

▸ **Puderzucker zum Ausrollen**

1 Für die Aprikosenmasse die Aprikosen zweimal durch den Fleischwolf drehen und in eine Rührschüssel füllen. Mit dem Zucker und der Aprikosenkonfitüre vermischen und mit den Knethaken des Rührgerätes rühren, bis die Masse hell und geschmeidig geworden ist.

2 Für die Marzipandecke die Marzipanrohmasse mit dem Puderzucker verkneten. Die Arbeitsfläche mit Puderzucker bestreuen und das Marzipan 2 mm dick zu einem 15 cm breiten Band ausrollen.

3 Die Aprikosenmasse zu Rollen von 1¹/₂ cm Durchmesser und 15 cm Länge formen. Eine Rolle auf die Breitseite des Marzipans legen, darin einschlagen, das Marzipan glatt abschneiden, die Kanten gut andrücken und die Rolle rund nachformen. Weiter so verfahren, bis die ganze Aprikosenmasse verbraucht ist.

4 Die mit Marzipan umhüllten Aprikosenrollen auf einem Tablett, mit Butterbrotpapier bedeckt, in einen kühlen Raum stellen und erst vor der Verwendung in 1 cm dicke Taler schneiden.

Kuglerschnitten

▸ **4 große Waffelblätter (23 × 30 cm)**

Füllung

▸ **200 + 150 g Zucker**
▸ **200 g gehackte Haselnüsse**
▸ **4 Eigelb**
▸ **200 g Butter**

▸ **300 g Kuvertüre,
   mit 30 g Pflanzenfett geschmolzen
   (nach Belieben)**

1 Für die Füllung 200 g Zucker in einer großen Pfanne schmelzen, die Nüsse dazugeben und unter ständigem Rühren und Vermischen goldgelb karamellisieren. Vom Herd nehmen und auskühlen lassen. Portionsweise im Mixer oder Blitzhacker fein zerkleinern.

Die Waffelblätter für diese ungarische Spezialität gibt es in türkischen Läden, aber auch in manchen Supermärkten.

2 Die Eigelbe mit 150 g Zucker auf dem Wasserbad dickcremig rühren. Die Butter nach und nach darin zerlassen, die Nüsse untermischen und vom Wasserbad nehmen.

3 Die warme Nussmasse gleichmäßig auf 2 Waffelblätter streichen und mit je 1 Waffelblatt bedecken. Andrücken, mit einem Brett beschweren und an einem kühlen Ort fest werden lassen.

4 Nach Belieben die Waffeln mit Kuvertüre überziehen, sie schmecken aber auch unglasiert sehr fein. In schmale Schnitten (oder Würfel) schneiden.

Nach dem Backen geschnitten

»Speckkuchen«

Mürbeteig

- **250 g Mehl**
- **65 g Zucker**
- **125 g kalte Butter, in Stückchen**
- **1 Ei**

Füllung

- **250 g gemahlene Mandeln**
- **250 g Zucker, 2–3 TL Zimt**
- **150 ml frisch gepresster Zitronensaft (von etwa 4 Zitronen)**
- **abgeriebene Zitronenschale**

- **1 Eigelb, mit 1 EL Sahne verrührt**
- **50–100 g Zitronat, klein gehackt**
- **1 EL Kandiszucker, fein zerstoßen**

Backblech, mit Backpapier ausgelegt
Backen: 30–35 Minuten bei 180 °C

1 Die Füllung können Sie bereits am Vorabend zubereiten. Dafür alle Zutaten vermischen und zugedeckt über Nacht durchziehen lassen.

2 Das Mehl auf der Arbeitsfläche mit allen Zutaten zusammenhacken und rasch zu einem glatten Teig kneten. Zu einer Kugel formen, in Folie wickeln und mindestens 1 Stunde kalt stellen.

3 Die Hälfte des Teiges auf der bemehlten Arbeitsfläche zu einem Rechteck ausrollen, mit dem Teigroller aufnehmen und auf dem Backblech wieder abrollen. Die Teigränder egalisieren. Die Füllung aufstreichen. Die zweite Teighälfte in gleicher Größe ausrollen, als Decke mithilfe des Teigrollers auflegen und mit der Eigelbsahne bestreichen. Die Platte im vorgeheizten Ofen goldgelb backen.

4 Die Platte dick mit Zitronat und anschließend mit dem Kandiszucker bestreuen. Noch warm in 4 × 4 cm große Quadrate schneiden.

Mandelrauten

Gerührter Mürbeteig

- **350 g Mehl**
- **250 g Puderzucker**
- **¼ TL Salz, 5 hart gekochte Eigelbe, durch ein Sieb gestrichen**
- **ausgeschabtes Mark von 1 Vanilleschote**
- **250 g weiche Butter, in Flöckchen**

Mandelbelag

- **1 Ei, 30 g Puderzucker**
- **150 g Mandelblättchen**

- **300 g dunkle Kuvertüre, geschmolzen**

Backblech, mit Backpapier ausgelegt
Backen: 15–20 Minuten bei 180 °C

1 Das Mehl mit allen Zutaten in einer Schüssel mit den Knethaken des Rührgeräts verrühren. Auf der bemehlten Arbeitsfläche zu einem glatten Teig kneten, zur Kugel formen, in Folie wickeln und mindestens 1 Stunde kalt stellen.

2 Den Teig etwa ½ cm dick in Blechgröße ausrollen. Mit dem Teigroller aufnehmen und auf dem Backblech wieder abrollen. Die Ränder egalisieren.

3 Für den Belag das Ei mit dem Puderzucker verrühren und den Teig damit bestreichen. Die Mandelblättchen darüberstreuen und mit der Hand andrücken. Die Teigplatte im vorgeheizten Ofen nach Sicht hellbraun backen. Mit dem Backpapier vom Blech ziehen und noch warm in Rauten schneiden.

4 Nach dem Auskühlen eine spitze Hälfte in Kuvertüre tauchen und auf einem Kuchengitter trocknen lassen.

Die Mandelrauten kommen aus Polen und heißen dort Mazurek. Hart gekochte Eigelbe machen den Teig sehr zart und gleichzeitig kross.

Londonschnitten

Eischwer-Schokoschnitten

Die Schnitten aus feinem Eischwerteig müssen vorsichtig gebacken werden und sollen innen noch weich sein.

▸ **4 Eischwer weiche Butter**
▸ **4 Eischwer Zucker**
▸ **4 Eier**
▸ **4 Eischwer dunkle Kuvertüre, geschmolzen**
▸ **4 Eischwer Mehl**

Backblech, gefettet
Backen: 20 Minuten bei 175 °C

1 Die Butter geschmeidig rühren. Nach und nach den Zucker und die Eier, eines nach dem anderen, zugeben und schaumig rühren, die Kuvertüre untermischen. Das Mehl darübersieben und mit dem Rührlöffel sorgfältig unter die Schaummasse mischen.

2 Den Teig auf das Backblech streichen und im vorgeheizten Ofen nach Sicht backen. Nach dem Abkühlen die Platte in kleine Schnitten schneiden.

Mandel-Schokoschnitten

Rührteig

▸ **200 g weiche Butter**
▸ **200 g Zucker, 5 Eier**
▸ **1 EL Kakaopulver**
▸ **1 EL Rum**
▸ **100 g Schokolade, gerieben**
▸ **200 g gemahlene Mandeln**
▸ **80 g Mehl**

▸ **200 g Kuvertüre, geschmolzen**

Backblech, gefettet und leicht bemehlt
Backen: 25 Minuten bei 175 °C

1 Die Butter geschmeidig rühren. Nach und nach den Zucker und die Eier, eines nach dem anderen, zugeben und schaumig rühren. Den gesiebten Kakao, den Rum, die Schokolade und die Mandeln unterrühren. Das Mehl darübersieben und untermischen. Den Teig auf das Backblech streichen und im vorgeheizten Ofen backen.

2 Die Platte kurz abdämpfen lassen. Nach dem Abkühlen mit der Kuvertüre bestreichen und in kleine Quadrate oder Rechtecke schneiden.

Londonschnitten

Mürbeteig

▸ **300 g Mehl**
▸ **75 g Zucker, 1 Prise Salz**
▸ **150 g kalte Butter, in Stückchen**
▸ **3 Eigelb**

▸ **4–5 EL Johannisbeerkonfitüre**

Makronenmasse

▸ **3 Eiweiß**
▸ **1 TL Zitronensaft**
▸ **150 g Zucker**
▸ **150 g gemahlene Haselnüsse**

Backblech, leicht gefettet
Vorbacken: 10–15 Minuten bei 200 °C
Fertig backen: 10 Minuten bei 180 °C

1 Das Mehl auf der Arbeitsfläche mit allen Zutaten zusammenhacken und rasch zu einem glatten Teig kneten. Zu einer Kugel formen, in Folie wickeln und mindestens 1 Stunde kalt stellen.

2 Den Teig auf der bemehlten Arbeitsfläche in Größe des Backbleches ausrollen, mit dem Teigroller aufnehmen und auf dem Backblech wieder abrollen, die Teigränder egalisieren. Die Teigplatte mit der Gabel mehrmals einstechen. Im vorgeheizten Ofen goldgelb vorbacken. Anschließend die Ofenhitze reduzieren.

3 Für die Makronenmasse die Eiweiße mit dem Zitronensaft steif schlagen, den Zucker einrieseln lassen und fest aufschlagen; die Haselnüsse untermischen.

4 Die vorgebackene Platte mit der glatt gerührten Konfitüre bestreichen, die Makronenmasse darüberstreichen. Goldgelb fertig backen. Die Platte noch warm in Schnitten schneiden.

Schokolade

Die gute, alte und preiswerte Blockschokolade war früher in der häuslichen Bäckerei die Backschokolade schlechthin. Heute wird sie mehr und mehr von der geschmacklich feineren und leicht schmelzbaren Kuvertüre verdrängt. Grundsätzlich kann zum Backen wahlweise die eine wie die andere verwendet werden.

Schokosterne

▷ **100 g gemahlene Mandeln**
▷ **120 g gemahlene Haselnüsse**
▷ **100 g Puderzucker**
▷ **50 g Marzipanrohmasse,**
　 klein geschnitten
▷ **50 g Blockschokolade, gerieben**
▷ **1 gehäufter TL Kakaopulver**
▷ **50 g flüssiger Honig, 1 Eiweiß**
▷ **1 Päckchen Vanillezucker, 1 TL Zimt**

▷ **gemahlene Mandeln zum Ausrollen**
▷ **1 Eigelb zum Bestreichen**
▷ **Hagelzucker zum Bestreuen**

Backblech, mit Backpapier ausgelegt
Backen: 8–10 Minuten bei 180 °C

1 Alle Zutaten in eine Schüssel füllen und mit dem Rührgerät gut vermischen. Die Masse kurz anziehen lassen.

2 Die Arbeitsfläche großzügig mit gemahlenen Mandeln bestreuen und die Masse etwa 1 cm dick ausrollen. Sterne ausstechen und auf das Backblech legen. Das Eigelb mit etwas Wasser glatt rühren und die Sterne damit bestreichen. Mit Hagelzucker bestreuen.

3 Die Plätzchen im vorgeheizten Ofen braun backen. Sie sollen innen noch etwas weich sein. Mit dem Backpapier vom Blech ziehen und auskühlen lassen.

Schokobusserl

▷ **150 g weiche Butter**
▷ **175 g Zucker**
▷ **150 g Schokolade, gerieben**
▷ **240 g gemahlene Haselnüsse**
▷ **3–4 EL zarte Haferflocken**

Backblech, mit Backpapier ausgelegt
Backen: 12 Minuten bei180 °C

1 Die Butter mit dem Zucker schaumig rühren. Die Schokolade und die Nüsse, anschließend die Haferflocken unterrühren und den Teig 30 Minuten anziehen lassen. Ein Probeplätzchen backen.

2 Aus der Masse mit nassen Händen kleine Kugeln formen und mit ausreichendem Abstand auf das Backblech setzen. Kalt stellen.

3 Die Plätzchen im vorgeheizten Ofen nach Sicht backen. Mit dem Backpapier von Blech ziehen und auskühlen lassen.

Schokosterne

Schokowürfel mit Walnüssen

Rührteig

▷ **300 g weiche Butter**
▷ **300 g Zucker**
▷ **1 Päckchen Vanillezucker**
▷ **4 Eier**
▷ **225 g Mehl**
▷ **300 g gemahlene Walnüsse**
▷ **200 g Kuvertüre, gerieben**
▷ **2 EL Rum**

▷ **150 g Kuvertüre, geschmolzen**
▷ **Walnusskerne, halbiert**
　 (nach Belieben)

Tiefes Backblech, gefettet und bemehlt
Backen: 15 Minuten bei 180 °C

1 Die Butter geschmeidig rühren. Nach und nach den Zucker, Vanillezucker und die Eier, eines nach dem anderen, zugeben und schaumig rühren. Alle anderen Zutaten locker unterrühren. Die Masse auf das Backblech streichen. Im vorgeheizten Ofen hellbraun backen. Die Teigplatte soll innen noch etwas weich sein.

2 Die Teigplatte sofort mit der Kuvertüre bestreichen und noch warm in Würfel schneiden. Nach Belieben mit Walnusshälften belegen. Die Würfel auf einem Kuchengitter auskühlen lassen.

Schokoladen-brötchen

- ▶ 3 Eier
- ▶ 250 g Zucker
- ▶ 125 g Blockschokolade, gerieben
- ▶ 350 g gemahlene Mandeln
- ▶ 75 g Mehl
- ▶ 30 g Semmelbrösel
- ▶ 2–3 Tropfen Bittermandelaroma

- ▶ 100 g Puderzucker zum Überziehen

Backblech, mit Backpapier ausgelegt
Backen: 20 Minuten bei 150 °C

1 Die Eier und den Zucker mit dem Rührgerät schaumig rühren, die restlichen Zutaten daruntermischen. Die Masse kurz anziehen lassen.

2 Aus der Masse kleine, etwa kirschgroße Kugeln formen. Den Puderzucker in eine kleine Schüssel füllen, die Schokokugeln portionsweise einlegen und durch Hin- und Herbewegen der Schüssel mit dem Puderzucker überziehen; sie sollen vollkommen weiß sein.

3 Die Kugeln mit ausreichendem Abstand auf das Blech setzen. Im vorgeheizten Ofen sofort backen; innen sollen sie noch etwas weich sein. Mit dem Backpapier vom Blech ziehen und auskühlen lassen.

Schoko-Cookies

Rührteig

- ▶ 150 g weiche Butter
- ▶ 180 g Zucker (nach Belieben halb weiß, halb braun)
- ▶ 2 Päckchen Vanillezucker
- ▶ 1 Ei
- ▶ 180 g Mehl
- ▶ 1 Messerspitze Backpulver
- ▶ 100 g gehackte Haselnüsse
- ▶ 150 g Schokoladetröpfchen oder Raspelschokolade

Backblech, mit Backpapier ausgelegt
Backen: 12–15 Minuten bei 180 °C

1 Die Butter geschmeidig rühren. Nach und nach den Zucker, Vanillezucker und das Ei zugeben und schaumig rühren. Das Mehl mit dem Backpulver auf die Schaummasse sieben und zusammen mit den Nüssen und den Schokoladetröpfchen/der Raspelschokolade untermischen. Den Teig kurz anziehen lassen.

2 Mit angefeuchteten Händen walnussgroße Kugeln formen und mit großem Abstand auf das Backblech setzen. Etwa 1 Stunde kalt stellen.

3 Die Cookies im vorgeheizten Ofen hellbraun backen. Mit dem Backpapier vom Blech ziehen und auskühlen lassen.

Schoko-Mandel-Sterne

Mürbeteig

- ▶ 125 g Mehl
- ▶ 1/2 TL Backpulver
- ▶ 100 g Zucker
- ▶ 1 Päckchen Vanillezucker
- ▶ 125 g gemahlene Mandeln
- ▶ 125 g Schokolade, gerieben
- ▶ 125 kalte Butter, in Stückchen
- ▶ 1 Ei

Zitronenglasur

- ▶ 100 g Puderzucker
- ▶ 1 EL Zitronensaft, durchgeseiht
- ▶ 1 EL lauwarmes Wasser

Backblech, mit Backpapier ausgelegt
Backen: 10 Minuten bei 180 °C

1 Das Mehl auf der Arbeitsfläche mit allen Zutaten zusammenhacken und rasch zu einem glatten Teig kneten. Zu einer Kugel formen, in Folie wickeln und mindestens 1 Stunde kalt stellen.

2 Den Teig auf der bemehlten Arbeitsfläche 3 mm dick ausrollen. Sterne ausstechen und auf das Backblech legen. Kalt stellen.

3 Die Plätzchen im vorgeheizten Ofen nach Sicht backen; aber Vorsicht, sie werden schnell zu dunkel und verlieren dann viel von ihrem Aroma! Mit dem Backpapier vom Blech ziehen und auskühlen lassen.

4 Für die Glasur den Puderzucker mit dem Zitronensaft und Wasser verrühren; sie soll streichfähig und nicht zu dünn sein. Die Plätzchen damit bestreichen.

Die mit Puderzucker weiß bestaubten Schokoladenbrötchen reißen beim Backen leicht auf und sehen auf dem Plätzchenteller aus wie Mini-Brotlaibe.

Marzipan

Marzipan-Haselnuss-Plätzchen

Dieses Gebäck ist eine wunderbare Alternative für Eilige, die nicht jedes Plätzchen einzeln ausstechen wollen.

Mürbeteig

- ▸ **250 g Mehl**
- ▸ **40 g Zucker**
- ▸ **1 Päckchen Vanillezucker**
- ▸ **1 Prise Salz**
- ▸ **1 EL saure Sahne**
- ▸ **1 EL Rum**
- ▸ **125 g kalte Butter, in Stückchen**

Füllung

- ▸ **100 g Marzipanrohmasse**
- ▸ **100 g gehackte Haselnüsse, trocken geröstet**
- ▸ **100 g Aprikosenkonfitüre**

- ▸ **1 Eigelb, mit Milch verrührt, zum Bestreichen**

| Backblech, leicht gefettet
| **Backen:** 15–20 Minuten bei 180 °C

1 Das Mehl auf der Arbeitsfläche mit allen Zutaten zusammenhacken und rasch zu einem glatten Teig kneten. Zu einer Kugel formen, in Folie wickeln und mindestens 1 Stunde kalt stellen.

2 Für die Füllung in einer Schüssel die Marzipanrohmasse mit einer Gabel zerkleinern und mit den Nüssen und der Konfitüre verrühren.

3 Die Hälfte des Teiges dünn zu einem Rechteck ausrollen. Mit dem Teigroller aufnehmen und auf dem Backblech wieder abrollen. Die Ränder egalisieren. Die Füllung gleichmäßig aufstreichen. Den restlichen Teig zu einem gleich großen Rechteck ausrollen, mit dem Teigroller aufnehmen und über der

Füllung abrollen. Leicht andrücken, mit der Gabel mehrmals einstechen und mit dem Eigelb bestreichen.

4 Im vorgeheizten Ofen nach Sicht goldgelb backen. Mit dem Papier vom Blech ziehen und auskühlen lassen. Nach dem Auskühlen in kleine Quadrate schneiden.

Eisenbahner

Das attraktive Gebäck erinnert bei der Herstellung tatsächlich an die Schienenstränge einer Eisenbahn.

Mürbeteig

- ▸ **250 g Mehl, 50 g Zucker**
- ▸ **125 g kalte Butter, in Stückchen**
- ▸ **1 Ei**

- ▸ **200 g Kirsch- oder Aprikosenkonfitüre, durchpassiert**

Marzipanmasse

- ▸ **130 g Marzipanrohmasse, zerkleinert**
- ▸ **1 EL flüssiger Honig**
- ▸ **1 EL Puderzucker**
- ▸ **15 g Butter, 1 Eiweiß**

| Backblech, mit Backpapier ausgelegt
| **Backen:** 10–15 Minuten bei 200 °C
| **Grillen:** 1/2–1 Minute

1 Das Mehl auf der Arbeitsfläche mit allen Zutaten zusammenhacken und rasch zu einem glatten Teig kneten. Zu einer Kugel formen, in Folie wickeln und mindestens 1 Stunde kalt stellen.

2 Den Teig auf der bemehlten Arbeitsfläche zu einem Rechteck in Blechgröße ausrollen. Die Teigplatte mit dem Teigroller aufnehmen und über dem Backblech wieder abrollen. Mit der Gabel mehrmals einstechen und die Ränder egalisieren. Im vorgeheizten Ofen nach Sicht goldgelb backen.

1 Die Hälfte der ausgekühlten Längsbahnen mit Konfitüre bestreichen.

2 Die Marzipanmasse auf die Außenkanten jeder Bahn spritzen.

3 Die Konfitüre zwischen die beiden Marzipanstreifen füllen.

3 Die Teigplatte auf dem Blech noch heiß in 8 gleich breite Längsbahnen schneiden und auskühlen lassen. Knapp ein Drittel der Konfitüre erhitzen und 4 Bahnen dünn damit bestreichen. Jede dieser Bahnen mit einer unbestrichenen Bahn bedecken und leicht andrücken. Die Bahnen auseinander rücken, damit etwas Abstand entsteht.

4 Für die Marzipanmasse alle Zutaten zu einer relativ festen, jedoch spritzfähigen Masse verrühren. In einen Spritzbeutel mit mittelgroßer Sterntülle füllen und an den beiden äußeren Rändern jeder Bahn einen Streifen aufspritzen. Über Nacht antrocknen lassen.

5 Das Backblech unter den vorgeheizten Grill schieben und die Spitzen der Marzipanstreifen leicht bräunen. Die restliche Konfitüre aufkochen, in einen Spritzbeutel mit Lochtülle oder in ein Milchkännchen mit Ausgießer füllen und die Mitte der Bahnen vorsichtig mit der Konfitüre ausfüllen. Bei Bedarf mit einem Messer glatt streichen. Einige Stunden antrocknen lassen, erst dann in 2 cm breite Stücke schneiden.

Marzipan-Butterplätzchen

Marzipanrohmasse, mit Puderzucker verrührt und verknetet, lässt sich auf einer glatten Arbeitsfläche sehr schön dünn ausrollen.

Mürbeteig
▸ **200 g Mehl**
▸ **50 g gemahlene Haselnüsse**
▸ **75 g Zucker**
▸ **1 Ei**
▸ **120 g kalte Butter, in Stückchen**

Marzipan
▸ **200 g Marzipanrohmasse, zerkleinert**
▸ **70 g Puderzucker**

▸ **Johannisbeergelee oder passierte Orangenmarmelade**
▸ **150 g Kuvertüre, geschmolzen**
▸ **gehackte Pistazien zum Bestreuen**

Backblech, mit Backpapier ausgelegt
Backen: 8–10 Minuten bei 180 °C

1 Das Mehl auf der Arbeitsfläche mit allen Zutaten zusammenhacken und rasch zu einem glatten Teig kneten. Zu einer Kugel formen, in Folie wickeln und mindestens 1 Stunde kalt stellen.

2 Den Teig auf der bemehlten Arbeitsfläche 2 mm dick ausrollen. Kleine Plätzchen ausstechen und auf das Backblech legen. Kalt stellen.

3 Die Plätzchen im vorgeheizten Ofen nach Sicht goldgelb backen. Mit dem Papier vom Blech ziehen und auskühlen lassen.

4 Für das Marzipan die Rohmasse mit dem Puderzucker glatt kneten, ebenfalls 2 mm dick ausrollen und Plätzchen in der gleichen Form und Anzahl ausstechen wie die gebackenen Plätzchen. Je 1 Mürbeteig- und 1 Marzipanplätzchen mit Gelee oder Marmelade zusammensetzen, glatte Seite nach innen. Die Marzipanseite mit der Kuvertüre bestreichen und mit gehackten Pistazien bestreuen. Trocknen lassen.

Marzipan-Geleeherzen

Mürbeteig
▸ **250 g Mehl**
▸ **70 g Zucker**
▸ **1 Päckchen Vanillezucker**
▸ **1 Prise Salz**
▸ **125 g kalte Butter, in Stückchen**
▸ **1 Ei**

Marzipanmasse
▸ **250 g Marzipanrohmasse, zerkleinert**
▸ **50 g Puderzucker, 1 Ei**

▸ **Johannisbeergelee zum Füllen**

Backbleche, mit Backpapier belegt
Vorbacken: 5 Minuten bei 175 °C
Fertig backen: 12 Minuten bei 175 °C

1 Das Mehl auf der Arbeitsfläche mit allen Zutaten zusammenhacken und rasch zu einem glatten Teig kneten. Zu einer Kugel formen, in Folie wickeln und mindestens 1 Stunde kalt stellen.

2 Den Teig auf der bemehlten Arbeitsfläche 3 mm dick ausrollen, Herzen ausstechen und auf das Backblech legen. Kalt stellen. Im vorgeheizten Ofen goldgelb vorbacken.

3 Für die Marzipanmasse alle Zutaten zu einer spritzfähigen Masse verrühren. In einen Spritzbeutel mit kleiner Sterntülle füllen und die Herzen vorsichtig umspritzen. Auf Sicht hellgelb fertig backen. Mit dem Backpapier vom Blech ziehen und auskühlen lassen.

4 Das Johannisbeergelee erhitzen, in ein kleines Milchkännchen mit Ausgießer füllen und in die Mitte der Herzen gießen. Trocknen lassen.

Marzipan-Geleeherzen nach Königsberger Art, doch wurde hier der Marzipanrand nicht geflämmt.

Makronen

Für Eiweißgebäck wird in der Regel eine Baisermasse aus Eiweiß und Zucker geschlagen. Mischt man darunter die gleiche Menge Nüsse/Mandeln/Kokosraspel wie Zucker, erhält man die klassische Makronenmasse. Dabei ist die kalt geschlagene von der warm geschlagenen Eiweißmasse zu unterscheiden; Letztere ist besonders stabil und ergibt ein luftiges, trockenes Gebäck.

Makronen
Mandel-, Nuss-, Kokosmakronen (kalt geschlagen)

Makronen werden bei geringer Backhitze mehr getrocknet als gebacken. Außen fast weiß und innen noch etwas weich, so sollen sie gebacken sein.

▸ **4 Eiweiß, 2 TL Zitronensaft**
▸ **250 g feiner Zucker**
▸ **250 g gemahlene Mandeln/Haselnüsse oder Kokosflocken**

▸ **Backoblaten von 40–50 mm Ø**

| Backblech
Backen: 40 Minuten bei 130 °C

1 Die Eiweiße mit dem Zitronensaft steif schlagen, den Zucker einrieseln lassen und zu einer schnittfesten, glänzenden Masse schlagen. Die Mandeln, Nüsse oder Kokosflocken unterheben.

2 Das Backblech mit Oblaten auslegen. Mit zwei Teelöffeln Häufchen auf die Oblaten setzen.

3 Die Makronen im vorgeheizten Ofen nach Sicht hell backen, dabei die Backofentür einen Spalt offen lassen. Überstehende Oblaten nach dem Auskühlen abbrechen.

Schaummakronen
Mandel-, Nuss-, Kokosmakronen (warm geschlagen)

▸ **4 Eiweiß**
▸ **Saft von ½ Zitrone**
▸ **200 g feiner Zucker**
▸ **175–200 g gemahlene Mandeln/Haselnüsse oder Kokosflocken**

▸ **Backoblaten von 40–50 mm Ø**

| Backblech
Backen: 40 Minuten bei 130 °C

1 Die Eiweiße mit dem Zitronensaft und dem Zucker auf dem heißen Wasserbad mit dem Rührgerät in 6–8 Minuten zu einer cremigen Masse schlagen. Vom Wasserbad nehmen und kalt schlagen. Mandeln, Nüsse oder Kokosflocken locker unterheben.

2 Das Backblech mit Oblaten auslegen. Mit zwei Teelöffeln Häufchen auf die Oblaten setzen.

3 Die Makronen im vorgeheizten Ofen nach Sicht hell backen, dabei die Backofentür einen Spalt offen lassen. Überstehende Oblaten nach dem Auskühlen abbrechen.

Dattelmakronen

Die Eiweißmasse für die Dattelmakronen können Sie nach der Methode »kalt geschlagen« oder »warm geschlagen« zubereiten, wie bei den Rezepten Makronen und Schaummakronen beschrieben. Beide bringen ein gutes Ergebnis.

▸ **3 Eiweiß, 2 TL Zitronensaft**
▸ **150 g feiner Zucker**
▸ **150 g Mandelstifte**
▸ **150 g Datteln, entsteint, fein geschnitten**
▸ **50 g Zitronat, sehr fein gewürfelt**
▸ **abgeriebene Zitronenschale**
▸ **50 g Bitterschokolade, klein gehackt**

▸ **Backoblaten von 40 mm Ø**

| Backblech
Backen: 35–40 Minuten bei 130 °C

1 Die Eiweiße mit dem Zitronensaft und dem Zucker auf dem heißen Wasserbad mit dem Rührgerät in 6–8 Minuten zu einer cremigen Masse schlagen. Vom Wasserbad nehmen und kalt schlagen. Alle übrigen Zutaten daruntermischen.

2 Das Backblech mit Oblaten auslegen. Von der Masse mit zwei Teelöffeln kleine Häufchen auf die Oblaten setzen.

3 Die Makronen im vorgeheizten Ofen nach Sicht hell backen; sie sollen innen noch etwas weich sein. Überstehende Oblaten nach dem Auskühlen abbrechen.

Wespennester

- ▸ **3 Eiweiß**
- ▸ **250 g Zucker**
- ▸ **1 Päckchen Vanillezucker**
- ▸ **30 g Kakaopulver**
- ▸ **250 g enthäutete, gehackte Mandeln**

Backblech, mit Backpapier ausgelegt
Backen: 20–30 Minuten bei 140 °C

1 Die Eiweiße steif schlagen, den Zucker mit dem Vanillezucker nach und nach einrieseln lassen und schnittfest schlagen. Den Kakao auf den Eischnee sieben und zusammen mit den Mandeln unterheben.

2 Mit zwei Teelöffeln Häufchen auf das Backblech setzen, dabei ausreichend Abstand halten. Im vorgeheizten Ofen nach Sicht backen.

3 Die Plätzchen mit dem Backpapier vom Blech ziehen und auskühlen lassen. Überstehende Oblaten abbrechen.

Makronenbrötchen

Mürbeteig

- ▸ **400 g Mehl**
- ▸ **160 g Zucker**
- ▸ **1 Päckchen Vanillezucker**
- ▸ **200 g kalte Butter, in Scheiben**
- ▸ **3 Eigelb**

- ▸ **1 Eigelb, mit etwas Milch verrührt, zum Bestreichen**

Makronenmasse

- ▸ **3 Eiweiß**
- ▸ **1 TL Zitronensaft**
- ▸ **150 g Zucker**
- ▸ **175 g gemahlene Haselnüsse**

Backblech, mit Backpapier ausgelegt
Backen: 12 Minuten bei 180 °C

1 Das Mehl auf der Arbeitsfläche mit allen Zutaten zusammenhacken und

rasch zu einem glatten Teig kneten. Zu einer Kugel formen, in Folie wickeln und mindestens 1 Stunde kalt stellen.

2 Den Teig auf der bemehlten Arbeitsfläche portionsweise 3 mm dick ausrollen. Runde Plätzchen mit gewelltem Rand ausstechen und auf das Backblech legen. Kalt stellen.

3 Für die Makronenmasse die Eiweiße mit dem Zitronensaft steif schlagen, den Zucker einrieseln lassen und schnittfest schlagen. Die Nüsse untermischen.

4 Die Plätzchen mit dem Eigelb bestreichen und auf jedes Plätzchen ein Häufchen Makronenmasse setzen. Im vorgeheizten Ofen nach Sicht goldgelb backen. Mit dem Backpapier vom Blech ziehen und auskühlen lassen.

Zimtsterne

Das Ausrollen der sehr weichen Masse sowie das Ausstechen der Sterne erfordert Sorgfalt und Geduld. Bestreuen Sie die Arbeitsfläche ausreichend mit gemahlenen Nüssen oder Mandeln und führen Sie den Teigroller mit sanftem Druck über den Teig. Das Ergebnis lohnt die Mühe.

- ▸ **3 Eiweiß**
- ▸ **2 TL Zitronensaft**
- ▸ **250 g Puderzucker**
- ▸ **etwa 400 g gemahlene Haselnüsse oder Mandeln, bei Bedarf etwas mehr**
- ▸ **1 TL Zimt**

- ▸ **etwa 100 g gemahlene Haselnüsse oder Mandeln zum Ausrollen**

Backblech, mit Backpapier ausgelegt
Backen: 10 Minuten bei 150 °C

1 Die Eiweiße mit dem Zitronensaft steif schlagen, nach und nach den Puderzucker einrieseln lassen und zu einer schnittfesten, glänzenden Masse schlagen. Von der Schaummasse eine Tasse voll abnehmen, sie wird für die Glasur gebraucht. Unter die übrige Masse die Nüsse oder Mandeln und den Zimt mischen. Bei Bedarf noch etwas mehr Nüsse oder Mandeln untermischen, der Teig soll gerade ausrollbar sein. Lassen Sie die Masse 30 Minuten anziehen, dann lässt sie sich besser verarbeiten.

2 Die leicht bemehlte Arbeitsfläche mit gemahlenen Nüssen oder Mandeln bestreuen und die Masse portionsweise gleichmäßig 1 cm dick ausrollen. Sterne ausstechen und auf das Backblech legen. Mit einem Messer mit der Schaumglasur bestreichen (zu dicke Glasur können Sie mit einem Tropfen Rum verrühren).

3 Die Sterne im vorgeheizten Ofen nach Sicht hell backen; die Glasur soll weiß bleiben, die Plätzchen sollen innen noch etwas weich sein.

4 Die Sterne mit dem Backpapier vom Blech ziehen und auskühlen lassen.

Teegebäck 1

Hausfreunde

Ein beliebtes, schnelles Gebäck für das ganze Jahr, das Sie statt mit Mandeln und Korinthen auch mit anderen Kernen und Trockenfrüchten zubereiten können.

- ▸ **3 Eier**
- ▸ **3 Eischwer Mehl**
- ▸ **3 Eischwer Zucker**
- ▸ **3 Eischwer Korinthen**
- ▸ **3 Eischwer ganze Mandeln**

| Backblech, gefettet
| **Backen:** 20 Minuten bei 180 °C

1 Den Ofen vorheizen. In einer Schüssel alle Zutaten vermischen und auf dem Backblech glatt verstreichen. Nach Sicht goldgelb backen.

2 Die Platte vom Blech gleiten lassen und sofort mit einem scharfen Messer in kleine Rauten schneiden.

Öhrchen

Servieren Sie die knusprigen, vom karamellisierten Zucker goldgelb glänzenden Öhrchen frisch gebacken zu Kaffee und Tee oder zum Dessert. Die Mühe ist gering, ein wahres Schnellrezept.

- ▸ **300 g TK-Blätterteig, aufgetaut**
- ▸ **30 g Butter, zerlassen**
- ▸ **100 g Zucker**

| Backblech, mit kaltem Wasser abgespült
| **Backen:** 10–12 Minuten bei 210–220 °C

1 Die Arbeitsfläche mit Zucker bestreuen und den Blätterteig darauf zu einem ¹/₂ cm dicken Rechteck von etwa 45 × 13 cm Größe ausrollen. Die Kanten gerade schneiden.

Die beiden Längsseiten des Teigrechtecks zur Mitte hin einschlagen.

Zusammenklappen, Scheiben abschneiden und auf das Backblech legen.

2 Den Teig mit Butter bepinseln und mit Zucker bestreuen. Die zwei langen Seiten des Rechtecks bis zur Mitte einschlagen, ohne dass die Kanten aneinander stoßen. Mit dem Teigroller leicht auf die Kanten drücken, damit die Teigschichten gut zusammenhalten. Diesen Teigstreifen ebenfalls mit Butter bepinseln, mit dem restlichen Zucker bestreuen und längs zusammenklappen. Mit einem scharfen Messer ¹/₂ cm dicke Scheiben abschneiden. Die Öhrchen mit ausreichendem Abstand auf das Backblech legen und 20 Minuten kalt stellen.

3 Im vorgeheizten Ofen nach Sicht goldgelb backen, dabei nach halber Backzeit umdrehen. Vom Blech nehmen und auskühlen lassen.

Cantucci
Toskanische Mandelkekse

Nicht nur Toskana-Urlauber schwärmen für die harten Mandelkekse, die gern zu einem Glas Wein geknabbert oder in den süßen Vin Santo getunkt werden. Die Herstellung ist einfach und schnell.

- ▸ **200 g Mandelstifte (oder halb Mandeln, halb Pinienkerne)**
- ▸ **250 g Mehl, 250 g Zucker**
- ▸ **1 Prise Salz, 3 Eier**

| Backblech, mit Backpapier ausgelegt
| **Backen:** 25 Minuten bei 180 °C
| **Nachbacken:** 5 Minuten bei 180 °C

1 Alle Zutaten mit den Knethaken des Rührgerätes zu einem elastischen Teig verarbeiten. Den Teig in 6 Portionen teilen. Jedes Teigstück auf der bemehlten Arbeitsfläche zu einer daumendicken Rolle formen, auf das Backblech legen und leicht flach drücken. Im vorgeheizten Ofen lichtgelb backen.

2 Die Rollen sofort auf einem Brett in 1,5 cm dicke Scheiben schneiden, zurück auf das Backblech legen und noch 5 Minuten nachbacken.

Amaretti

Der Name dieser tradtionellen italienischen Mandelmakronen leitet sich vom Bittermandelaroma ab – amaretto heißt »etwas bitter«.

- ▸ **2 Eiweiß**
- ▸ **1 Prise Salz**
- ▸ **150 g Zucker**
- ▸ **10 Tropfen Bittermandelaroma**
- ▸ **200 g gemahlene Mandeln**

▎ Backblech, mit Backpapier belegt
▎ **Backen:** 25 Minuten bei 120 °C

Espresso oder Cappuccino serviert man gern mit diesen kleinen Makronen; zerstoßene Amaretti eignen sich hervorragend zum Bestreuen von Kompott oder als Krümelschicht auf cremigen Desserts.

1 Die Eiweiße mit dem Salz steif schlagen. Nach und nach den Zucker einrieseln lassen und weiterschlagen, bis der Eischnee schnittfest und glänzend ist. Die restlichen Zutaten vorsichtig untermischen.

2 Die Mandelmasse in einen Spritzbeutel mit Lochtülle füllen und haselnussgroße Tupfer auf das Backpapier spritzen. Im kühlen Raum einige Stunden trocknen lassen.

3 Die Amaretti im vorgeheizten Ofen hellbraun backen. Mit dem Backpapier vom Blech ziehen und auskühlen lassen. In einer Blechdose aufbewahren, so bleiben sie lange frisch.

Prophetenkuchen

Das Rezept für die feinen hellen Schnitten stammt von einer Freundin aus Jena. Kenner lieben das trockene und sehr zarte Knabbergebäck zu Tee oder Kaffee. In einer gut schließenden Keksdose aufbewahrt, bleiben sie lange Zeit frisch.

- ▸ **65 g weiche Butter, 125 g Zucker**
- ▸ **4 Eigelb, 2 ganze Eier**
- ▸ **abgeriebene Zitronenschale**
- ▸ **500 g Mehl, 3 EL Arrak**

- ▸ **zerlassene Butter zum Bestreichen**
- ▸ **Puderzucker zum Besieben**

▎ Backblech, gefettet und bemehlt
▎ **Backen:** 25 Minuten bei 180 °C

1 Die Butter geschmeidig rühren. Nach und nach den Zucker, die Eigelbe und die ganzen Eier zugeben und zu einer weißschaumigen Masse rühren. Die Zitronenschale, Mehl und Arrak unter die Schaummasse mischen. Den Teig auf das Backblech streichen und über Nacht kühl stellen.

2 Den Teig gut mit zerlassener Butter bestreichen und im vorgeheizten Ofen hell- bis goldgelb backen.

3 Die Platte nach dem Backen vom Blech nehmen, noch heiß mit Butter bestreichen und mit Puderzucker besieben. Die Platte in Schnitten von 8 × 6 cm schneiden und auskühlen lassen.

Teegebäck 2

Kürbiskernwürfel

Mürbeteig
- **400 g Mehl**
- **100 g Zucker**
- **1 Prise Salz**
- **200 g kalte Butter, in Stückchen**
- **1 Ei**

Kürbiskernmasse
- **50 g Sahne**
- **100 g Honig**
- **100 g Butter**
- **150 g Zucker**
- **200 g Kürbiskerne (oder gemischt mit Sesamsamen)**

- **100 g Aprikosenkonfitüre zum Bestreichen**

Backblech, mit Backpapier ausgelegt
Vorbacken: 15 Minuten bei 200 °C
Fertig backen: 15–20 Minuten bei 180 °C

1 Das Mehl mit allen Zutaten auf der Arbeitsfläche zusammenhacken und rasch zu einem glatten Teig kneten. Zu einer Kugel formen, in Folie wickeln und mindestens 1 Stunde kalt stellen.

2 Für die Kürbiskernmasse in einem Topf die Sahne mit allen Zutaten aufkochen und etwas abkühlen lassen – die Masse soll nicht mehr flüssig, aber streichfähig sein.

3 Den Teig zu einem Rechteck in Blechgröße ausrollen, die Ränder egalisieren. Die Teigplatte mit dem Teigroller aufnehmen und auf dem Backblech wieder abrollen. Mit der Gabel mehrmals einstechen. Die Platte im vorgeheizten Ofen goldgelb vorbacken, dann die Ofenhitze reduzieren.

4 Die Aprikosenkonfitüre glatt rühren und die vorgebackene Teigplatte dünn damit bestreichen. Die Kürbiskernmasse daraufstreichen. Nach Sicht fertig backen. Mit dem Papier vom Blech ziehen; warm oder kalt in 2 × 3 cm große Würfel schneiden.

Friesische Kekse

Mürbeteig
- **250 g Mehl, 2 TL Backpulver**
- **100 g brauner Zucker**
- **1 Prise Salz**
- **1 TL Zimt**
- **$1/2$–1 EL Anissamen**
- **$1/2$–1 EL gemahlener Koriander**
- **50 g gehackte Haselnüsse**
- **125 g kalte Butter, in Stückchen**
- **2 Eier**

Backblech, mit Backpapier ausgelegt
Backen: 20 Minuten bei 175 °C

1 Das Mehl auf der Arbeitsfläche mit allen Zutaten zusammenhacken und rasch zu einem glatten Teig kneten. Zu einer Kugel formen, in Folie wickeln und mindestens 1 Stunde kalt stellen.

2 Den Teig auf der bemehlten Arbeitsfläche 1 cm dick ausrollen. Mit dem Teigrädchen Kekse von 3 × 5 cm Größe ausschneiden und auf das Backblech legen. Kalt stellen.

3 Die Kekse im vorgeheizten Ofen goldgelb backen. Mit dem Backpapier vom Blech ziehen und noch warm mit dem Daumen eine Delle in die Mitte der Kekse drücken.

Die Kürbiskernwürfel eignen sich – in einer Dose verpackt – gut auch als Kraftriegel für unterwegs.

Krosse Mandelkekse

- ▸ **250 g Mehl**
- ▸ **250 g brauner Zucker**
- ▸ **1 TL Backpulver**
- ▸ **100 g kalte Butter, in Stückchen**
- ▸ **125 g ganze Mandeln, enthäutet**
- ▸ **1 Ei**

- ▸ **grober weißer Zucker zum Wälzen**

Backblech, mit Backpapier ausgelegt
Backen: 8–10 Minuten bei 180 °C

1 Das Mehl auf der Arbeitsfläche mit allen Zutaten rasch zusammenkneten und zu Rollen von 3–4 cm Durchmesser formen. Die Rollen in dem groben Zucker wälzen, mit Folie bedecken und mindestens 1 Stunde, besser noch über Nacht kalt stellen.

2 Die Rollen mit einem scharfen Messer in möglichst dünne Scheiben schneiden. Auf das Backblech legen und kalt stellen.

3 Die Plätzchen im vorgeheizten Ofen nach Sicht goldgelb backen. Mit dem Backpapier vom Blech ziehen und auskühlen lassen.

Florentiner

- ▸ **150 g Sahne**
- ▸ **50 g Butter**
- ▸ **125 g Zucker**
- ▸ **50 g Honig**
- ▸ **30 g Zitronat, fein gewürfelt**
- ▸ **30 g Orangeat, fein gewürfelt**
- ▸ **60 g enthäutete, gehackte Mandeln**
- ▸ **200 g Mandelblättchen**
- ▸ **2 EL Mehl**

- ▸ **etwa 10 rote Belegkirschen, geviertelt**
- ▸ **200 g dunkle Kuvertüre**

Backblech, mit Backpapier ausgelegt
Backen: 10–15 Minuten bei 180 °C

1 In einem flachen Topf die Sahne mit der Butter, dem Zucker und dem Honig langsam erhitzen und aufkochen. Den Topf vom Herd nehmen. Das Zitronat, Orangeat und alle Mandeln untermischen. Das Mehl darüberstreuen und die Masse mit dem Rührlöffel gut und gleichmäßig vermischen.

2 Mit einem Teelöffel, jeweils 1 gehäuften Löffel voll, in großem Abstand Häufchen auf das Backblech setzen, mit nassen Fingern rund formen und etwas abflachen. Die Ränder nachformen. Jedes Plätzchen mit einem Stück Belegkirsche garnieren.

3 Die Florentiner im vorgeheizten Ofen nach Sicht goldgelb backen. Falls sie an den Rändern breit laufen sollten, können Sie sie sofort nach dem Backen mit einer angefeuchteten runden Ausstechform nachformen.

4 Mit dem Backpapier vom Blech ziehen und vollständig auskühlen lassen. Die Kuvertüre schmelzen und die Florentiner auf der Unterseite damit bestreichen. Sobald sie fest geworden ist, noch einmal Kuvertüre darüberstreichen, anziehen lassen und nach Belieben vor dem Erstarren mit einer Gabel wellenförmige Linien durchziehen.

Für Ingwer- und Gewürzfans

Ingwerherzchen

Mürbeteig
▸ 300 g Mehl
▸ 1 Messerspitze Backpulver
▸ 100 g Zucker
▸ 1 Päckchen Vanillezucker
▸ 200 g kalte Butter, in Stückchen
▸ 1 Ei
▸ 30 g kandierter Ingwer, fein gewürfelt

▸ 1 Eigelb, mit 1 EL Sahne verrührt, zum Bestreichen
▸ 40 g kandierter Ingwer, fein gewürfelt, zum Bestreuen

❙ Backblech, mit Backpapier ausgelegt
Backen: 10 Minuten bei 180 °C

1 Das Mehl auf der Arbeitsfläche mit allen Zutaten zusammenhacken und rasch zu einem glatten Teig kneten. Zu einer Kugel formen, in Folie wickeln und mindestens 1 Stunde kalt stellen.

2 Den Teig auf der bemehlten Arbeitsfläche 3 mm dick ausrollen. Herzchen ausstechen (oder beliebige andere Formen) und auf das Backblech legen. Die Plätzchen mit der Eigelbsahne bestreichen und mit den Ingwerwürfelchen bestreuen. Kalt stellen.

3 Die Ingwerherzchen im vorgeheizten Ofen nach Sicht goldgelb backen. Mit dem Backpapier vom Blech ziehen und auskühlen lassen.

Anislaiberl

Gelungene Anislaiberl haben nach dem Backen »Füßchen« und eine weiße Haube. Gut verpackt und in einem kalten, nicht zu trockenen Raum gelagert, werden sie nach einigen Wochen weich.

Ingwerherzchen

▸ 4 Eier, getrennt, 1 Prise Salz
▸ 250 g Puderzucker
▸ 1 TL Anissamen, gewiegt oder gemahlen
▸ 280 g Mehl, bei Bedarf mehr

❙ Backblech, mit Backpapier ausgelegt
Backen: 15 Minuten bei 150 °C

1 Die Eiweiße mit dem Salz steif schlagen. Die Eigelbe mit dem Puderzucker glatt rühren und zusammen mit dem Anis unter den Eischnee mischen. Das gesiebte Mehl nach und nach mit dem Rührlöffel unterziehen. Die Mehlmenge ist abhängig von der Größe der Eier. Der Teig hat die richtige Beschaffenheit, wenn er beim Ausformen die Form behält und an der Oberfläche glatt wird.

2 Mit einem Teelöffel kleine Mengen vom Teig abstechen und mithilfe eines zweiten Löffels mit 3 cm Abstand auf das Backblech setzen. Oder die Masse in einen Spritzbeutel mit Lochtülle füllen und kleine Tupfer auf das Backblech spritzen. Über Nacht im nur mäßig warmen Raum (16–18 °C) trocknen lassen.

3 Am nächsten Tag die Plätzchen im vorgeheizten Ofen nach Sicht lichtgelb backen. Mit dem Backpapier vom Blech ziehen und vor dem Verpacken vollständig auskühlen lassen.

Ingwer-Cashew-Plätzchen

Mürbeteig
▸ 140 g Mehl
▸ 80 g Zucker, 1 Prise Salz
▸ 1 Prise gemahlener Kardamom
▸ 125 g Cashewnüsse, gemahlen
▸ 125 g kandierter Ingwer, klein gewürfelt
▸ 80 g kalte Butter, in Stückchen
▸ 2 Eigelb

▸ Cashewnüsse, quer halbiert
▸ kandierter Ingwer, klein gewürfelt

Ingwer-Cashew-
Plätzchen

Pfeffernüsse

Diese Pfeffernüsse sind ein 3-Tage-Werk. Den runden, aus Holz geschnitzten Stempel mit verschiedenen Motiven sowie den dazu passenden Metallring zum Ausstechen der Pfeffernüsse finden Sie am ehesten auf Weihnachtsmärkten, falls Sie keinen alten Stempel aus Großmutters Backstube besitzen. Die anfangs harten Pfeffernüsse werden nach einer Lagerung von 1–2 Wochen weich.

- ▸ **2 Eier**
- ▸ **125 g feiner Zucker**
- ▸ **125 g brauner Zucker**
- ▸ **abgeriebene Zitronenschale**
- ▸ **1 Prise Salz, 2 TL Zimt**
- ▸ **je 1 Messerspitze gemahlene Nelken und Kardamom**
- ▸ **eine Spur Pfeffer**
- ▸ **30 g Zitronat, gewiegt**
- ▸ **15 g Orangeat, gewiegt**
- ▸ **30 g gemahlene Mandeln**
- ▸ **250 g Mehl, 1 Messerspitze Natron**

| Backblech, mit Backpapier ausgelegt
Backen: 30 Minuten bei 125 °C

1 Die Eier und den gesamten Zucker mit dem Rührgerät schaumig rühren. Die Zitronenschale, alle Gewürze, das Zitronat, Orangeat und die Mandeln unterrühren. Das Mehl mit dem Natron mischen und einarbeiten, anschließend kneten. Den Teig mit Folie bedecken und über Nacht in einem kühlen Raum ruhen lassen.

2 Am nächsten Tag den Teig nochmals durchkneten und auf der bemehlten Arbeitsfläche 1 cm dick ausrollen. Zuerst den Metallring in den Teig drücken, dann den mit Mehl bestaubten Holzstempel aufdrücken. Die Plätzchen auf das Backblech legen, mit einem Tuch bedecken und eine weitere Nacht in einem warmen Raum ruhen lassen.

3 Am nächsten Tag die Pfeffernüsse im vorgeheizten Ofen nach Sicht backen. Mit dem Backpapier vom Blech ziehen und auskühlen lassen.

Mandelspekulatius

Traditionell werden Spekulatius mit Holzmodeln geformt. Dieses Rezept beschreibt das Ausstechen der Plätzchen, also ohne Model. Sie können den Teig auch zu Stangen mit rechteckigem Querschnitt formen und davon Scheiben abschneiden.

Mürbeteig

- ▸ **250 g Mehl**
- ▸ **¹/₂ TL Backpulver**
- ▸ **125 g Zucker**
- ▸ **125 g enthäutete, gehackte Mandeln**
- ▸ **abgeriebene Zitronenschale**
- ▸ **1 Prise Salz**
- ▸ **je ¹/₂ TL Zimt und Kakaopulver**
- ▸ **je 1 Messerspitze gemahlene Nelken und Kardamom**
- ▸ **125 g kalte Butter, in Stückchen**
- ▸ **1 Ei**

- ▸ **50 g Mandelblättchen zum Ausrollen**
- ▸ **Milch zum Bestreichen**

| Backblech, mit Backpapier ausgelegt
Backen: 10 Minuten bei 180 °C

1 Das Mehl auf der Arbeitsfläche mit allen Zutaten zusammenhacken und rasch zu einem glatten Teig kneten. Zu einer Kugel formen, in Folie wickeln und mindestens 1 Stunde kalt stellen.

2 Die Arbeitsfläche mit Mehl und Mandelblättchen bestreuen und den Teig darauf 3 mm dick ausrollen. Beliebige Formen ausstechen und auf das Backblech legen. Kalt stellen.

3 Die Plätzchen mit kalter Milch bestreichen und im vorgeheizten Ofen nach Sicht backen. Mit dem Backpapier vom Blech ziehen und auskühlen lassen.

| Backblech, mit Backpapier ausgelegt
Backen: 12 Minuten bei 180 °C

1 Das Mehl auf der Arbeitsfläche mit allen Zutaten zusammenhacken und rasch zu einem glatten Teig kneten. Zu einer Kugel formen, in Folie wickeln und mindestens 1 Stunde kalt stellen.

2 Aus dem Teig auf der bemehlten Arbeitsfläche dünne Rollen formen. Kleine Stückchen abschneiden, zu kirschgroßen Kugeln formen und in ausreichendem Abstand auf das Backblech setzen. In die Hälfte der Kugeln ein Stück Cashewnuss, in die andere Hälfte ein Ingwerwürfelchen drücken. Kalt stellen.

3 Die Plätzchen im vorgeheizten Ofen nach Sicht goldgelb backen. Mit dem Backpapier vom Blech ziehen und auskühlen lassen.

Honigkuchen

Aachener Printen

Honigteig

- ▸ **450 g Honig**
- ▸ **150 g Zucker**
- ▸ **100 g Butter**
- ▸ **750 g Mehl**
- ▸ **1 EL Zimt**
- ▸ **1 TL gemahlener Anis**
- ▸ **1/2 TL gemahlene Nelken**
- ▸ **1 Messerspitze gemahlener Kardamom**
- ▸ **1 Messerspitze geriebene Muskatnuss**
- ▸ **10 g Hirschhornsalz, in 3 EL Wasser aufgelöst**
- ▸ **200 g Haselnüsse, gemahlen oder sehr fein gehackt**
- ▸ **50 g Zitronat, fein gewürfelt**
- ▸ **50 g Orangeat, fein gewürfelt**
- ▸ **100 g fein zerstoßener Kandiszucker**

- ▸ **Milch zum Bestreichen**
- ▸ **2 EL Honig, in 125 ml warmem Wasser gelöst, oder dunkle Kuvertüre, geschmolzen**

┃ Backblech, mit Backpapier ausgelegt
┃ **Backen:** 12 Minuten bei 180 °C

1 In einem flachen Topf den Honig mit dem Zucker bei schwacher Hitze erwärmen und rühren, bis sich der Zucker vollständig gelöst hat. Die Butter dazugeben und schmelzen. Vom Herd nehmen und in eine große Schüssel umfüllen.

2 Das Mehl, alle Gewürze und das Hirschhornsalz untermischen und, sobald der Teig zusammenhält, auf der Arbeitsfläche kräftig durcharbeiten. Dabei die Nüsse, Zitronat, Orangeat und den Kandiszucker einarbeiten. Den Teig in eine mit Mehl bestaubte Schüssel legen, mit Klarsichtfolie abdecken und über Nacht ruhen lassen.

3 Am nächsten Tag den Teig auf der bemehlten Arbeitsfläche 4 mm dick zu

Vor dem Backen die rohen Teigstücke mit Milch bestreichen.

Nach dem Backen die heißen Printen mit Kuvertüre bestreichen.

einem Rechteck ausrollen und in regelmäßigen Abständen mit einer Gabel einstechen. 3 × 8 cm große Printen ausschneiden und in ausreichendem Abstand auf das Backblech legen. Mit Milch bestreichen. Im vorgeheizten Ofen nach Sicht goldbraun backen.

4 Die noch heißen Printen mit dem Honigwasser oder Kuvertüre bestreichen. Trocknen lassen.

Basler Leckerli

Honigteig

- ▸ **400 g Honig**
- ▸ **200 g Zucker**
- ▸ **650–700 g Mehl**
- ▸ **1 Prise Salz**
- ▸ **abgeriebene Zitronenschale**
- ▸ **2 EL Zimt**
- ▸ **1 TL gemahlene Nelken**
- ▸ **1 Messerspitze gemahlener Kardamom**
- ▸ **10 g Pottasche, in 6 EL Kirschwasser aufgelöst**
- ▸ **300 g gehackte Mandeln**
- ▸ **60 g Zitronat, fein gewürfelt**
- ▸ **60 g Orangeat, fein gewürfelt**

Glasur

- ▸ **200 g Puderzucker**
- ▸ **2 EL Rum**
- ▸ **1 EL Weißwein**
- ▸ **1 EL Zitronensaft**

┃ Backblech, mit Backpapier ausgelegt
┃ **Backen:** 20 Minuten bei 180 °C

1 Den Honig mit dem Zucker bei schwacher Hitze erwärmen und rühren, bis sich der Zucker vollständig gelöst hat. Vom Herd nehmen und in eine große Schüssel umfüllen.

2 Das Mehl, alle Gewürze und die Pottasche mit dem Kirschwasser untermischen. Auf der bemehlten Arbeitsfläche kräftig durcharbeiten, dabei die Mandeln, Zitronat und Orangeat einarbeiten.

3 Den Teig auf der bemehlten Arbeitsfläche in Blechgröße ausrollen, die Teigplatte auf das Backblech legen, die Ränder egalisieren. Die Platte im vorheizten Ofen nach Sicht backen.

4 Für die Glasur den Puderzucker mit Rum, Wein und Zitronensaft zu einer streichfähigen, leicht fließenden Masse verrühren. Die noch heiße Platte sofort mit der Glasur bestreichen, sodass sich »Röschen« bilden. Die harten Ränder abschneiden und die Platte in 5 × 3 cm große Stücke schneiden.

»Pumpernickel«

Bei diesem alten Rezept aus dem Egerland handelt es sich nicht um das dunkle Kastenbrot, sondern um einen fruchtigen Honiglebkuchen. Die Schnitten sind frisch gebacken schon weich, können aber in Blechdosen auch einige Wochen aufbewahrt werden.

Honigteig

- ▶ **250 g Honig**
- ▶ **250 g Zucker**
- ▶ **1 Päckchen Vanillezucker**
- ▶ **3 Eier**
- ▶ **50 g gemahlene Haselnüsse**
- ▶ **50 g grob gehackte Haselnüsse**
- ▶ **250 g getrocknete Feigen, klein geschnitten**
- ▶ **100 g Rosinen**
- ▶ **40 g Orangeat, klein gewürfelt**
- ▶ **40 g Zitronat, klein gewürfelt**
- ▶ **1 TL Lebkuchengewürz**
- ▶ **abgeriebene Schale und Saft von 1 Zitrone**
- ▶ **500 g Mehl**
- ▶ **10 g Pottasche, in 2 EL warmer Milch aufgelöst**

▌ Backblech, gefettet und bemehlt
▌ **Backen:** 20 Minuten bei 180 °C

1 Den Honig mit dem Zucker und Vanillezucker bei schwacher Hitze erwärmen und rühren, bis sich der Zucker vollständig gelöst hat. Vom Herd nehmen und in eine große Schüssel umfüllen.

2 Nacheinander die Eier und alle Zutaten von Haselnüsse bis Zitronensaft unterrühren. Zuletzt das Mehl mit der Pottasche einarbeiten.

3 Den etwas zähen Teig mithilfe der Teigkarte auf das Backblech streichen, die Ränder egalisieren. Im vorgeheizten Ofen backen.

4 Die noch warme Platte in Würfel schneiden.

Gewürzrauten

Gewürzrauten

- ▶ **100 g Rosinen**
- ▶ **50 g getrocknete Datteln, gehackt**
- ▶ **50 g Orangeat, fein gewürfelt**
- ▶ **100 g Zitronat, fein gewürfelt**
- ▶ **3 cl Rum**
- ▶ **200 g weiche Butter**
- ▶ **150 g Honig, 50 g Rübensirup**
- ▶ **3 Eier**
- ▶ **450 g Mehl**
- ▶ **1 Päckchen Backpulver**
- ▶ **40 g Kakaopulver**
- ▶ **1½ TL Zimt**
- ▶ **je ¼ TL Piment, Nelken und Ingwer, gemahlen**
- ▶ **150 g gehackte Mandeln**
- ▶ **150 g gehackte Walnüsse**

Zitronenglasur

- ▶ **200 g Puderzucker, 1 Eiweiß**
- ▶ **etwa 2 EL Zitronensaft**

- ▶ **Pistazien zum Bestreuen (nach Belieben)**

▌ Backblech, mit Backpapier belegt
▌ **Backen:** 20 Minuten bei 180 °C

1 Vorab die Trockenfrüchte einige Stunden in dem Rum marinieren.

2 Die Butter mit dem Honig und dem Sirup glatt rühren, die Eier, eines nach dem anderen, unterrühren. Alle anderen Zutaten und die marinierten Trockenfrüchte mit den Knethaken des Rührgerätes einarbeiten. Den Teig zu einer Kugel formen, in Folie wickeln und einige Stunden kalt stellen.

3 Den Teig auf der bemehlten Arbeitsfläche 1 cm dick ausrollen, auf das Backblech legen und mit der Gabel mehrmals einstechen. Die Teigplatte im vorgeheizten Ofen backen. Mit dem Papier vom Blech ziehen und auskühlen lassen.

4 Für die Glasur den Puderzucker mit dem Eiweiß und dem Zitronensaft zu einer dickflüssigen Masse rühren und die Teigplatte damit bestreichen. Rauten von etwa 4 cm Kantenlänge ausschneiden. Die Rauten nach Belieben mit gehackten Pistazien bestreuen, solange die Glasur noch feucht ist.

Lebkuchen – Pfefferkuchen

Das seit Jahrhunderten bekannte Gebäck zählt bis heute zu den beliebtesten Weihnachtsbäckereien. Die Rezepte stammen noch aus der Zeit, als Honig statt des kostbaren Zuckers zum Süßen verwendet und das feine, teure Weizenmehl durch Roggenmehl ersetzt wurde. Der durch die langen Transportwege teure Pfeffer gab den Pfefferkuchen ihren Namen für Gewürze wie Piment, Nelken, Zimt und Kardamom, selbst wenn Pfeffer nicht im Teig war. Lebkuchen dürfen nicht zu trocken gebacken werden. Anfangs sind sie oft hart, werden aber, gut verpackt, nach 3–4 Wochen Lagerung in einem kühlen Raum weich.

1 Die Eier und den Zucker mit dem Rührgerät schaumig rühren. Die lauwarme Butter, die Gewürze, den Sirup und die Walnüsse einrühren. Das Mehl mit dem Backpulver, abwechselnd mit der Milch, unterrühren, jedoch nur so viel Milch zugeben, dass der Teig schwer vom Löffel fällt. Auf das Backblech streichen und im vorgeheizten Ofen backen.

2 Die Platte nach dem Auskühlen mit Kuvertüre oder Kuchenglasur bestreichen, in kleine Schnitten schneiden und mit je 1 Walnusshälfte belegen.

Schnelle Lebkuchen

Schnelle Lebkuchen

Diese einfachen Lebkuchenschnitten sind die idealen ersten Lebkuchen schon zum Nikolaustag. Sie sind im Handumdrehen gemacht, und – im Unterschied zu den üblichen Honiglebkuchen – sofort weich. Frisch gebacken schmecken sie auch am besten.

- ▸ 2 Eier, 220 g Zucker
- ▸ 60 g Butter, zerlassen
- ▸ je 2 Messerspitzen gemahlene Nelken und Piment
- ▸ ¼ TL Zimt
- ▸ 3 EL Rübensirup
- ▸ 70 g Walnusskerne, gehackt
- ▸ 300 g Roggenmehl
- ▸ ½ Päckchen Backpulver
- ▸ etwa 150 ml Milch

- ▸ 200 g Kuvertüre oder 1 Becher Schokoladen-Kuchenglasur, geschmolzen
- ▸ halbierte Walnusskerne

Backblech, gefettet und bemehlt
Backen: 20 Minuten bei 190 °C

Elisenlebkuchen mit Marzipan

- ▸ 100 g Marzipanrohmasse
- ▸ 175 g Zucker
- ▸ 220 g Eiweiß (etwa 7 Eiweiß)
- ▸ je 150 g gemahlene Haselnüsse und Mandeln, trocken geröstet
- ▸ 1 TL Lebkuchengewürz
- ▸ abgeriebene Zitronenschale
- ▸ je 80 g Orangeat und Zitronat, gewiegt
- ▸ 30 g Mehl
- ▸ 1 TL Hirschhornsalz, in 2 EL Rum aufgelöst

- ▸ Backoblaten von 70 mm Ø
- ▸ 200 g Kuvertüre, geschmolzen, oder Punschglasur (Seite 38)

Backblech
Backen: 20 Minuten bei 160 °C

Lebkuchentaler

1 Die Marzipanrohmasse zerbröseln und mit dem Zucker zwischen den Händen verreiben. Nach und nach die Eiweiße zugeben und mit dem Rührlöffel glatt rühren. Alle übrigen Zutaten einarbeiten. Die Masse zugedeckt über Nacht anziehen lassen.

2 Die Oblaten auf dem Backblech verteilen. Aus der Masse mit zwei Teelöffeln Häufchen auf die Oblaten setzen, mit angefeuchteten Fingerspitzen nachformen und glätten. Im vorgeheizten Ofen hellbraun backen.

3 Überstehende Oblaten nach dem Auskühlen abbrechen. Die Lebkuchen mit Kuvertüre überziehen oder mit Punschglasur bestreichen. Vor dem Verpacken gut trocknen lassen.

Rum-Lebkuchen

Die würzigen Mandel-Nuss-Lebkuchen werden mit einer aromatischen Kakao-Rum-Glasur überzogen. Sie können frisch gebacken gegessen werden, schmecken aber auch nach 3 Wochen noch sehr fein.

▸ **5 Eier, 200 g Zucker**
▸ **250 g gemahlene Mandeln**
▸ **250 g gemahlene Haselnüsse**
▸ **je 125 g Zitronat und Orangeat, fein geschnitten oder gewiegt**
▸ **50 g Schokolade, gerieben**
▸ **1/2 TL Zimt**
▸ **1/4 TL gemahlene Nelken**

▸ **Backoblaten von 50–70 mm Ø**

Glasur
▸ **200 g Puderzucker**
▸ **3 EL Kakaopulver, gesiebt**
▸ **etwa 3 EL Rum**
▸ **20 g Plattenfett, zerlassen**

Backblech
Backen: 20 Minuten bei 160 °C

1 Die Eier und den Zucker mit dem Rührgerät schaumig rühren. Alle übrigen Zutaten dazugeben und gut vermischen.

2 Das Backblech mit Oblaten auslegen. Aus dem Teig mit zwei Teelöffeln Häufchen auf die Oblaten setzen, mit nassen Fingerspitzen nachformen und glätten.

3 Die Lebkuchen im vorgeheizten Ofen nach Sicht hellbraun backen; sie sollen innen noch etwas weich sein. Vom Blech nehmen und auskühlen lassen. Überstehende Oblaten abbrechen.

4 Für die Glasur den Puderzucker mit dem Kakao mischen, mit dem Rum und dem Plattenfett zu einer streichfähigen Masse verrühren. Mit einem Pinsel auf die Lebkuchen auftragen und auf Backpapier trocknen lassen.

Lebkuchentaler

▸ **225 g Mehl, 150 g Grieß**
▸ **2 TL Backpulver, 1/4 TL Zimt**
▸ **je 1 Messerspitze Nelken, Kardamom und Muskatblüte, gemahlen**
▸ **1 Prise Salz, 150 g Rübensirup**
▸ **75 g brauner Zucker, 125 g weiche Butter**

Glasur
▸ **100 g Puderzucker**
▸ **etwa 2 EL Wasser**

Backblech, mit Backpapier ausgelegt
Backen: 8–10 Minuten bei 200 °C

1 Das Mehl mit dem Grieß, Backpulver, den Gewürzen und Salz mischen. Den Sirup mit dem Zucker und der weichen Butter mit den Knethaken des Rührgerätes verrühren, die Mehlmischung löffelweise unterrühren. Den Teig 20 Minuten ruhen lassen.

2 Mit dem Teelöffel kleine Teigstückchen abstechen, Kugeln formen und mit der Hand flach drücken. Mit ausreichend Abstand auf das Backblech legen und im vorgeheizten Ofen hellbraun backen. Vom Blech nehmen und auskühlen lassen.

3 Für die Glasur den Puderzucker in einem Schälchen mit dem Wasser zu einer leicht flüssigen Masse verrühren. Die Lebkuchen bis zur Hälfte eintauchen und auf einem Kuchengitter abtropfen lassen.

Brot & Brötchen

Die vielen Zusatzstoffe in den heutigen gekauften Broten haben zu einer wahren Renaissance der Brotbäckerei geführt. Zu Hause geht es ohne, nur mit Mehl, Hefe, Wasser und Salz. Die Auswahl an Brotmehlen ist groß; mitgebacken werden gern auch Nüsse und Samen, Kräuter und Oliven, Zwiebeln und Speck. Und so entstehen vielerlei Geschmacksvarianten. Auch die Formen variieren: Für weiche Brotteige empfiehlt sich die Kastenform – es gibt dafür sogar Extragrößen. Feste Brotteige können »frei geschoben« und auf dem Blech gebacken werden.

Für eine saftige Krume und eine gute Kruste sorgt die Schwadenbildung, also verdichteter Wasserdampf im Backofen. Ein in den Ofen gestelltes feuerfestes Gefäß mit heißem Wasser ist dafür eine praktische Lösung. Wer eine besonders krosse Kruste bevorzugt, bestreicht das Brot kurz vor Ende der Backzeit mit Wasser. Und damit das Brot auch wirklich gar aus dem Ofen kommt, machen Sie die »Klopfprobe«. Dafür mit den Fingerknochen auf die Unterseite klopfen. Wenn es hohl klingt, ist das Brot fertig gebacken.

Aus vollem Korn – kräftig, gesund und gut

Sauerteig

Zur Lockerung von Brotteigen werden traditionell Sauerteig und Hefe verwendet. Bei Roggenbroten sorgt der Sauerteig für eine stabile Krumenbildung, Weizenmehlbrote gehen mit Hefe schön locker auf. Sauerteig gibt es im Beutel fertig abgepackt im Supermarkt, Reformhaus oder beim Bäcker zu kaufen. Wer ihn selber ansetzen möchte, geht folgendermaßen vor: 100 g Roggenmehl (Type 997) mit 100 ml warmem Wasser (40–45 °C) in einer Schüssel verrühren und zugedeckt 1–2 Tage an einem warmen Ort »gären« lassen. Weitere 100 g Roggenmehl und 100 ml Wasser gründlich einrühren und erneut zugedeckt 24 Stunden »gären« lassen. Beim dritten Mal 200 g Roggenmehl und 200 ml Wasser einrühren, zudecken und wieder 24 Stunden »gären« lassen. Der dann gebrauchsfertige Sauerteig sollte essigsauer riechen und auf der Oberfläche Schaum gebildet haben. Mit diesem Sauerteigansatz »lebt« man. Einfach etwa 100 g für das nächste Brot abnehmen und erneut wie oben ansetzen. Er hält sich im Kühlschrank bis zu 14 Tagen, lässt sich aber auch einfrieren.

Mehrkorn-Vollkornbrot

- ▸ **550 ml lauwarmes Wasser**
- ▸ **40 g Hefe, 1 TL Zucker**
- ▸ **750 g gemischtes Mehl (Weizen-vollkorn-, Dinkel- und Roggenmehl)**
- ▸ **50 g Vollkornhaferflocken**
- ▸ **150 g Samen und Kerne (Sesamsamen, Leinsamen, Sonnenblumenkerne, Kürbiskerne), 2 TL Salz**
- ▸ **1 Beutel Natursauerteig (150 g)**

Kastenform, gefettet
Backen: 50–60 Minuten bei 220 °C

1 In dem lauwarmen Wasser die Hefe und den Zucker auflösen und warten, bis sich Blasen bilden. Alle anderen Zutaten in eine große Schüssel füllen. Nach und nach das Hefe-Zucker-Wasser zugießen und mit den Knethaken des Rührgeräts zu einem festen Teig verarbeiten. Zugedeckt an einem warmen Ort gehen lassen, bis sich das Volumen des Teiges verdoppelt hat.

2 Die Luft aus dem Teig drücken, den Teig in die Backform füllen und nochmals zugedeckt gehen lassen.

3 Den Ofen vorheizen. Ein kleines, feuerfestes Gefäß mit etwas heißem Wasser in den Backofen stellen, das Brot backen. Aus der Form nehmen und die Oberfläche mit Wasser bepinseln. Auf einem Kuchengitter auskühlen lassen.

Bauernlaib

- ▸ **375 ml lauwarmes Wasser**
- ▸ **30 g Hefe, 1 EL Zucker**
- ▸ **100 g Weizenmehl Type 405**
- ▸ **350 g Weizenvollkornmehl**
- ▸ **175 g Roggenmehl**
- ▸ **2 TL Salz**
- ▸ **je 1 TL Kümmel und Koriander, gemahlen**

Backblech, leicht bemehlt
Anbacken: 15 Minuten bei 230 °C
Fertig backen: 20–25 Minuten bei 200 °C

1 Den Teig zubereiten, wie im Rezept Mehrkorn-Vollkornbrot (links) unter Schritt 1 beschrieben.

2 Den Teig mit den Händen zusammendrücken, einen Laib formen, auf das Backblech legen und zugedeckt erneut gehen lassen. Der Laib soll sich deutlich vergrößern.

3 Den Ofen vorheizen. Ein kleines, feuerfestes Gefäß mit etwas heißem Wasser in den Backofen stellen, das Brot anbacken und bei reduzierter Hitze fertig backen.

Vollkornbrot mit Buttermilch

- ▸ **250 g Weizenmehl Type 405**
- ▸ **je 125 g Weizen- und Roggenschrot**
- ▸ **20 g Hefe**
- ▸ **500 ml lauwarme Buttermilch**
- ▸ **200 g Samen und Kerne (Sesamsamen, Leinsamen, Sonnenblumenkerne, Kürbiskerne)**
- ▸ **1¹/₂ EL Rübensirup, 2 TL Salz**

Kastenform, gefettet
Backen: 2 Stunden bei 150 °C

1 Für den Hefeteig das Mehl in eine Rührschüssel füllen und in die Mitte eine Mulde drücken. Die zerbröckelte Hefe in der Mulde mit 3 EL von der Buttermilch und etwas Mehl vom Rand zu einem weichen Vorteig anrühren und im warmen Raum zugedeckt kurz gehen lassen. Die restlichen Zutaten einarbeiten und mit den Knethaken des Rührgerätes zu einem geschmeidigen, glatten Teig abschlagen. Zugedeckt gehen lassen, bis er das Doppelte seines Volumens erreicht hat.

2 Die Luft aus dem Teig drücken, den Teig in die Backform füllen und nochmals zugedeckt gehen lassen.

3 Den Ofen vorheizen. Ein kleines, feuerfestes Gefäß mit heißem Wasser in den Ofen stellen und das Brot backen; nach 1 Stunde die Form mit Alufolie abdecken.

Mehrkorn-Vollkornbrot ▸ und Bauernlaib

Bestes zum Frühstück –
damit es ein guter Tag wird

Brötchen

Semmeln

Sie können vor dem Backen Sesamsamen, Mohn, Sonnenblumen- oder Kürbiskerne auf die Brötchen streuen und andrücken oder auch in den Teig einarbeiten.

Hefeteig

- ▸ **400 g Weizenmehl Type 550**
- ▸ **1 Päckchen Trockenhefe**
- ▸ **250–300 ml lauwarmes Wasser**
- ▸ **1 TL Zucker**
- ▸ **2 TL Salz**

Backblech, leicht bemehlt
Backen: 20–25 Minuten bei 200 °C

1 In einer Schüssel das Mehl mit der Hefe vermischen, langsam das Wasser, Zucker und Salz dazugeben und mit den Knethaken des Rührgerätes zu einem mittelfesten Hefeteig kräftig abschlagen. Den Teig zugedeckt gehen lassen, bis sich sein Volumen deutlich vergrößert hat.

2 Den Ofen vorheizen. Den Teig zusammendrücken und durchkneten. Etwa 12 runde oder längliche Brötchen formen und auf das Backblech legen. Nochmals zugedeckt kurz gehen lassen. Die Brötchen mit Wasser bepinseln, nach Belieben mit einem scharfen Messer längs oder kreuzweise 1 cm tief einschneiden. Goldgelb backen.

Rosinenbrötchen

Aus dem Teig können Sie auch einen Zopf oder mehrere kleine Zöpfe flechten oder in der Kastenform ein Rosinenbrot backen.

Hefeteig

- ▸ **500 g Weizenmehl Type 405**
- ▸ **20 g Hefe**
- ▸ **3 EL Zucker**
- ▸ **etwa 250 ml lauwarme Milch**
- ▸ **1 Ei**
- ▸ **1 TL Salz**
- ▸ **60–80 g Butter, zerlassen**
- ▸ **100 g Rosinen**

- ▸ **1 Eigelb, mit etwas Milch verrührt, zum Bestreichen**

Backblech, gefettet
Backen: 20 Minuten bei 200 °C

1 Für den Teig das Mehl in die Rührschüssel füllen und in die Mitte eine Mulde drücken. Die Hefe hineinbröckeln, Zucker zufügen, mit einigen Esslöffeln von der Milch auflösen und mit etwas Mehl vom Rand zu einem weichen Vorteig anrühren. Mit Mehl bestauben und im warmen Raum etwa 15 Minuten gehen lassen.

2 Die restlichen Zutaten, ohne die Rosinen, zugeben und mit den Knethaken des Rührgerätes zu einem glatten Teig abschlagen. Zum Schluss die Rosinen einarbeiten. Zugedeckt gehen lassen, bis der Teig das Doppelte seines Volumens erreicht hat.

3 Den Teig zusammendrücken, auf der bemehlten Arbeitsfläche durchkneten, kleine Brötchen formen und auf das Backblech setzen. Erneut im warmen Raum zugedeckt gehen lassen.

4 Den Ofen vorheizen. Die Rosinenbrötchen mit dem Eigelb bestreichen und mit einem sehr scharfen Messer 1 cm tief einschneiden. Goldbraun backen.

Croissants

Außen kross, innen noch etwas weich, so sollen die Croissants gebacken sein.

Plunderteig

▸ **30 g Hefe**
▸ **etwa 300 ml lauwarme Milch**
▸ **500 g Weizenmehl Type 405**
▸ **40 g Zucker**
▸ **1¹/₂ TL Salz**

▸ **300 g Butter zum Einschlagen**
▸ **1 Eigelb zum Bestreichen**

❙ Backblech, gefettet
❙ **Backen:** 15 Minuten bei 230 °C

1 Für den Teig die Hefe zerbröckeln und in der Milch auflösen. Das Mehl in die Rührschüssel füllen und in die Mitte eine Mulde drücken. Den Zucker und das Salz hineingeben, die aufgelöste Hefe dazugießen und alles zu einem glatten Teig abschlagen, anschließend kneten. Zugedeckt 2–3 Stunden im Kühlschrank gehen lassen.

2 In der Zwischenzeit die Butter zwischen Folie zu einer rechteckigen, flachen Platte drücken und im Kühlschrank fest, aber nicht hart werden lassen.

3 Den Hefeteig aus dem Kühlschrank nehmen und zu einem Rechteck in der doppelten Größe des Butterziegels ausrollen, an den Enden dünner werden. Die Butter in die Mitte der Teigplatte legen, die Teigränder rundum mit Wasser bestreichen und den Butterziegel in den Teig einhüllen.

4 Touren schlagen: Den Teigblock zu einem länglichen Rechteck ausrollen. Das linke Drittel der Teigplatte über das mittlere Drittel klappen, dann das rechte Drittel ebenfalls darüberklappen, sodass drei Teigschichten übereinander liegen. Diese »einfache Tour« noch zweimal wiederholen, dazwischen jeweils 20 Minuten im Kühlschrank ruhen lassen.

5 Nach der letzten »Tour« den Teig zu einer etwa 2 mm dicken Platte ausrollen und in Streifen von 20 cm Breite schneiden. Aus den Streifen spitze, gleichschenkelige Dreiecke schneiden (siehe Seite 73). Die Basis 3 cm tief einschneiden, zur Spitze hin aufrollen und Hörnchen formen. Auf das Backblech setzen und nochmals gehen lassen.

6 Das Eigelb mit etwas Wasser verrühren, die Hörnchen damit bestreichen und goldgelb backen.

Brezeln

Hefeteig

▸ **600 g Weizenmehl Type 550**
▸ **40 g Hefe**
▸ **400 ml lauwarmes Wasser**
▸ **1 TL Salz**

▸ **3 l Wasser**
▸ **1¹/₂ TL Natron**
▸ **grobes Salz zum Bestreuen**

❙ Backblech, mit Backpapier ausgelegt
❙ **Backen:** 25 Minuten bei 200 °C

1 Den Hefeteig zubereiten, wie bei Croissants in Schritt 1 beschrieben.

2 Auf der bemehlten Arbeitsfläche aus dem Teig eine Rolle formen und in 16 Stücke teilen. Jedes Stück zu einer dünnen Rolle drehen, zu den Enden hin dünner werdend, und zu Brezeln formen. (Teig und geformte Brezeln brauchen nicht zu gehen.)

3 Den Ofen vorheizen. In einem hohen Topf das Wasser mit dem Natron gerade zum Kochen bringen, die Hitze reduzieren. Jeweils 2–3 Brezeln in die Natronlauge legen und nach etwa 1 Minute, sobald sie an der Oberfläche schwimmen, mit dem Schaumlöffel herausnehmen, abtropfen lassen und auf das Backblech legen. Mit grobem Salz bestreuen und hellbraun backen.

Aus den Rollen Brezeln schlingen, dabei nach dem Foto vorgehen.

Das Osterfrühstück –
festlich und dekorativ

Osterfladen
Osterbrot

Das Traditionsgebäck zu Ostern ist – neben den Osterlämmchen, die in einer speziellen Form gebacken werden – der Osterfladen. Aus einem einfachen Hefeteig hergestellt, in Scheiben geschnitten und mit Butter bestrichen, gehört er zum Osterfrühstück. In katholischen Gegenden wird er zusammen mit anderen Speisen in der Kirche gesegnet.

Hefeteig

- ▸ **500 g Weizenmehl Type 405**
- ▸ **20 g Hefe**
- ▸ **3 EL Zucker**
- ▸ **etwa 250 ml lauwarme Milch**
- ▸ **1 Ei**
- ▸ **1 TL Salz**
- ▸ **60–80 g Butter, zerlassen**
- ▸ **100 g Rosinen**
- ▸ **abgeriebene Zitronenschale**
- ▸ **je 1 EL Mandelstifte und klein gewürfeltes Zitronat/Orangeat (nach Belieben)**

- ▸ **1 Eigelb, mit etwas Milch verrührt, zum Bestreichen**

Backblech, gefettet
Backen: 25–35 Minuten bei 200 °C

1 Für den Teig das Mehl in die Rührschüssel füllen und in die Mitte eine Mulde drücken. Die Hefe hineinbröckeln, mit einigen Esslöffeln von der Milch auflösen und mit etwas Mehl vom Rand zu einem weichen Vorteig anrühren. Mit Mehl bestauben und im warmen Raum etwa 15 Minuten gehen lassen.

2 Die restlichen Zutaten, ohne die Rosinen, zugeben und mit den Knethaken des Rührgerätes zu einem glatten Teig abschlagen. Zum Schluss die Rosinen einarbeiten. Zugedeckt gehen lassen, bis der Teig das Doppelte seines Volumens erreicht hat.

Das eingeschnittene Osterkreuz ist deutlich zu erkennen.

Den Teig für den Osterfladen flechten, zu einem Kranz schließen und backen. Als Nest für die gefärbten Eier auf den Frühstückstisch stellen.

3 Den Teig zusammendrücken, auf der bemehlten Arbeitsfläche durchkneten und zu 2 runden Fladen formen. Auf das Backblech setzen, mit einem Tuch bedecken und 10 Minuten gehen lassen.

4 Die Fladen mit dem Eigelb bestreichen, mit einem sehr scharfen Messer 1 cm tief kreuzweise einschneiden (als österliches Symbol) und weitere 10–20 Minuten gehen lassen.

5 Den Ofen vorheizen. Die Fladen goldbraun backen.

Das Lämmchen ist eine besonders festliche Dekoration und, in Klarsichtfolie verpackt, ein hübsches Mitbringsel.

Osterlämmchen

Osterlämmchen werden meist aus einem feinen Rührteig oder luftigen Biskuit gebacken. Sie können jedoch auch eine Portion Teig vom Osterfladen in die Lämmchenform füllen; der Hefeteig soll dafür allerdings nicht zu fest sein. Füllen Sie die Form nicht ganz voll, damit der Teig beim Backen aufgehen kann.

Rührteig für 1 Lämmchen

- ▸ **100 g weiche Butter**
- ▸ **80 g Zucker, 1 EL Vanillezucker**
- ▸ **abgeriebene Zitronenschale**
- ▸ **1 Ei + 1 Eigelb**
- ▸ **125 g Mehl**
- ▸ **50 g Speisestärke**
- ▸ **1 TL Backpulver**
- ▸ **etwas Milch nach Bedarf**

- ▸ **Puderzucker zum Besieben**

Lämmchenform, gefettet und bemehlt
Backen: 25–30 Minuten bei 180 °C

1 Den Ofen vorheizen. Die Butter geschmeidig rühren. Nach und nach den Zucker, Vanillezucker, Zitronenschale, Ei und Eigelb zugeben und zu einer guten Schaummasse rühren. Das Mehl mit der Speisestärke und dem Backpulver darübersieben und unterziehen. Falls der Teig zu fest ist, etwas Milch einrühren; er soll schwer reißend vom Löffel fallen.

2 Die vorbereitete Lämmchenform verschließen und den Teig durch die Öffnung einfüllen. Goldgelb backen.

3 Das Lämmchen abdämpfen lassen und aus der Form nehmen. Nach dem Auskühlen mit Puderzucker besieben.

Brote aus anderen Mehlen – auch mit Kürbis, Samen und Kernen

Buchweizenbrot

Es gibt spezielle Körbchen, mit deren Hilfe ein Laib Brot seine ausgeglichene, runde Form und ein hübsches Muster bekommt. Mit dem »Schüsseltrick« können Sie sich jedoch wunderbar behelfen: Sie stürzen den Teig aus einer Schüssel heraus auf das Backblech.

- ▸ **25 g Hefe**
- ▸ **300 ml lauwarmes Wasser**
- ▸ **1 EL Rübensirup**
- ▸ **100 g Buchweizenmehl**
- ▸ **400 g Weizenmehl Type 550**
- ▸ **2 TL Salz**

| Backblech, leicht bemehlt
| **Anbacken:** 15 Minuten bei 230 °C
| **Fertig backen:** 20–25 Minuten bei 200 °C

1 Die Hefe in dem lauwarmen Wasser auflösen, den Sirup einrühren und warten, bis sich Blasen bilden. Die beiden Mehlsorten mit dem Salz in eine große Schüssel füllen. Nach und nach das Hefe-Sirup-Wasser zugießen und mit den Knethaken des Rührgerätes zu einem festen Teig verarbeiten. Zugedeckt bei Raumtemperatur gehen lassen, bis sich sein Volumen etwa verdoppelt hat.

Das Gärkörbchen gibt es zum Formen von runden und ovalen Brotlaiben.

2 Den Teig auf der bemehlten Arbeitsfläche kräftig kneten, zu einer Kugel formen, in das spezielle Körbchen oder in eine leicht gefettete und bemehlte Schüssel legen und erneut zugedeckt gehen lassen.

3 Den Ofen vorheizen. Den Teig vorsichtig aus dem Körbchen oder der Schüssel auf das Backblech stürzen. Ein feuerfestes Gefäß mit etwas heißem Wasser in den Ofen stellen, das Brot anbacken und bei reduzierter Hitze fertig backen.

Dinkelbrot

Dinkel zählt zu den ältesten Kulturformen des Weizens. Sein nussiger Geschmack ist besonders beim Brotbacken gefragt. Das kleberreiche Dinkelmehl kann wie Weizenmehl zum Backen verwendet werden.

- ▸ **500 g Dinkelmehl**
- ▸ **20 g Hefe**
- ▸ **¹/₂ TL Zucker**
- ▸ **500 ml lauwarmes Wasser**
- ▸ **1 TL Salz**
- ▸ **1 EL Obstessig**
- ▸ **100 g Kerne und Samen (Sonnenblumenkerne, Kürbiskerne, Sesamsamen, Leinsamen)**

| Kastenform, gefettet
| **Backen:** 75 Minuten bei 160 °C

1 Für den Hefeteig das Mehl in eine Schüssel füllen und in die Mitte eine Mulde drücken. Die zerbröckelte Hefe in der Mulde mit dem Zucker sowie 3 EL von dem lauwarmen Wasser und etwas Mehl vom Rand zu einem weichen Vorteig anrühren und im warmen Raum zugedeckt kurz gehen lassen. Die restlichen Zutaten einarbeiten und mit den Knethaken des Rührgerätes zu einem geschmeidigen, glatten Teig abschlagen. Zugedeckt bei Raumtemperatur gehen lassen, bis er das Doppelte seines Volumens erreicht hat.

2 Die Luft aus dem Teig drücken, den Teig in die Backform füllen und nochmals zugedeckt gehen lassen.

3 Den Ofen vorheizen. Das Brot backen, im ausgeschalteten Ofen noch weitere 15 Minuten ruhen lassen und anschließend aus der Form nehmen.

Kürbiszopf

Warum nicht einmal einen Kürbiszopf zum Frühstück reichen statt des üblichen Hefezopfes? Die reiche Kürbisernte im Herbst gibt Gelegenheit dazu. Sie können für diesen Zopf jeden beliebigen Kürbis verwenden.

Hefeteig

- ▸ **500 g Weizenmehl Type 1050**
- ▸ **300 g Kürbisfleisch**
- ▸ **10 g Ingwer, geschält, klein gewürfelt**
- ▸ **40 g Hefe**
- ▸ **1 EL Honig**
- ▸ **2 TL Salz**
- ▸ **20 g Butter, zerlassen**
- ▸ **etwa 140 ml lauwarmes Wasser**

- ▸ **1 Eigelb, mit 1 EL Wasser verrührt, zum Bestreichen**
- ▸ **2 EL geschälte Kürbiskerne**

| Backblech, leicht bemehlt
| **Backen:** 40 Minuten bei 180 °C

1 Das Mehl in eine Schüssel füllen und in die Mitte eine Mulde drücken.

2 Das Kürbisfleisch klein würfeln, in einem Topf mit Dämpfeinsatz in etwa 10 Minuten weich dämpfen. Das Kürbisfleisch zusammen mit dem Ingwer fein pürieren und lauwarm abkühlen lassen. 4 EL davon mit der Hefe und dem Honig in einem Gefäß glatt rühren, in die Mehlmulde geben und mit etwas Mehl vom Rand verrühren. Mit Mehl bestauben und zugedeckt bei Raumtemperatur gehen lassen.

3 Das restliche Kürbispüree, Salz, Butter und das Wasser zugeben und zu einem glatten Teig rühren. Zugedeckt erneut gehen lassen.

4 Den Teig auf der bemehlten Arbeitsfläche gut durchkneten und in 3 gleich große Portionen teilen. Diese zu Strängen von 40 cm Länge formen und nebeneinander legen. Von der Mitte aus bis zum einen Ende einen Zopf flechten, drehen und bis zum anderen Ende flechten (siehe Seite 62). Den Zopf auf das Blech legen und zugedeckt gehen lassen.

5 Den Ofen vorheizen. Den Kürbiszopf mit dem verquirlten Eigelb bestreichen und mit den Kürbiskernen bestreuen. Goldbraun backen.

Sie können den Hefeteig vom Kürbiszopf auch als Brotlaib und – wie bei den meisten Brotrezepten – als Brötchen oder Stangen formen.

Würzige Fladen und Brötchen –
mit Kräutern, Speck und Zwiebeln

Kräuter-Speck-Fladen

Für einen reinen Kräuterfladen lassen Sie den Speck weg und geben stattdessen 2 Esslöffel Olivenöl an den Teig. Anstelle der getrockneten können Sie auch frische Kräuter der Saison verwenden.

Hefeteig
- **500 g Weizenmehl Type 550**
- **40 g Hefe**
- **1 TL Zucker**
- **350–400 ml lauwarmes Wasser**
- **1 EL Salz**
- **100 g Speckwürfelchen**
- **2 EL Öl**
- **2 EL getrocknete Kräuter der Provence**

- **4 EL Olivenöl zum Beträufeln**

| Backblech, leicht bemehlt
| **Backen:** 20–25 Minuten bei 200 °C

1 Für den Teig das Mehl in eine Schüssel füllen und in die Mitte eine Mulde drücken. Die Hefe hineinbröckeln und mit dem Zucker, 3 EL von dem lauwarmen Wasser sowie etwas Mehl vom Rand zu einem weichen Vorteig anrühren. Zugedeckt im warmen Raum gehen lassen, bis die Oberfläche Risse zeigt. Die restlichen Zutaten einarbeiten und mit den Knethaken des Rührgerätes zu einem geschmeidigen, glatten Teig abschlagen. Zugedeckt gehen lassen, bis er das Doppelte seines Volumens erreicht hat.

2 Die Luft aus dem Teig drücken und den Teig in 6 Stücke teilen. Jedes Stück mit stark bemehlten Händen mit dem Handballen zu einem etwa 2 cm dicken, runden Fladen formen und auf das Backblech legen. Zugedeckt noch einmal gehen lassen.

3 Den Ofen vorheizen. Ein kleines, feuerfestes Gefäß mit heißem Wasser in den Backofen stellen, die Fladen mit dem Olivenöl beträufeln und hellbraun backen.

Speck-Zwiebel-Brötchen

Diese würzigen Brötchen sind unsere Favoriten bei jedem Imbiss, Vorspeisenbüfett und Brunch. Wärmen Sie die Brötchen vor dem Servieren kurz auf.

Hefeteig
- **75 g Speckwürfel, 1 EL Öl**
- **300 g Weizenmehl Type 550**
- **100 g Roggenmehl**
- **30 g Hefe**
- **1 TL Zucker**
- **etwa 300 ml lauwarmes Wasser**
- **2 TL Salz**
- **4–5 EL Röstzwiebeln (Fertigprodukt)**

- **Milch zum Bestreichen**

| Backblech, leicht bemehlt
| **Backen:** 25 Minuten bei 200 °C

1 Die Speckwürfel, falls nötig, sehr klein schneiden. Im heißen Öl kurz ausbraten, abkühlen lassen.

2 Für den Teig das Mehl in eine Schüssel füllen und in die Mitte eine Mulde drücken. Die Hefe hineinbröckeln und mit dem Zucker, 3 EL von dem lauwarmen Wasser sowie etwas Mehl vom Rand zu einem weichen Vorteig anrühren. Zugedeckt im warmen Raum gehen lassen, bis die Oberfläche Risse zeigt. Das Salz, die Zwiebeln, die ausgelassenen Speckwürfel mit dem Öl sowie das restliche Wasser einarbeiten und mit den Knethaken des Rührgerätes zu

einem geschmeidigen Teig abschlagen. Zugedeckt gehen lassen, bis er das Doppelte seines Volumens erreicht hat.

3 Die Luft aus dem Teig drücken. Mit einem Esslöffel kleine Portionen abstechen und mit stark bemehlten Händen runde oder längliche Brötchen formen. Auf das Backblech legen, mit Milch bestreichen und noch einmal gehen lassen. Nach Belieben können Sie die Brötchen nach 10 Minuten Gehzeit kreuzweise einschneiden.

4 Den Ofen vorheizen. Ein kleines, feuerfestes Gefäß mit heißem Wasser in den Backofen stellen und die Brötchen hellbraun backen.

Knäckebrot

Knäckebrot zu backen ist ganz einfach, und das Ergebnis schmeckt köstlich.

- **125 g Weizenschrot**
- **125 g grobe Haferflocken**
- **knapp 400 ml Wasser**
- **60 g Samen (Mohn-, Sesam- oder Leinsamen)**
- **6 EL Öl, 1 TL Salz**

| Backblech, mit Backpapier ausgelegt
| **Backen:** 60 Minuten bei 130 °C

1 Den Weizenschrot und die Haferflocken in dem Wasser 1 Stunde einweichen.

2 Den Ofen vorheizen. Die restlichen Zutaten in den Getreidebrei einarbeiten, die Masse auf das Backblech streichen und backen. Mit dem Papier auf die Arbeitsfläche gleiten lassen und noch warm in »Schnitten« schneiden.

Vinschgerl

- **500 g dunkles Roggenmehl Type 1150**
- **200 g Weizenmehl Type 550**
- **1 TL Salz**
- **je 1 TL Kümmel, Koriander- und Fenchelsamen, im Mörser grob zerstoßen**
- **¹/₂ Päckchen Trockenhefe**
- **¹/₂ Päckchen Sauerteig (75 g)**
- **etwa 400 ml lauwarmes Wasser**

| Backblech, leicht bemehlt
| **Backen:** 25 Minuten bei 220 °C

1 Das gesamte Mehl in einer Rührschüssel mit dem Salz, den Gewürzen und der Trockenhefe vermischen. In die Mitte eine Mulde drücken und darin den Sauerteig mit etwas lauwarmem Wasser verrühren. Nach und nach das restliche Wasser zufügen und mit den Knethaken des Rührgerätes zu einem weichen Teig abschlagen, anschließend kräftig kneten. Zugedeckt an einem warmen Ort gehen lassen, bis der Teig das Doppelte seines Volumens erreicht hat.

2 Auf der bemehlten Arbeitsfläche die Luft aus dem Teig drücken. Mit einem Löffel faustgroße Teigstücke abnehmen und mit den Händen rund formen. In Roggenmehl wälzen, flach drücken und zu runden Fladen von 15 cm Durchmesser formen. Auf das Blech legen, mit einem Tuch bedecken und gehen lassen.

3 Den Ofen vorheizen. Ein kleines Gefäß mit heißem Wasser in den Ofen stellen und die Vinschgerl backen; dabei in den letzten 5 Minuten die Ofentür einen Spalt offen halten, das fördert die Krustenbildung.

Diese würzigen Brotfladen aus dem Südtiroler Vinschgau genießt man einfach mit frischer Butter. Mit Wurst, Schinken, Käse, Gurkenscheiben und Salatblättern gefüllt, sind sie unterwegs eine willkommene Stärkung.

Spezialbrote – mit aromatischem Innenleben

Walnussbrot

Trocken geröstete, leicht karamellisierte Walnüsse (möglichst frisch geknackt) machen das Besondere dieses Brotes aus. Es ist der Renner, wenn mehrere Brote zur Auswahl stehen. Wie immer lohnt es sich, die doppelte Menge zu backen und einzufrieren, zum Beispiel für einen Brunch.

Hefeteig

- ▶ **150 g Walnusshälften**
- ▶ **1 EL Puderzucker**
- ▶ **150 g Weizenmehl Type 550**
- ▶ **100 g Roggenmehl**
- ▶ **50 g Weizenschrot**
- ▶ **20 g Hefe**
- ▶ **1 TL Zucker**
- ▶ **etwa 200 ml lauwarme Milch**
- ▶ **1¹⁄₂ TL Salz**

- ▶ **Mehl zum Bestauben**
- ▶ **Milch zum Bestreichen**

❙ Backblech, leicht bemehlt
❙ **Backen:** 30 Minuten bei 200 °C

1 Die Walnüsse grob hacken. In einer Pfanne ohne Fett trocken rösten, mit dem Puderzucker bestauben und leicht karamellisieren. Auf einem Teller abkühlen lassen.

2 Für den Hefeteig das gesamte Mehl in einer Schüssel vermischen und in die Mitte eine Mulde drücken. Die Hefe hineinbröckeln und mit dem Zucker, 3 EL von der lauwarmen Milch sowie etwas Mehl vom Rand zu einem weichen Vorteig anrühren. Zugedeckt im warmen Raum kurz gehen lassen. Die restliche Milch, das Salz und die Walnüsse einarbeiten und mit den Knethaken des Rührgerätes zu einem geschmeidigen Teig abschlagen. Zugedeckt gehen lassen, bis er das Doppelte seines Volumens erreicht hat.

3 Die Luft aus dem Teig drücken. Mit bemehlten Händen auf der Arbeitsfläche 2 längliche Laibe formen und auf das Backblech legen. Die Brote mit Mehl bestauben oder mit Milch bestreichen. Zugedeckt erneut gehen lassen, bis sie ihr Volumen fast verdoppelt haben.

4 Den Ofen vorheizen. Ein kleines, feuerfestes Gefäß mit heißem Wasser in den Backofen stellen und die Brote hellbraun backen.

Olivenbrot

Verwenden Sie nur beste schwarze Oliven, sie sind weicher und milder im Geschmack als die grünen.

- ▶ **300 g Weizenmehl Type 550**
- ▶ **20 g Hefe**
- ▶ **1 TL Zucker**
- ▶ **etwa 200 ml lauwarmes Wasser**
- ▶ **1¹⁄₂ TL Salz**
- ▶ **2 EL Olivenöl**
- ▶ **100 g schwarze Oliven mit Stein, vom Stein befreit, in Scheiben geschnitten**
- ▶ **klein gehackte Rosmarinnadeln**

- ▶ **4 EL Olivenöl zum Beträufeln**

❙ Backblech, leicht bemehlt
❙ **Backen:** 30 Minuten bei 200 °C

1 Für den Teig das Mehl in eine Schüssel füllen und in die Mitte eine Mulde drücken. Die Hefe hineinbröckeln und mit dem Zucker, 3 EL von dem lauwarmen Wasser sowie etwas Mehl vom Rand zu einem weichen Vorteig anrühren. Zugedeckt im warmen Raum kurz gehen lassen. Die restlichen Zutaten einarbeiten und mit den Knethaken des Rührgerätes zu einem geschmeidigen, glatten Teig abschlagen. Zugedeckt gehen lassen, bis er das Doppelte seines Volumens erreicht hat.

2 Die Luft aus dem Teig drücken. Mit bemehlten Händen auf der Arbeitsfläche kleine, längliche Laibe formen und auf das Backblech legen. Zugedeckt noch einmal gehen lassen.

3 Den Ofen vorheizen. Ein kleines, feuerfestes Gefäß mit heißem Wasser in den Backofen stellen, die Brote mit dem Olivenöl beträufeln und knusprig hellbraun backen.

Bärlauch- oder Kräuterbrot

Hefeteig

- ▶ **350 g Weizenmehl Type 1050**
- ▶ **¹⁄₂ TL Zucker**
- ▶ **1 TL Salz**
- ▶ **20 g Hefe**
- ▶ **125 ml lauwarmes Wasser**
- ▶ **125 ml Kefir, raumtemperiert**

Füllung

- ▶ **1 Bund Bärlauch, fein gehackt**
- ▶ **100 g Frühlingszwiebeln, fein gehackt**

- ▶ **1 Eigelb, mit wenig Wasser verrührt, zum Bestreichen**

❙ Kastenform von 30 cm Länge, gefettet
❙ **Backen:** 40 Minuten bei 180 °C

1 Für den Hefeteig das Mehl in eine Schüssel füllen, mit dem Zucker und Salz vermischen und in die Mitte eine Mulde drücken. Die Hefe in dem lauwarmen Wasser auflösen. Das Hefewasser und den Kefir nach und nach in die Mehlmulde rühren und mit den Knethaken des Rührgerätes zu einem glatten Teig abschlagen, anschließend kneten. Zugedeckt etwa 30 Minuten gehen lassen, bis sich das Volumen verdoppelt hat.

2 Den Teig zusammendrücken, auf der bemehlten Arbeitsfläche durchkneten und zu einem Rechteck von 30 × 40 cm ausrollen. Den Bärlauch und die Frühlingszwiebeln gleichmäßig darauf verteilen. Die Teigplatte von der schmalen Seite aus eng aufrollen (damit keine Zwischenräume entstehen) und in die Backform legen. Zugedeckt etwa 30 Minuten gehen lassen.

3 Den Ofen vorheizen. Die Rolle mit dem verrührten Eigelb bestreichen und goldgelb backen. Aus der Form nehmen und auf einem Kuchengitter auskühlen lassen.

Frischen Bärlauch gibt es nur in den Frühlingsmonaten. Sie können genauso gut auch andere Kräuter für das Brot verwenden, etwa Sauerampfer, Petersilie oder Schnittlauch. Auch mit einer Kräutermischung, zum Beispiel Thymian und Petersilie oder Rosmarin und Oregano, jeweils frisch gehackt und mit ein paar Esslöffeln Olivenöl vermischt, erzielen Sie ein wunderbares Ergebnis.

Sortimentserweiterung – Brote aus dem Süden schmecken nach Urlaub

Ciabatta – italienisches weißes Landbrot

Ciabatta, auf Deutsch »Pantoffel, Latschen«, begleitet Vorspeisen und ist die Basis für Bruschette – frisch geröstete weiße Landbrotscheiben, einfach nur mit Knoblauch eingerieben, mit frischem Olivenöl getränkt und gesalzen. Die Brotscheiben können auch mit würzigen Pasten oder Pürees aller Art bestrichen und als Vorspeise gereicht werden.

▸ **500 g Weizenmehl Type 550**
▸ **30 g Hefe**
▸ **250 ml lauwarmes Wasser**
▸ **1 EL Salz**
▸ **2 EL Olivenöl**

Backblech, leicht bemehlt
Backen: 25–30 Minuten
bei 220 °C

1 Aus den angegebenen Zutaten einen Hefeteig bereiten, wie bei Toskanisches Weißbrot (rechts) in Schritt 1 beschrieben.

2 Den Teig zusammendrücken und zu 2 oder 3 länglichen Laiben formen. Auf das Backblech legen, mit einem Tuch bedecken und in einem warmen Raum 30 Minuten gehen lassen.

3 Den Ofen vorheizen. Ein kleines Gefäß mit heißem Wasser in den Ofen stellen und die Brote backen.

Der Ciabattateig wird gern zu größeren, flachen Brötchen verbacken.

Toskanisches Weißbrot

Klassisch wird dieses neutrale Brot ohne Salz gebacken. Es ist unter anderem die Grundlage für die beliebten Crostini – im Ofen frisch geröstete Weißbrotscheiben, die mit Tomatenwürfeln und Kräutern belegt und vor dem Essen serviert werden.

- ▸ **500 g Weizenmehl Type 550**
- ▸ **40 g Hefe**
- ▸ **250 ml lauwarmes Wasser**
- ▸ **1 TL Salz (je nach Geschmack)**

Backblech, leicht bemehlt
Backen: 40 Minuten bei 200 °C

1 Für den Hefeteig das Mehl in eine Schüssel füllen und in die Mitte eine Mulde drücken. Die zerbröckelte Hefe in der Mulde mit 3 EL von dem lauwarmen Wasser und etwas Mehl vom Rand zu einem weichen Vorteig anrühren und im warmen Raum zugedeckt kurz gehen lassen. Die restlichen Zutaten einarbeiten und mit den Knethaken des Rührgerätes zu einem geschmeidigen, glatten Teig abschlagen. Zugedeckt gehen lassen, bis er das Doppelte seines Volumens erreicht hat.

2 Den Teig zusammendrücken, in 2 oder 3 Portionen teilen und zu runden oder länglichen Laiben formen. Auf das Backblech legen, mit einem Tuch bedecken und in einem warmen Raum 30 Minuten gehen lassen.

3 Den Ofen vorheizen. Ein kleines Gefäß mit heißem Wasser in den Ofen stellen und die Brote backen.

Pita
Fladenbrot

Diese Brotspezialität aus dem Balkan und dem Vorderen Orient wird mit Sesamsamen oder Kümmel fein aromatisch abgeschmeckt. Das Fladenbrot mit seinem unverwechselbaren mediterranen Charakter genießt man zum Abendbrot, zu pikantem Salat, zur Grillparty oder einfach mit einem Glas Wein oder Bier. Frisch verzehren oder kurz aufbacken.

- ▸ **500 g Weizenmehl Type 550**
- ▸ **1 TL Salz, 1 TL Zucker**
- ▸ **1 Päckchen Trockenhefe**
- ▸ **350–400 ml lauwarme Flüssigkeit (halb Milch, halb Wasser)**
- ▸ **Sesamsamen oder Kümmel zum Bestreuen**

Backblech, leicht bemehlt
Backen: 12 Minuten bei 220 °C

1 Das Mehl in der Rührschüssel mit dem Salz, Zucker und der Trockenhefe vermischen. In die Mitte eine Mulde drücken und nach und nach die lauwarme Flüssigkeit einrühren. Mit den Knethaken des Rührgerätes zu einem weichen Teig abschlagen und anschließend kräftig kneten. Zugedeckt an einem warmen Ort gehen lassen.

2 Auf der bemehlten Arbeitsfläche die Luft aus dem Teig drücken. Den Teig in 4 Portionen teilen. Die Teigstücke zu kleinen, runden Laiben formen und flach drücken. Zugedeckt gehen lassen.

3 Den Ofen vorheizen. Die Teiglinge mit gespreizten Fingern untergreifen und so von der Mitte nach außen ziehen, dass ein wulstiger Rand entsteht. Auf das Backblech legen. Nach Belieben können Sie die Fladen mit dem Messer wie Tortenstücke einritzen oder mit der Gabel mehrmals einstechen. Mit Sesamsamen oder Kümmel bestreuen. Ein kleines Gefäß mit heißem Wasser in den Ofen stellen, die Fladen in den Ofen schieben und backen.

Focaccia

- ▸ **450 g Weizenmehl Type 550, mit 50 g Weizengrieß vermischt**
- ▸ **20 g frische Hefe**
- ▸ **1 Prise Zucker**
- ▸ **etwa 350 ml Wasser**
- ▸ **1 TL Salz**
- ▸ **2–3 EL Olivenöl**

- ▸ **grobes Salz zum Bestreuen**
- ▸ **Olivenöl zum Beträufeln**

Backblech, bemehlt
Backen: 15 Minuten bei 200 °C

1 Die Mehlmischung in eine Schüssel füllen. In die Mitte eine Mulde drücken, die Hefe hineinbröckeln und mit dem Zucker, einigen Esslöffeln von dem Wasser und etwas Mehl vom Rand zu einem Vorteig anrühren. Mit Mehl bestauben und zugedeckt an einem warmen Ort gehen lassen.

2 Salz, Öl und das restliche Wasser mit den Knethaken des Rührgerätes einarbeiten und anschließend auf der Arbeitsfläche zu einem glatten Teig kneten. Zugedeckt auf das Doppelte seines Volumens aufgehen lassen.

3 Die Luft aus dem Teig drücken. 8 kleine Laibchen formen, auf der bemehlten Arbeitsfläche kräftig kneten und erneut zugedeckt gehen lassen.

4 Die Laibchen mit der Hand flach drücken, zu runden Fladen formen, auf das Backblech legen und noch einmal kurz gehen lassen. Den Ofen vorheizen.

5 Mit den Fingern Vertiefungen in die Fladen drücken, mit Salz bestreuen und mit Olivenöl beträufeln. Goldgelb backen.

Pikante Kuchen

und Gebäcke

Herzhafte Zwiebelkuchen, frisch aus dem Ofen, sind im Herbst traditionell die Begleiter zum jungen Wein. Von den Italienern haben wir die Pizza kennen und lieben gelernt, und heute gehören auch Quiches und pikante Kuchen ganz selbstverständlich zum Repertoire der deutschen Küche. Wir genießen sie als kleinen Imbiss, als Vorspeise oder reichen sie bei Einladungen in kleinen Stücken als Fingerfood. Frisch gebacken oder aufgewärmt schmecken sie einfach gut.

Während die Pizza immer aus einem Hefeteig besteht, sehen die Rezepte für pikante Kuchen unterschiedliche Teige vor – neben dem Hefeteig auch Quarkölteig, Mürbeteig, Quarkmürbeteig sowie Blätterteig. Die Teige sind schnell gemacht und grundsätzlich austauschbar.

Für den links abgebildeten Zwiebel-Speck-Kuchen (Rezept Seite 224) können Sie Teig und Belag schon im Voraus zubereiten und kalt stellen. Der Kuchen ist dann schnell gebacken und kann warm serviert werden.

Würzige Kuchen 1 – mit Schinken, Speck und Gemüse

Pikante Kuchen, ursprünglich zu Hause in Gegenden, in denen Wein angebaut wird, sind heute überall beliebt. Die Teige dafür sind so unterschiedlich wie die Füllungen. In Frankreich ist es meist ein salziger Mürbeteig. In Deutschland, Österreich und der Schweiz wird auch ein Hefeteig verwendet, der nicht nur in der runden Form, sondern – wie der Zwiebelkuchen – mit einem dünnen Belag auf dem Blech gebacken wird. Alle diese Kuchen, frisch gebacken und noch lauwarm, sind ideale Begleiter zum Wein.

Die Teige sowie die Füllungen der Rezepte sind austauschbar. Quiches lassen sich leichter servieren, wenn sie in einer Form mit herausnehmbarem Boden gebacken werden. Alle salzigen Kuchen können Sie vorbereiten und vor dem Verzehr in der Mikrowelle oder im Ofen aufwärmen. Sie lassen sich auch gut einfrieren.

Schinkenkuchen

▸ 1 Rezept Mürbeteig wie für Quiche Lorraine (rechts)

Füllung

▸ 350 g gekochter Schinken, gewürfelt
▸ 125 g Emmentaler, frisch gerieben
▸ 1 kleine Zwiebel, gewürfelt
▸ 2 EL Semmelbrösel
▸ 2 Eier, 200 g saure Sahne
▸ Salz, Pfeffer

▸ Semmelbrösel zum Bestreuen
▸ 1 Eigelb, mit 1 EL Sahne verrührt, zum Bestreichen

Springform von 26 cm Ø, leicht gefettet
Backen: 35–40 Minuten bei 200 °C

1 Einen Mürbeteig zubereiten, wie bei Quiche Lorraine (rechts) in Schritt 1 beschrieben.

2 Für die Füllung den Schinken mit dem Käse, den Zwiebelwürfeln und den Semmelbröseln vermischen. Die Eier und die saure Sahne in einer Schüssel mit dem Schneebesen verrühren, die Schinkenmischung unterrühren und mit Salz und Pfeffer abschmecken.

3 Den Ofen vorheizen. Zwei Drittel des Teiges etwas größer als die Backform ausrollen und die Form damit auslegen, dabei einen Rand hochziehen. Den Boden mit der Gabel mehrmals einstechen und mit Semmelbröseln ausstreuen. Die Schinkenmasse einfüllen. Den restlichen Teig dünn ausrollen, als Decke auf die Füllung legen und den Rand andrücken. Mit der Gabel mehrmals einstechen und mit der Eigelbsahne bestreichen. Den Kuchen goldgelb backen.

Kräuter-Speck-Kuchen

▸ 1 Rezept Mürbeteig wie für Quiche Lorraine (rechts)

Belag

▸ 150 g Emmentaler
▸ 150 g Speckwürfel
▸ 50 g Frischkäse oder Schmand
▸ 4 Eier
▸ 200 g Sahne
▸ Salz, Pfeffer
▸ reichlich frische Kräuter (Petersilie, Schnittlauch, Basilikum, Thymian)

Springform von 26–28 cm Ø, leicht gefettet
Vorbacken: 20 Minuten bei 200 °C
Fertig backen: etwa 35 Minuten bei 175 °C

1 Einen Mürbeteig zubereiten und vorbacken, wie bei Quiche Lorraine (rechts) in Schritt 1 und 2 beschrieben.

2 Für den Belag den Käse reiben und mit den Speckwürfeln vermischen. Den Frischkäse oder Schmand mit den Eiern und der Sahne glatt rühren, die Käse-Speck-Mischung unterrühren und mit Salz (wenig) und Pfeffer abschmecken. Die Kräuter fein schneiden und erst am Schluss zugeben, damit sich die Masse nicht grün färbt.

3 Den Belag auf den vorgebackenen Boden füllen und glatt streichen. Den Kuchen goldgelb fertig backen.

Brokkoli-Quiche

Die Brokkoliröschen sollen nur kurz blanchiert und anschließend sofort mit kaltem Wasser oder in Eiswasser abgekühlt werden. Nur so bleiben sie in Form und behalten ihre frische grüne Farbe. Ein feiner, attraktiver Gemüsekuchen.

Quarkmürbeteig

▸ 250 g Mehl, 1/2 TL Backpulver
▸ 1/2 TL Salz
▸ 125 g kalte Butter, in Stückchen
▸ 125 g Magerquark, im Sieb abgetropft

Belag

▸ 750 g Brokkoli
▸ Salzwasser zum Blanchieren
▸ 2 EL Öl
▸ 1/2 Zwiebel, gewürfelt
▸ 1 Knoblauchzehe, gewürfelt
▸ 100 g gekochter Schinken, in Streifen geschnitten
▸ 250 g Crème fraîche
▸ 3 Eier
▸ 200 ml Milch
▸ Salz, Pfeffer
▸ Cayennepfeffer, Muskatnuss

Quicheform von 28 cm Ø (ersatzweise Springblech), gefettet
Vorbacken: 20 Minuten bei 200 °C
Fertig backen: 40 Minuten bei 180 °C

1 Für den Teig das Mehl auf der Arbeitsfläche mit allen Zutaten zusammenhacken und rasch zu einem glatten Teig kneten. Zu einer Kugel formen, in Folie wickeln und mindestens 30 Minuten kalt stellen.

2 Den Ofen vorheizen. Den Teig auf der bemehlten Arbeitsfläche etwas größer als die Backform ausrollen, in die Form legen und den Teigrand andrücken. Den überstehenden Teig abschneiden, den Boden mit der Gabel mehrmals einstechen. Einen Streifen zerknüllte Alufolie an den Rand drücken, damit er nicht zusammenfällt, und den Boden vorbacken. Die Alufolie entfernen. (Oder den Boden blind backen, wie auf Seite 21 beschrieben.) Die Ofentemperatur reduzieren.

3 Für den Belag den Brokkoli waschen, putzen, in Röschen teilen. In kochendem Salzwasser 3 Minuten blanchieren, herausheben, kalt überbrausen und abtropfen lassen.

4 Das Öl in einer Pfanne erhitzen, die Zwiebel, den Knoblauch und die Schinkenstreifen darin anschwitzen und auskühlen lassen. Die Crème fraîche in einer Schüssel mit den Eiern und der Milch glatt rühren. Mit Salz, Pfeffer, Cayennepfeffer und Muskatnuss abschmecken.

5 Die Zwiebel-Schinken-Mischung und die Brokkoliröschen auf dem vorgebackenen Boden verteilen und die Eiermilch darübergießen. Die Quiche goldgelb fertig backen. Warm servieren.

Für eine vegetarische Brokkoli-Quiche lassen Sie den Schinken einfach weg. Möhrenscheiben passen farblich und geschmacklich gut zum Brokkoli.

Quiche Lorraine

Mürbeteig
▸ **250 g Mehl**
▸ **1/2 TL Backpulver**
▸ **1/2 TL Salz**
▸ **125 g kalte Butter, in Stückchen**
▸ **1 Ei**
▸ **2 EL Eiswasser**

Belag
▸ **250 g gekochter durchwachsener Räucherspeck**
▸ **2 EL Öl**
▸ **4 Eier**
▸ **250 g Sahne**
▸ **1 Prise Salz**
▸ **Pfeffer**
▸ **Muskatnuss**

Quicheform von 28 cm Ø (ersatzweise Springblech), leicht gefettet
Vorbacken: 20 Minuten bei 200 °C
Fertig backen: 40 Minuten bei 175 °C

1 Für den Teig das Mehl auf der Arbeitsfläche mit allen Zutaten zusammenhacken und rasch zu einem glatten Teig kneten. Zu einer Kugel formen, in Folie wickeln und mindestens 30 Minuten kalt stellen.

2 Den Ofen vorheizen. Den Teig auf der bemehlten Arbeitsfläche etwas größer als die Backform ausrollen, in die Form legen und den Teigrand andrücken. Den überstehenden Teig abschneiden, den Boden mit der Gabel mehrmals einstechen. Einen Streifen zerknüllte Alufolie an den Rand drücken, damit er nicht zusammenfällt, und den Boden vorbacken. Die Alufolie entfernen. Die Ofentemperatur reduzieren.

3 Für den Belag den Speck in kleine Würfel schneiden, im heißen Öl leicht anbraten, abkühlen lassen. Die Eier und die Sahne mit dem Schneebesen verrühren, mit Salz, Pfeffer und Muskatnuss würzen. Die Speckwürfel auf dem vorgebackenen Boden verteilen und die Eiersahne darübergießen. Die Quiche goldgelb fertig backen und möglichst bald servieren.

Würzige Kuchen 2 – mit Zwiebeln, Speck und Käse

Zwiebelkuchen vom Blech

Hefeteig

▸ **400 g Mehl, 20 g Hefe**
▸ **etwa 250 ml lauwarme Milch**
▸ **¹/₂ EL Zucker**
▸ **60 g weiche Butter, 1 TL Salz**

Belag

▸ **50 g Speckwürfel, 50 g Butter**
▸ **1 kg Zwiebeln, in Halbringe geschnitten**
▸ **3 Eier, Salz, Pfeffer**
▸ **Kümmel, zerstoßen**
▸ **4 EL saure Sahne**

Backblech, gefettet
Backen: 35 Minuten bei 200 °C

1 Für den Hefeteig das Mehl in die Rührschüssel füllen und in die Mitte eine Mulde drücken. Die zerbröckelte Hefe in der Mulde mit 3 EL der lauwarmen Milch, dem Zucker und etwas Mehl vom Rand zu einem weichen Vorteig anrühren und zugedeckt im warmen Raum gehen lassen, bis die Oberfläche Risse zeigt. Die restlichen Zutaten zufügen und mit den Knethaken des Rührgerätes zu einem geschmeidigen, glatten Teig abschlagen. Zugedeckt gehen lassen, bis er das Doppelte seines Volumens erreicht hat.

2 Für den Belag die Speckwürfel in der heißen Butter ausbraten, die Zwiebeln darin weich dünsten und abkühlen lassen. Die Eier mit Salz, Pfeffer, Kümmel und der sauren Sahne verrühren und unter die Zwiebelmasse mischen.

3 Den Hefeteig zusammendrücken und auf der bemehlten Arbeitsfläche ausrollen. Das Backblech damit auslegen, den Rand andrücken. Den Belag gleichmäßig auf dem Teig verteilen, noch einmal gehen lassen.

4 Den Ofen vorheizen. Den Zwiebelkuchen goldgelb backen. Vom Blech ziehen, in Stücke schneiden und warm servieren.

Zwiebel-Speck-Kuchen

Für einen reinen Zwiebelkuchen lassen Sie die Speckwürfel weg und schwitzen die Zwiebeln mit 5 EL Öl oder Butter an.

Quarkmürbeteig

- ▸ **250 g Mehl**
- ▸ **1/2 TL Backpulver**
- ▸ **1/2 TL Salz**
- ▸ **125 g kalte Butter, in Stückchen**
- ▸ **125 g Magerquark, im Sieb abgetropft**

Belag

- ▸ **1 kg Zwiebeln**
- ▸ **2 EL Öl**
- ▸ **125 g Speckwürfel**
- ▸ **3 Eier**
- ▸ **3 EL saure Sahne**
- ▸ **Salz, Pfeffer, gestoßener Kümmel**

Quicheform von 28 cm Ø (ersatzweise Springblech), gefettet
Backen: 35–40 Minuten bei 200 °C

1 Für den Teig das Mehl auf der Arbeitsfläche mit allen Zutaten zusammenhacken und rasch zu einem glatten Teig kneten. Zu einer Kugel formen, in Folie wickeln und mindestens 30 Minuten kalt stellen.

2 Für den Belag die Zwiebeln würfeln. Das Öl mit den Speckwürfeln erhitzen, die Zwiebeln darin glasig schwitzen, abkühlen lassen. Die Eier und die saure Sahne mit dem Schneebesen verrühren, unter die Zwiebelmasse mischen und mit Salz, Pfeffer und Kümmel würzen.

3 Den Ofen vorheizen. Den Teig auf der bemehlten Arbeitsfläche ausrollen, in die Form legen und den Teigrand andrücken. Den überstehenden Teig abschneiden, den Boden mit der Gabel mehrmals einstechen.

4 Die Zwiebelmasse auf den Teigboden füllen, glatt streichen und goldgelb backen. Warm servieren.

Käsetörtchen

Mürbeteig

- ▸ **300 g Mehl**
- ▸ **1/2 TL Salz**
- ▸ **150 g kalte Butter, in Stückchen**
- ▸ **1 Ei**
- ▸ **1–2 EL saure Sahne**

- ▸ **Käsebelag wie Käsewähe (rechts)**

8 Tortelettförmchen, gefettet
Backen: 25–30 Minuten bei 200 °C

1 Für den Mürbeteig das Mehl auf der Arbeitsfläche mit allen Zutaten zusammenhacken und rasch zu einem glatten Teig kneten. Zu einer Kugel formen, in Folie wickeln und mindestens 1 Stunde kalt stellen.

2 Den Käsebelag zubereiten. Den Ofen vorheizen.

3 Den Teig auf der bemehlten Arbeitsfläche dünn ausrollen und die Förmchen damit auslegen. Am Rand leicht andrücken, überstehende Teigränder abschneiden.

4 Die Käsemasse bis knapp unter den Rand einfüllen (sie geht beim Backen noch auf). Die Törtchen goldbraun backen und warm servieren.

Käsewähe

Salzige Kuchen mit Käse heißen in der Schweiz Wähe. Dort kennt man viele unterschiedliche Rezepte dafür. Der Teig für die Käsewähe kann genauso ein salziger Hefeteig sein anstelle des hier verwendeten Quaröliteiges.

Quaröliteig

- ▸ **125 g Magerquark, im Sieb abgetropft**
- ▸ **6 EL neutrales Öl**
- ▸ **6 EL Milch**
- ▸ **1/2 TL Salz**
- ▸ **250 g Mehl**
- ▸ **2 TL Backpulver**

Käsebelag

- ▸ **200 g Emmentaler**
- ▸ **100 g Greyerzer**
- ▸ **3 Eier**
- ▸ **150 g Sahne**
- ▸ **Salz**
- ▸ **Pfeffer**
- ▸ **Muskatnuss**

Springblech von 28 cm Ø, gefettet
Backen: 35 Minuten bei 200 °C

1 Für den Teig den Quark mit dem Öl und der Milch in einer Schüssel verrühren. Das Salz und die Hälfte des Mehles einrühren. Die Masse mit dem restlichen Mehl und dem Backpulver auf der Arbeitsfläche zu einem glatten, geschmeidigen Teig verarbeiten und im Kühlschrank ruhen lassen, bis der Belag zubereitet ist.

2 Für den Belag beide Käse reiben. Die Eier und die Sahne in einer Schüssel verrühren, den Käse untermischen. Mit Salz, Pfeffer und Muskatnuss würzen.

3 Den Ofen vorheizen. Den Teig auf der bemehlten Arbeitsfläche etwas größer als die Backform ausrollen, die Form damit auslegen und einen 3 cm hohen Rand hochziehen. Die Käsemasse einfüllen, glatt streichen und goldgelb backen. Die Wähe möglichst frisch gebacken servieren.

Pizza & Co. – die beliebten Klassiker, auch gefüllt oder als Brotfladen gebacken

Fladenbrote sind – belegt oder unbelegt – Tradition in vielen südlichen Ländern. Die Pizza ist ein Abkömmling dieser Brote und inzwischen weltweit ein »Renner«. Die Mutter aller Pizzen, die Pizza Margherita, stammt aus Neapel und trägt mit dem klassischen Belag aus Tomatensauce, Mozzarella und Basilikum die Nationalfarben Italiens: Rot, Weiß und Grün.
Die Abwandlungen der Pizza sind Legion. Selbst eine Pizza »mit allem« kann ihrem Titel nie wirklich gerecht werden, so groß ist die Auswahl an allem, was aufgelegt wird: von A wie Ananas bis Z wie Zwiebel, jede Zutat hat ihre Fans. Erlaubt ist, was schmeckt. Der klassische Käse ist Mozzarella.
Unser Basisrezept, die Pizza Margherita, besteht aus Hefeteig und ergibt ein Blech. Für eine Springform genügt die halbe Menge. Sie können runde Pizzen auch einfach auf das Backblech legen. Es gibt spezielle runde Pizzableche und sogar extra Rädchen zum Schneiden. Nicht typisch, aber durchaus beliebt ist Pizza aus Blätterteig. Gern werden auch Backmischungen verwendet.

Pizza Margherita

Pizzateig

- ▸ **400 g Mehl**
- ▸ **20 g Hefe**
- ▸ **etwa 250 ml lauwarmes Wasser**
- ▸ **4 EL Öl**
- ▸ **1 TL Salz**

Ein gutes Beispiel für eine frei geformte Pizza, belegt mit allem, was gut schmeckt.

Tomatensauce

- ▸ **4 EL Öl**
- ▸ **500 g Pizzatomaten (Dose), mit dem Saft**
- ▸ **1 Knoblauchzehe, klein gehackt**
- ▸ **1 TL Salz**
- ▸ **Pfeffer**
- ▸ **1 TL Zucker**

Belag

- ▸ **Öl zum Bestreichen**
- ▸ **Basilikumblättchen**
- ▸ **300 g Mozzarella, in dünne Scheiben oder Würfel geschnitten**
- ▸ **Salz, Pfeffer**

Backblech, gefettet
Backen: 20 Minuten bei 220 °C

1 Für den Hefeteig das Mehl in die Rührschüssel füllen und in die Mitte eine Mulde drücken. Die zerbröckelte Hefe in der Mulde mit 3 EL des lauwarmen Wassers und etwas Mehl vom Rand zu einem weichen Vorteig anrühren und im warmen Raum gehen lassen, bis die Oberfläche Risse zeigt. Die restlichen Zutaten zugeben und mit den Knethaken des Rührgerätes zu einem geschmeidigen, glatten Teig abschlagen. Zugedeckt gehen lassen, bis er das Doppelte seines Volumens erreicht hat.

2 Für die Tomatensauce das Öl erhitzen, die Tomaten mit dem Knoblauch darin andünsten, mit Salz, Pfeffer und Zucker würzen. Im offenen Topf unter Rühren um etwa ein Drittel einköcheln lassen.

3 Den Hefeteig ausrollen, auf das Blech legen, den Rand hochdrücken, mit Öl bestreichen. Die Tomatensauce daraufstreichen, mit Basilikumblättchen und Käse belegen. Salzen (wenig) und pfeffern. Kurz gehen lassen.

4 Den Ofen vorheizen und die Pizza hellbraun backen.

Variationen für den Belag

Belegen Sie die Pizza nach Lust und Laune in der Reihenfolge der angegebenen Zutaten. Wo Mengenangaben notwendig sind, werden sie genannt.

Pizza Napoli: Tomatensauce, Sardellenfilets, Oregano, Mozzarella.

Pizza Romana: Frische Tomatenscheiben, Sardellenfilets, gehacktes Basilikum, Mozzarella, Olivenöl.

Pizza Funghi: Tomatensauce, Champignonscheiben (frisch oder aus dem Glas), Oregano, Mozzarella.

Pizza Prosciutto: Tomatensauce, gekochter Schinken, Oregano, Mozzarella.

Pizza Regina: Tomatensauce, gekochter Schinken, Champignons, Oregano, Mozzarella.

Pizza Carciofi: Tomatensauce, abgetropfte, geviertelte Artischockenherzen aus dem Glas, gekochter Schinken, Champignonscheiben, Knoblauchscheiben, Petersilie.

Pizza Salame: Tomatensauce, Salamischeiben, Peperoni, schwarze Oliven, Mozzarella.

Pizza Spinaci: Tomatensauce, 500 g aufgetauter TK-Blattspinat, mit Knoblauch in Olivenöl angedünstet und gewürzt, Mozzarella.

Pizza Carne: Tomatensauce, 250 g Hackfleisch, mit Zwiebel und Knoblauch angedünstet und gewürzt; Oregano, Mozzarella.

Pizza Marinara: Tomatensauce, 200 g Meeresfrüchte (TK oder Glas), Knoblauchscheiben, Petersilie.

Pizza Siciliana: Gedünstete rote Zwiebeln, Oliven, Sardellenfilets, Kapern, halbierte Cocktailtomaten, Kräuter, Pecorino.

Pizza Quattro Stagioni (vier Jahreszeiten): Jedes Viertel anders belegen.

Eine kleine Pizza lässt sich oft leichter aus der Hand essen als ein »normales« Pizzaviertel.

Pizzabrot

Es müssen nicht immer Grissini sein. Warmer Pizzafladen ohne Belag schmeckt ausgezeichnet als knuspriger Zeitvertreib vor dem Essen oder einfach so zum Wein.

▸ **½ Rezept Pizzateig wie für Pizza Margherita (links)**
▸ **2 EL Olivenöl**
▸ **Salz, Oregano**

┃ Backblech, gefettet
┃ **Backen:** 15 Minuten bei 220 °C

1 Einen Pizzateig zubereiten, wie bei Pizza Margherita (links) in Schritt 1 beschrieben.

2 Aus dem Teig 2 dünne, runde Fladen formen oder ausrollen. Mit dem Olivenöl beträufeln und mit Salz und Oregano bestreuen. Gehen lassen.

3 Den Ofen vorheizen. Die Fladen hellbraun backen. In Achtel schneiden oder brechen und frisch gebacken servieren.

Pizzabrötchen

Aus dem Pizzateig mit stark bemehlten Händen sehr kleine, längliche Brötchen formen. Bei 200 °C in etwa 30 Minuten hellgelb backen.

Calzoni

Calzoni sind zusammengeklappte belegte Pizzen, die sich gut aus der Hand essen lassen. Aber Vorsicht! Man verbrennt sich leicht die Zunge an ihrem heißen Innenleben.

▸ **1 Rezept Pizzateig wie für Pizza Margherita und ein beliebiger Belag (links)**
▸ **1 Eiweiß und 1 Eigelb zum Bestreichen**

┃ Backblech, mit Backpapier ausgelegt
┃ **Backen:** 25 Minuten bei 210 °C

1 Den Pizzateig zubereiten, wie bei Pizza Margherita (links) in Schritt 1 beschrieben.

2 Aus dem Pizzateig 4 dünne, große Ovale von ½–1 cm Dicke ausrollen oder formen. Einen Belag nach Wahl auf die eine Hälfte der Teigfläche verteilen, dabei einen 1–2 cm breiten Rand frei lassen und diesen mit Eiweiß bestreichen. Die andere Teighälfte darüberklappen und die Ränder fest zusammendrücken. Die Calzoni umgedreht auf das Backblech legen und mit dem Löffelstiel im Abstand von 1 cm den Rand eindrücken, damit keine Füllung austreten kann. Mit Eigelb bepinseln und noch einmal kurz gehen lassen.

3 Den Ofen vorheizen und die Calzoni hellbraun backen.

Fingerfood – gefüllt und belegt

Gefüllte Teigtaschen

Diese Teigtaschen können Sie genauso mit einem salzigen Quarkmürbeteig, Quarkölteig oder Hefeteig zubereiten. Ganz einfach und schnell geht es mit TK-Blätterteig, denn die Füllung macht ohnehin nicht viel Mühe.

Mürbeteig

- ▸ **300 g Mehl**
- ▸ **¹/₂ TL Salz**
- ▸ **150 g kalte Butter, in Stückchen**
- ▸ **1 Ei**
- ▸ **1–2 EL saure Sahne**

- ▸ **1 Eigelb, mit 1 EL Sahne verrührt, zum Bestreichen**
- ▸ **Kümmel zum Bestreuen**

Fleischfüllung

- ▸ **200 g Rinderhackfleisch (alternativ Kalbsbrät)**
- ▸ **125 g Emmentaler, klein gewürfelt**
- ▸ **2 Schalotten, gewürfelt, in 30 g Butter angeschwitzt**
- ▸ **Petersilie, gehackt**
- ▸ **Salz, Pfeffer**
- ▸ **1 TL Senf**

| Backblech, leicht gefettet
| **Backen:** 20 Minuten bei 180 °C

1 Für den Teig das Mehl auf der Arbeitsfläche mit allen Zutaten zusammenhacken und rasch zu einem glatten Teig kneten. Zu einer Kugel formen, in Folie wickeln und mindestens 1 Stunde kalt stellen.

2 Für die Füllung das Hackfleisch in einer Schüssel mit allen Zutaten gut vermischen und würzig abschmecken.

3 Den Ofen vorheizen. Den Teig dünn ausrollen und Kreise von 10–12 cm Durchmesser ausstechen. Die Ränder mit der Eigelbsahne bestreichen. Jeweils ein Häufchen Füllung in die Mitte setzen und den Teig zu Halbmonden zusammenklappen. Die Ränder mit dem Finger oder mit der Gabel andrücken, damit keine Füllung austreten kann. Die Taschen mit der restlichen Eigelbsahne bestreichen und mit Kümmel bestreuen. Goldgelb backen und möglichst frisch servieren.

Variationen für die Füllung

Schinkenfüllung: 200 g gekochten Schinken klein würfeln. Mit 3 EL Crème fraîche und gehackter Petersilie vermischen und mit Salz, Pfeffer und Senf abschmecken.

Lachsfüllung: 200 g Räucherlachs und 2 Schalotten würfeln. Mit 2 EL Crème fraîche vermischen, mit Salz, Pfeffer und gehacktem Dill abschmecken.

Quarkfüllung: 250 g Quark abtropfen lassen. Mit 1 EL saurer Sahne, 1 Ei und gehackten Kräutern verrühren. Mit Salz und Pfeffer oder Paprika abschmecken.

Italienische Füllung: 6 abgetropfte sonnengetrocknete Tomaten in Öl (Glas) und 6 Oliven klein schneiden. Mit 250 g Ricotta verrühren und mit Salz, Pfeffer und Oregano würzen. Oder Basilikum-Pesto aus dem Glas verwenden.

Kräuterschnecken

Ein Schnellrezept! Die Schnecken schmecken warm und kalt.

- ▸ **300 g TK-Blätterteig (oder rechteckig ausgerollt aus der Kühltheke)**

Füllung

- ▸ **250 g Quark, im Sieb abgetropft**
- ▸ **1 Ei**
- ▸ **1 Hand voll gemischte Kräuter, gehackt**
- ▸ **Salz, Pfeffer, Muskatnuss**

- ▸ **1 EL Sesamsamen zum Bestreuen**

| Backblech, mit Backpapier ausgelegt
| **Backen:** 20 Minuten bei 220 °C

1 Den Blätterteig zu einem Rechteck ausrollen. Den Ofen vorheizen.

2 Für die Füllung den Quark mit dem Ei und den Kräutern vermischen und mit Salz, Pfeffer und Muskatnuss würzen.

3 Den Teig mit der Kräutermasse bestreichen und längs aufrollen. Die Rolle in 1 cm breite Stücke schneiden, dabei mit dem Messer nicht zu sehr aufdrücken (verwenden Sie ein Sägemesser). Die Kringel in großem Abstand auf das Backblech legen, sie gehen schön rund auf. Mit Sesamsamen bestreuen und hellbraun backen.

Sauerkrauttörtchen

Mürbeteig

- ▸ **300 g Mehl**
- ▸ **125 g kalte Butter, in Stückchen**
- ▸ **1 Ei**
- ▸ **1 EL saure Sahne**
- ▸ **1/2 TL Salz**

Belag

- ▸ **450 g Sauerkraut, gut abgetropft**
- ▸ **50 g Speckwürfel**
- ▸ **1 EL Öl**
- ▸ **1 kleine Zwiebel, gewürfelt**
- ▸ **Kümmel, gestoßen**
- ▸ **3 Eier**
- ▸ **100 g Sahne**
- ▸ **Salz**
- ▸ **Pfeffer**

Tortelettförmchen, gefettet
Backen: 20–25 Minuten bei 200 °C

1 Für den Teig das Mehl auf der Arbeitsfläche mit allen Zutaten zusammenhacken und rasch zu einem glatten Teig kneten. Zu einer Kugel formen, in Folie wickeln und mindestens 30 Minuten kalt stellen.

2 Für den Belag das Sauerkraut auf dem Schneidbrett grob schneiden. Die Speckwürfel in dem heißen Öl ausbraten und die Zwiebeln darin anschwitzen. Das Kraut und den Kümmel zugeben, etwa 5 Minuten bei offenem Topf garen; es soll möglichst trocken werden. Leicht abkühlen lassen. Die Eier mit der Sahne verrühren, mit Salz und Pfeffer würzen und unter das Sauerkraut mischen.

3 Den Ofen vorheizen. Den Teig auf der bemehlten Arbeitsfläche ausrollen, Quadrate oder Kreise passend zur Größe Ihrer Förmchen ausschneiden und die Förmchen damit auskleiden. Die Ränder andrücken, überstehenden Teig abschneiden. Den Sauerkrautbelag einfüllen und die Törtchen goldgelb backen. Warm servieren.

Käsewaffeln

- ▸ **200 g Mehl**
- ▸ **1/2 TL Backpulver**
- ▸ **1/2 TL Salz**
- ▸ **4 Eier**
- ▸ **200 g weiche Butter**
- ▸ **100 g geriebener Käse**
- ▸ **50 g Speckwürfelchen**
- ▸ **8 EL Milch**

Zum Anrichten

- ▸ **50 g Speckwürfelchen**
- ▸ **Schnittlauchröllchen**

1 Alle Zutaten von Mehl bis Butter in einer Schüssel zu einem glatten Teig rühren. Den Käse, die Speckwürfelchen und die Milch unterrühren.

2 Das Waffeleisen vorheizen und mit Öl bepinseln. Eine Portion Teig einfüllen, leicht verstreichen, das Eisen schließen und die Waffeln nacheinander goldgelb backen. Einzeln auf ein Kuchengitter legen, bis alle Waffeln gebacken sind.

3 Zum Anrichten die restlichen Speckwürfelchen kross ausbraten und auf die Waffeln streuen. Mit Schnittlauchröllchen garnieren und frisch gebacken servieren.

Käsewaffeln

Krosse Kleinigkeiten – salziges Gebäck zu Bier und Wein

Pikantes Gebäck aus Käsemürbeteig oder Blätterteig können Sie gut auf Vorrat herstellen. In einer fest verschlossenen Dose bleibt es einige Tage frisch, außerdem eignet es sich hervorragend zum Einfrieren. Kurz vor dem Verzehr noch einmal aufgebacken, schmeckt es wie frisch.

Mürbes Käsegebäck
Käsemürbeteig
▸ **250 g Mehl, 1/2 TL Backpulver**
▸ **1/2 TL Salz**
▸ **1 TL Edelsüßpaprika**
▸ **150 g geriebener Käse (Emmentaler, Greyerzer)**
▸ **125 g kalte Butter, in Stückchen**
▸ **1 Ei**
▸ **4 EL saure Sahne**

▸ **2 Eigelb, mit 1 EL Milch verrührt, zum Bestreichen**
▸ **enthäutete Mandeln, halbiert, zum Verzieren**
▸ **grobes Salz, Kümmel, Mohn, Sesamsamen zum Bestreuen**

▎ Backblech, mit Backpapier ausgelegt
▎ **Backen:** 12–15 Minuten bei 200 °C

1 Für den Teig das Mehl auf der Arbeitsfläche mit allen Zutaten zusammenhacken und rasch zu einem glatten Teig kneten. Zu einer Kugel formen, in Folie wickeln und mindestens 1 Stunde kalt stellen.

2 Den Teig auf der bemehlten Arbeitsfläche etwa 4 mm dick ausrollen. Beliebig geformte Plätzchen ausstechen; wenn Sie es eilig haben, können Sie mit dem Teigrädchen auch Rauten oder kleine Stangen ausschneiden.

3 Die Plätzchen auf das Backblech legen und mit Eigelb bestreichen. Nach Belieben mit den Mandeln verzieren oder mit Salz, Kümmel, Mohn oder Sesamsamen bestreuen. Im vorgeheizten Ofen goldgelb backen.

Grissini mit Sesam

Kleiner Aufwand, große Wirkung. Grissini mögen alle, und selbst gebacken schmecken sie ohnehin am besten.

▸ **10 g Hefe, 15 g Honig**
▸ **150 ml lauwarmes Wasser**
▸ **2 EL Sesamsamen, trocken geröstet**
▸ **250 g Mehl, Salz**
▸ **1 EL Olivenöl**

▸ **Olivenöl zum Bepinseln**

▎ Backblech, mit Backpapier ausgelegt
▎ **Backen:** 15–20 Minuten bei 200 °C

1 Die Hefe und den Honig in dem warmem Wasser verrühren, zugedeckt 15 Minuten gehen lassen.

2 Alle übrigen Zutaten zum Hefewasser geben und mit den Knethaken des Rührgeräts zu einem geschmeidigen Teig kneten. Den Teig auf der bemehlten Arbeitsfläche zu einem flachen Quadrat von gut 15 x 15 cm drücken. Mit einem Tuch bedeckt 1 Stunde gehen lassen.

3 Den Ofen vorheizen. Die Luft aus dem Teig drücken, die Teigplatte in 4 Teile teilen und jeweils in 4–6 Streifen schneiden. Die Streifen mit den Händen auf der bemehlten Arbeitsfläche zu etwa 25 cm langen Stangen rollen und auf das Backblech legen. Die Stangen mit Olivenöl bepinseln, goldbraun backen. Frisch servieren oder vor dem Verzehr aufbacken.

Die mit Käse bestreute Teigplatte mit der anderen Teighälfte bedecken.

Mit dem Teigrädchen Streifen ausradeln und zu Spiralen drehen.

Käsespiralen

▸ **300 g TK-Blätterteig, aufgetaut**
▸ **2 Eigelb, mit 1 EL Milch verrührt**
▸ **100 g Hartkäse (alter Gouda, Emmentaler), frisch gerieben**
▸ **grob gemahlener Pfeffer, Kümmel**

Backblech, mit Wasser benetzt
Backen: 10 Minuten bei 220 °C

1 Den Blätterteig auf der bemehlten Arbeitsfläche zu einer Platte von etwa 40 x 40 cm ausrollen. Die Teigplatte mit Eigelb bestreichen, eine Hälfte mit dem Käse bestreuen und mit Pfeffer übermahlen. Die andere Teighälfte darüberklappen und mit dem Teigroller locker darüberrollen, um die Teigschichten miteinander zu verbinden.

2 Mit dem gewellten Teigrädchen in 1 cm breite Streifen schneiden. Die Teigstreifen an beiden Enden fassen und vorsichtig spiralförmig gegeneinander drehen, auf das Backblech legen. Die Käsespiralen mit dem restlichen Eigelb bestreichen und mit Kümmel bestreuen. Im vorgeheizten Ofen goldgelb backen.

Schnelle Partystangen

TK-Blätterteigplatten unausgerollt auf der Arbeitsfläche mit Eigelbsahne bestreichen und salzen. Nach Belieben mit Paprika, Kümmel, Käse, Thymian oder Oregano bestreuen. Sie können auch grobes Salz oder Kräutersalz verwenden. Den Teig in Streifen schneiden oder radeln oder, wenn Sie Plätzchen möchten, die Streifen in kleine Stücke schneiden. 10–12 Minuten backen bei 220 °C.

Herzhafte Snacks – als Vorspeise oder Imbiss

Kräuterroulade mit Schafkäse

Dieses Rezept ergibt 2 Rouladen für eine warme Vorspeise oder einen kleinen Imbiss.

Hefeteig

▸ **400 g Mehl**
▸ **20 g Hefe**
▸ **1 TL Salz**
▸ **etwa 250 ml lauwarmes Wasser**
▸ **4 EL Öl**

Füllung

▸ **3 Hand voll gemischte Kräuter, gehackt**
▸ **100 g Schafkäse (Feta), klein gewürfelt**
▸ **125 g Crème fraîche**
▸ **1 Zwiebel, klein gewürfelt**
▸ **2 Knoblauchzehen, klein gewürfelt**
▸ **Salz, Pfeffer, Muskatnuss**

Backblech, mit Backpapier ausgelegt
Backen: 30 Minuten bei 200 °C

1 Für den Hefeteig das Mehl in die Rührschüssel füllen und in die Mitte eine Mulde drücken. Die zerbröckelte Hefe in der Mulde mit 3 EL von dem lauwarmen Wasser und etwas Mehl vom Rand zu einem weichen Vorteig anrühren und im warmen Raum kurz gehen lassen, bis die Oberfläche Risse zeigt. Die restlichen Zutaten zufügen und mit den Knethaken des Rührgerätes zu einem geschmeidigen, glatten Teig abschlagen. Zugedeckt gehen lassen, bis er das Doppelte seines Volumens erreicht hat.

2 Für die Füllung alle Zutaten vermischen. Den Hefeteig auf der bemehlten Arbeitsfläche durchkneten, 2 Rechtecke von etwa 30 x 25 cm ausrollen und mit der Kräuter-Käse-Füllung bestreichen.

Zu Rouladen aufrollen und mit der »Naht« nach unten auf das Backblech legen. Nochmals gehen lassen.

3 Den Ofen vorheizen, die Rouladen hellbraun backen. Nach dem Backen 20 Minuten ruhen lassen, mit einem Sägemesser schräg in Stücke schneiden und warm servieren.

Sauerkraut-Quiche mit Lachs

Die Kombination von Sauerkraut und Lachs klingt ungewöhnlich, harmoniert jedoch hervorragend. Sie können auch Mürbe- oder Blätterteig verwenden.

Quarkölteig

▸ **125 g Quark**
▸ **6 EL Öl**
▸ **6 EL Milch**
▸ **¹/₂ TL Salz**
▸ **250 g Mehl**
▸ **2 TL Backpulver**

Belag

▸ **300 g Sauerkraut, abgetropft**
▸ **50 g Räucherlachs**
▸ **200 g Frischkäse**
▸ **2 Eier**
▸ **100 g Sahne**
▸ **Salz, Pfeffer**

Quicheform von 26–28 cm Ø (ersatzweise Springblech), gefettet
Backen: 30 Minuten bei 200 °C

1 Für den Teig den Quark mit dem Öl und der Milch in einer Schüssel verrühren. Das Salz und die Hälfte des Mehles einrühren. Die Masse mit dem restlichen Mehl, vermischt mit dem Backpulver, auf der Arbeitsfläche zu einem glatten, geschmeidigen Teig verarbeiten und im Kühlschrank ruhen lassen, bis der Belag zubereitet ist.

2 Für den Belag das Sauerkraut auf dem Schneidbrett grob schneiden. Den Lachs in 1 cm breite Streifen schneiden. Den Frischkäse mit den Eiern und der Sahne glatt rühren und mit Salz und Pfeffer abschmecken.

3 Den Ofen vorheizen. Den Teig auf der bemehlten Arbeitsfläche etwas größer als die Backform ausrollen, die Form damit auslegen und dabei einen Rand hochziehen. Das Sauerkraut und den Lachs auf dem Teigboden verteilen und die Käsecreme darübergießen. Goldgelb backen.

Schnelle Mini-Quiches

Blätterteig, einfach in runde Förmchen gelegt, lässt sich mit dem Belag wunderbar herausheben und anrichten. Auch das Muffinblech ist geeignet.

▷ **270 g Blätterteig aus der Kühltheke, rechteckig ausgerollt**

Belag

▷ **250 g Zucchini, grob geraspelt**
▷ **etwa 6 Kirschtomaten, halbiert**
▷ **3 Eier, 200 g Sahne**
▷ **60 g geriebener Käse (Parmesan, Emmentaler)**
▷ **Salz, Pfeffer, Thymian**

❙ Tortelettförmchen, gefettet
❙ **Backen:** 20 Minuten bei 200 °C

1 Den Ofen vorheizen. Den Blätterteig in Quadrate passend zur Größe Ihrer Förmchen schneiden und in die Förmchen legen. Die Ränder andrücken, überstehenden Teig abschneiden.

2 Die Zucchini auf dem Teig verteilen und mit jeweils einer Tomatenhälfte belegen. Die Eier mit der Sahne verrühren, den Käse daruntermischen, mit Salz, Pfeffer und Thymian würzen und über die Zucchini gießen. Goldgelb backen.

3 Die Quiches aus den Förmchen lösen und warm servieren.

Flammkuchen

Brotteig

▷ **300 g Weizenmehl Type 550**
▷ **1 TL Salz**
▷ **5 g Hefe**
▷ **200 ml lauwarmes Wasser**

Belag

▷ **200 g Zwiebeln, geschält, in Ringe geschnitten**
▷ **150 g Speckwürfel**
▷ **2 EL Öl**
▷ **150 g Crème fraîche**
▷ **Salz**
▷ **Pfeffer**

❙ 2 Backbleche, mit Öl bepinselt
❙ **Backen:** 10–15 Minuten bei 250 °C

1 Für den Brotteig das Mehl in einer Schüssel mit dem Salz vermischen. Die Hefe in dem lauwarmen Wasser auflösen, langsam in das Mehl einarbeiten und kräftig durchkneten. Mit einem Tuch bedecken und an einem warmen Ort etwa 30 Minuten gehen lassen, bis sich das Volumen verdoppelt hat.

Diese Spezialität aus dem Elsass ist ein Produkt der Brotbäckerei. Mit den hauchdünnen Fladen prüfte man die Ofentemperatur. Waren sie in wenigen Minuten kross, konnten die Brotlaibe eingeschoben werden. Von den Flammen bekam der Flammkuchen meist dunkle Flecken – und bis heute seinen Namen.

2 Für den Belag die Zwiebeln mit dem Speck in dem heißen Öl halb weich schwitzen (oder die Zwiebeln und den Speck roh verwenden).

3 Den Ofen vorheizen. Den Teig halbieren. Jede Hälfte auf der bemehlten Arbeitsfläche hauchdünn etwas größer als das Backblech ausrollen. Die Ränder fingerbreit einschlagen. Die Teigfladen umgedreht – also mit dem eingeschlagenen Rand nach unten – auf die Backbleche legen und mit der Gabel mehrmals einstechen.

4 Den Teig mit Crème fraîche bestreichen und mit der Zwiebel-Speck-Mischung bestreuen. Salzen und pfeffern. Nach Sicht hellbraun backen. Ganz heiß servieren, denn die dünnen Böden kühlen schnell aus.

Register

Schnelle Rezepte

Es gibt Situationen, da muss es ganz schnell gehen, und es soll unbedingt Selbstgebackenes auf den Tisch kommen. Hier eine Auswahl unkomplizierter Schnellrezepte:

Bildnachweis:

TEUBNER FOODFOTO, Füssen
mit Ausnahme von:
Kraft Foods Deutschland, Bremen, Seite 147
Langnese-Iglo GmbH, Hamburg, Seite 89
Maizena Gesellschaft mbH, Heilbronn, Seite 117
Union Deutsche Lebensmittelwerke GmbH (Unilever Bestfoods
Deutschland), Hamburg, Seite 103, 112, 124, 177, 191, 195, 203,
227, 228, 232, 233

Zeichnung Seite 10: Daniela Farnhammer

**Bibliographische Information
Der Deutschen Bibliothek**
Die Deutsche Bibliothek verzeichnet diese Publikation in der Deutschen
Nationalbibliografie; detaillierte bibliografische Daten sind im Internet
über http://dnb.ddb.de abrufbar.

BLV Buchverlag GmbH & Co. KG
80797 München

© 2006 BLV Buchverlag GmbH & Co. KG, München

Umschlaggestaltung und Titelbild:
IT'S LIVE! Advertising GmbH, München
Umschlag-Rückseite:
Links oben: Union Deutsche Lebensmittelwerke GmbH
(Unilever Bestfoods Deutschland)
Restliche Fotos: TEUBNER FOODFOTO, Füssen

Lektorat: Inken Kloppenburg Verlags-Service, München
Korrektur: Petra Tröger
Herstellung: Ruth Bost
Layoutkonzept Innenteil: Buch & Konzept Anne Wehland, München
Layout: Walter Werbegrafik, Gundelfingen/Donau
Satz: agentur walter, Gundelfingen/Donau

Gedruckt auf chlorfrei gebleichtem Papier

Printed in Germany
ISBN-10: 3-8354-0064-9
ISBN-13: 978-3-8354-0064-1

EINE AUSWAHL AUS UNSEREM PROGRAMM

Hedwig Maria Stuber
Ich helf dir kochen
Der ewig junge Klassiker – millionenfach bewährt, zum Jubiläum komplett neu: über 2000 Rezepte zum Kochen und Backen mit vielen neuen Rezeptideen, mit 72 Seiten mehr Umfang, größerem Format, neuem Layout und neuen Fotos.
ISBN 3-405-17040-0

Chris Schreiber/Jerry Goldberg
Spicy – Scharf abnehmen
Das clevere Prinzip: Fett weg durch die Energie der Gewürze; 10-Tage-Quick-Start: Ernährung umstellen auf »hot & spicy«; 145 heiße Rezepte von Snacks über Sattmacher-Salate bis zu leckerer Pasta, Fisch und Huhn.
ISBN 3-8354-0005-3

Chris Schreiber
Lazy kochen
Über 200 kreative Rezepte, inspiriert vom Besten der internationalen Küche und erstklassiger Hausmannskost – lazy nachzukochen mit einfachen Mitteln und geringem Aufwand, aber stets auf hohem Niveau; mit Gourmet-, Einkaufs- und Lazy-Tipps.
ISBN 3-8354-0002-9

Erna Horn/
Christa Muhle-Witt
Wild in der Küche
Das Standardwerk in Neubearbeitung: ein genussreicher Pirschgang durch die ganze Vielfalt der modernen Wildküche mit 385 Rezepten für die besten Spezialitäten; Grundlagen der Küchenpraxis: Einkauf, Vorbereitung, Garmethoden, Wild anrichten und vieles mehr.
ISBN 3-405-15531-2

Erna Horn/Hedwig Maria Stuber
Fisch in der Küche
Hochgenuss auf leichte Art – das bewährte Standardkochbuch mit klassischen Zubereitungen und Spezialitäten aus aller Welt: die 400 besten Rezepte, Anleitung zur Küchenpraxis, Fischarten-Lexikon.
ISBN 3-405-16468-0